郑州研究院丛书

主　编：蔡　昉

副主编：郑秉文 杨东方 倪鹏飞 严波

郑州长期护理服务体系建设研究

A Study on Construction of Old-age
Service System in Zhengzhou

张盈华　孙华　王春涛　等 著

经济管理出版社
ECONOMY & MANAGEMENT PUBLISHING HOUSE

图书在版编目（CIP）数据

郑州长期护理服务体系建设研究 / 张盈华等著 . —北京：经济管理出版社，2020.9

ISBN 978-7-5096-7531-1

Ⅰ . ①郑… Ⅱ . ①张… Ⅲ . ①养老—社会服务—研究—郑州 Ⅳ . ① D669.6

中国版本图书馆 CIP 数据核字（2020）第 165197 号

组稿编辑：高 娅
责任编辑：高 娅
责任印制：黄章平
责任校对：董杉珊

出版发行：经济管理出版社
　　　　　（北京市海淀区北蜂窝 8 号中雅大厦 A 座 11 层 　100038）
网　　　址：www.E-mp.com.cn
电　　　话：（010）51915602
印　　　刷：北京虎彩文化传播有限公司
经　　　销：新华书店
开　　　本：710mm×1000mm/16
印　　　张：14.25
字　　　数：220 千字
版　　　次：2020 年 10 月第 1 版　2020 年 10 月第 1 次印刷
书　　　号：ISBN 978-7-5096-7531-1
定　　　价：62.00 元

丛书总序

新时代呼唤新的郑州改革研究成果

　　郑州市是中华文明核心发祥地，是中国八大古都之一。拥有8000年的裴李岗文化遗址、6000年的大河村文化遗址、5000年的中华人文始祖黄帝故里、3600年的商朝都城遗址。继承先辈筚路蓝缕的开创精神，随着中原经济区、郑州航空港经济综合实验区、中国（河南）自贸试验区、国家自主创新示范区等国家战略规划和平台相继布局，郑州市的政策叠加优势更加明显。特别是国家明确提出支持郑州市建设国家中心城市，郑州市的发展站在了新的历史起点上，开启了向全国乃至全球城市体系中更高层级城市迈进的新历程。

　　中国社会科学院是党中央直接领导、国务院直属的国家哲学社会科学研究的最高学术机构和综合研究中心，是党中央国务院的思想库和智囊团、哲学社会科学的最高殿堂、马克思主义理论研究的坚强阵地。中国社会科学院学科齐全、人才济济，拥有一大批人文社会科学领域的顶尖专家和领军人物。正值郑州市国家中心城市建设谋篇开局的关键时期，中国社会科学院领导和河南省、郑州市领导高屋建瓴、审时度势，提出了共同合作的战略意向。2017年9月15日，中国社会科学院与郑州市人民政府签订《战略合作框架协议》，双方决定共同成立"中国社会科学院郑州市人民政府郑州研究院"（以下简称"郑州研究院"），标志着双方的战略合作进入新阶段，必将对郑州经济社会发展提供有力的智力支持和人才支撑。双方围绕郑州国家中心城市建设，进一步拓展合作领域，提升合作层次，不断推动双方合作向更高层次、更宽领域迈进。习近平总书记深刻指出，幸福都是奋斗出来的！衷心祝愿郑州研究院在双方的共同努力下，秉持奋斗理念，勇于开拓创新，积极融入郑州国家中心城市建设乃至中原城市群发展，努力开创新时代国家智库与地方实际工作部门合作的新局面！

伟大的社会变革必然产生出无愧于时代的先进理论。郑州研究院丛书的出版是在郑州市人民政府提供优质的政务服务，郑州市发展和改革委员会为郑州研究院的发展保驾护航的大背景下产生的。无限丰富的改革实践为科学正确的改革理论提供了丰厚的土壤。中原崛起，中华崛起，实现中华民族伟大复兴的中国梦，这些伟大斗争、伟大工程、伟大事业、伟大梦想，激励着我们更加实干兴邦，推动着郑州沿着原始文明、农业文明、工业文明、生态文明的历史进程，不断改造、变革与提升。这次，特地将郑州研究院的最新研究成果汇集成册，按年度陆续出版系列郑州研究院丛书。这套丛书的出版，对于加强郑州市改革的理论研究和舆论宣传，对于加快和深化经济文化体制的全面改革，无疑是一个很大的推动和促进。当然，任何理论都要经受历史和实践的检验。这套丛书中的许多理论观点，也需要在实践中不断充实、发展和完善。但是，这毕竟是一个良好的开端。我们希望，郑州研究院丛书中的许多一家之言和一得之见，能够迎来郑州改革理论研究百花齐放、百家争鸣的新局面。

一花引来万花开。又一个姹紫嫣红、百花争艳的春天到了。祝愿郑州市改革的历程，展现在人们面前的是一番绚丽多彩的图景：不仅实践繁花似锦、争奇斗艳，而且理论之光璀璨夺目、熠熠生辉。在这改革的年代，不仅实践之林根深叶茂，理论之树也四季常青。祝愿郑州市改革灿烂的实践之花，在新时代结出丰硕的理论之果。

是为序。

全国人大常委、全国人大农业与农村委员会副主任委员
中国社会科学院副院长、郑州研究院院长

目　录

第 一 章

郑州市长期护理服务体系的建设背景和模式创新

第一节　长期护理服务需求及其分布

一、生活不能自理老年人口的分布

1. 农村老年人失能发生率略高于城镇

郑州市 60 岁及以上老年人约占全市人口的 15.6%，其中城镇老年人占全市老年人的 55%，农村占 45%；"六普"调查显示，"生活不能自理"人员占老年人数的 3%，其中城镇生活不能自理人员占全市生活不能自理人数的 49%，农村占 51%。相比城镇，农村老年人口占比低，而生活不能自理人数占比略高，说明农村老年人失能发生率高于城镇。

2. 外围地区失能发生率略高于中心城区

从各区县分布看，中心城区老年人较集中，金水和中原两区老年人数合计占全市老年人总数的 23%，金水老年人占比的比例在全市最高，达到 12.6%，登封、新郑、荥阳、中牟均未到 10%；但是，中心区生活不能自理老年人占全市的比例略低于外围地区，金水和中原两区合计占全市的 17.8%，其中金水区占全市的 8.0%，而荥阳、巩义、新密均超过 10%，巩义生活不能自理老年人占全市生活不能自理老年人总数最高，达到 15.1%。

3. 外围地区失能老年人多居住在农村

荥阳、中牟、新郑、登封、新密、巩义的生活不能自理老年人多居住在农村，中牟的这一比例在全市最高，农村生活不能自理老年人占中牟全县生活不能自理老年人数的 83.7%。图 1-1 展示了郑州各区县老年人、生活不能自理老年人及其在城乡之间的分布。

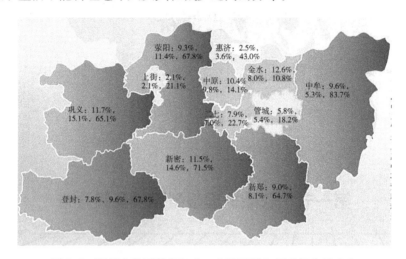

图 1-1 郑州市各区县老年人、生活不能自理老年人的分布

注：第一个数字是各市区县 60 岁及以上人口占全市 60 岁及以上人口比例；第二个数字是各市区县生活不能自理人数占全市生活不能自理人数比例，第三个数字是乡镇生活不能自理人数占各市区县生活不能自理人数比例。

资料来源：根据郑州市"六普"调查数据，笔者绘制。

二、需要长期护理服务的人口数及其构成

2019 年，"郑州长期护理保险制度研究"课题组对郑州市参加基本医疗保险群体的失能情况做了估算。郑州全市基本医疗保险参保共约 690 万人（不含在校大学生），按照"六普"生活不能自理老年人的统计以及借鉴德国 60 岁以下人口失能发生率，测算郑州 2019 年基本医疗保险参保群体的失能发生率和失能人数，这些人口都是长期护理服务的重点对象。

测算显示，郑州需要长期护理服务的人数共 48476 人，其中 15 岁以下 5206 人，约占 10.7%，15~59 岁 12900 人，约占 26.6%，60 岁及

以上老年人 30369 人，约占 62.6%（见表 1-1）。这些数据告诉我们一个事实：长期护理服务对象不仅是老年人，劳动年龄段和青少年也有各种原因导致的重度失能，他们对长期护理服务的需求不容忽视，甚至更应重视。试想一个新生儿因病造成终生无法生活自理，对一个家庭造成的负担要比失能的老年人更大、影响时间更长，其家庭照护者（新生儿的父母）更年轻，需要劳动就业的意愿和责任更强。

表 1-1　　郑州市需要长期护理服务的人数及其年龄分布估算

	人数（人）	占比（%）
15 岁以下	5206	10.7
15~59 岁	12900	26.6
60 岁及以上	30369	62.6
合计	48476	100.0

资料来源："郑州长期护理保险制度研究"课题组提供。

第二节　长期护理服务资源与供给状况

长期护理服务体系是养老服务体系的关键组成部分，因其覆盖 60 岁以下失能群体，因此，长期护理服务体系超出了养老服务体系的边界，但仍以老年人为服务对象主体。

长期护理服务资源按照专业化程度可分为以下几个层级：一是医院和护理院，二是养老机构，三是社区养老服务中心，四是居家上门服务机构，五是家庭成员互助。

一、医疗机构数量多，但专业技术人员相对不足

改革开放以来，郑州医疗卫生事业发展迅速，卫生机构个数、床位数、技术人员数都有明显提高，1978~2018 年分别增加 6.1 倍、8.9 倍和 6.6 倍，专利申请数更是爆发式增长，1985~2018 年由 99 项增至 70128 项，增长 700 余倍，显示郑州医疗卫生事业发展势头强劲，医疗卫生技术实力雄厚。此外，医养结合机构 16 家。

但是，相比硬件设施的建设规模，卫生技术人员数增长相对慢一些，1978~2018 年平均每个卫生机构技术人员数由 22.41 人/个增加至 24.08

人/个，变化不大，期间最高时达到 47.30 人/个，最低曾降至 14.07 人/个，平均每个卫生机构床位对应的技术人员数由 1.52 人/张降至 1.17 人/张，最高时 1.57 人/张，最低时 1.05 人/张（见表 1-2）。卫生技术人员数增长迟缓，间接造成医养融合的长期护理服务供给不足，表现在社区卫生机构人手不够，无力满足失能人员对上门医疗服务的需求。

表 1-2　郑州卫生机构和卫生技术人员数的变化（1978~2018 年）

年份	卫生机构数（个）	卫生机构床位数（张）	卫生技术人员数（人）	专利申请项数（项）	平均每个机构卫生技术人员数（人/个）	平均每个卫生机构床位对应卫生技术人员数（人/张）
1978	672	9938	15062	—	22.41	1.52
1979	693	10507	15489	—	22.35	1.47
1980	755	11349	16820	—	22.28	1.48
1981	874	12206	19193	—	21.96	1.57
1982	930	13426	20590	—	22.14	1.53
1983	931	14567	22059	—	23.69	1.51
1984	982	15376	23138	—	23.56	1.50
1985	1020	16468	24546	99	24.06	1.49
1986	993	17687	25880	150	26.06	1.46
1987	966	18883	26251	198	27.17	1.39
1988	936	20120	27620	287	29.51	1.37
1989	945	20849	28412	289	30.07	1.36
1990	935	20937	28410	350	30.39	1.36
1991	926	21449	29172	392	31.50	1.36
1992	925	21974	30362	485	32.82	1.38
1993	878	21915	30175	526	34.37	1.38
1994	875	22097	30363	524	34.70	1.37
1995	879	22122	30590	547	34.80	1.38
1996	846	21559	30613	680	36.19	1.42
1997	837	21788	30585	760	36.54	1.40
1998	776	23212	30581	871	39.41	1.32
1999	637	23714	30127	952	47.30	1.27
2000	688	24472	31137	1050	45.26	1.27

续表

年份	卫生机构数（个）	卫生机构床位数（张）	卫生技术人员数（人）	专利申请项数（项）	平均每个机构卫生技术人员数（人/个）	平均每个卫生机构床位对应卫生技术人员数（人/张）
2001	682	25791	30451	1100	44.65	1.18
2002	724	26670	30463	1225	42.08	1.14
2003	1221	28094	34475	1550	28.24	1.23
2004	1648	29422	35666	1848	21.64	1.21
2005	1637	29295	33568	2466	20.51	1.15
2006	1765	31827	37795	3361	21.41	1.19
2007	1464	33834	39994	5214	27.32	1.18
2008	1410	38557	42231	5845	29.95	1.10
2009	1437	42971	47004	6613	32.71	1.09
2010	1347	47094	49519	8203	36.76	1.05
2011	4044	52750	56891	10997	14.07	1.08
2012	3807	57894	64213	16254	16.87	1.11
2013	4026	68764	76161	20259	18.92	1.11
2014	4007	74645	81616	24307	20.37	1.09
2015	3923	76930	85168	26406	21.71	1.11
2016	3963	85914	94942	37411	23.96	1.11
2017	4421	91454	106458	50544	24.08	1.16
2018	4773	98249	114920	70128	24.08	1.17
2019	4999	100000	121000	–	24.20	1.21

资料来源：郑州市统计局统计数据中的年度数据，http：//tjj.zhengzhou.gov.cn/；2019 年数据来自《2019 年郑州市国民经济和社会发展统计公报》。

二、养老服务资源不断扩充，但相对医疗服务资源仍显不足

养老服务体系建设已纳入郑州民生实事工程。截至 2019 年底，全市提供住宿的社会服务机构 145 个，床位 24762 张，其中养老服务机构 122 个，养老服务机构床位 22628 张。相对卫生服务资源，郑州养老服务的资源还有很大的增长空间。

郑州市老年人拥有的卫生资源明显优于全国平均水平，每千名老年人拥有卫生机构床位数和技术人员数是 75.2 张和 91.0 人，分别是全国平均水平的 2.1 倍和 2.3 倍；但郑州每千名老年人拥有的养老服务机构床位 17.0 张，不到全国平均水平（30.0 张）的 60%，距离《加快建设郑州健康养老产业实施方案（2018—2020 年）》要求 2020 年达到每千名老年人拥有养老床位 40 张以上的目标还有很大距离，郑州市养老服务体系建设仍有较长的道路要走，首先是要大力提高养老机构、养老机构床位以及养老服务护理人员的数量规模（见表 1-3）。预计到 2020 年底，每个街道（乡镇）都将建成至少一所不低于 70 张床位的综合性城乡社区养老服务中心；每个县（市、区）要建成至少一家拥有 200 张以上床位的公办示范性养老机构①。

表 1-3　郑州老年人拥有的卫生资源和养老资源与全国平均水平对比（2019 年）

	老年人数（千人）	卫生机构资源		养老机构资源	每千名老年人拥有的资源		
		床位数（张）	技术人员数（人）	床位数（张）	卫生机构床位数（张）	卫生机构技术人员数（人）	养老机构床位数（张）
郑州	1330	100000	121000	22628	75.2	91.0	17.0
全国	253880	8920000	10100000	7614000	35.1	39.8	30.0

资料来源：郑州市统计局 . 2019 年郑州市国民经济和社会发展统计公报［R］.［2020-04-03］；国家统计局 . 2019 年国民经济和社会发展统计公报［M］. 北京：中国统计出版社，2020.

三、社区服务设施迅速增加，为长期护理服务递送打下坚实的物质基础

2019 年，郑州市社区服务中心和社区服务站分别是 150 个和 801 个，而 2016 年分别是 110 个和 272 个，三年来社区服务设施的建设发展很快②。养老服务设施更是在政策支持下快速布局，仅 2018 年郑州全市新增居家社区养老服务设施 150 个；2018 年新增规模化居家社区养

①　郑州市人民政府 . 郑州市人民政府关于印发加快建设郑州健康养老产业实施方案（2018—2020 年）的通知［EB/OL］.［2018-07-30］. http：//public.zhengzhou.gov.cn/17LB/270098.jhtml？a=five&v=1.

②　郑州市统计局 . 2016 年郑州市国民经济和社会发展统计公报［R］.［2017-04-26］；
郑州市统计局 . 2017 年郑州市国民经济和社会发展统计公报［R］.［2018-03-13］；
郑州市统计局 . 2018 年郑州市国民经济和社会发展统计公报［R］.［2019-05-16］；
郑州市统计局 . 2019 年郑州市国民经济和社会发展统计公报［R］.［2020-04-03］.

老服务企业或组织共 6 家，到 2020 年还将增加 20 家以上[1]。此外，自 2006 年规划设立社区卫生服务中心，到 2018 年已建成 93 家社区卫生服务中心，2020 年还将增加 62 家[2]。这些都为开展社区和居家长期护理服务奠定了很好的基础。

无论是出于经济压力还是亲情关怀的考虑，无论"9073"还是"9064"[3]，失能人员居家照护和社区照护的需求大于机构照护，社区养老服务设施作为居家照护和社区照护的载体，相比专业养老机构和医疗机构，距离需求方更近，服务半径更小，更能满足大多数失能人员的照护服务需求。因此，发展社区养老服务设施，能够为长期护理服务体系建设提供必要的基础设施。

第三节 长期护理服务体系构建的政策基础

近年来，国务院相继出台加快发展养老服务、全面放开养老服务市场、推进医养结合等政策，相关部门出台 30 余项配套政策。郑州市以建设国家中心城市为契机，以居家和社区养老服务工作推进为切入，初步建立养老服务支持政策体系。总结这些政策，对比供求实际，可以找出下一步政策的着力点，为构建长期护理服务体系夯实政策基础。

一、发展社区养老服务中心，增进长期护理服务硬件条件

《郑州市城乡养老照料设施建设资助和运营管理暂行办法》（郑民文〔2018〕102 号）提出，到 2020 年底将在每个街道至少建成 1 个社区养老服务中心，养老照料设施覆盖全部城市社区和 60% 以上的行政村。这是对民政部《城乡社区服务体系建设规划（2016—2020 年）》"力争到 2020 年，实现城市社区综合服务设施全覆盖，农村社区综合服务设施覆盖率达到 50%"的具体和超额落实。

---

① 郑州市卫健委. 郑州市卫健委召开 2020 年社区卫生服务体系建设工作推进会［EB/OL］.〔2020–07–01〕. http://wjw.zhengzhou.gov.cn/zwxx/3471475.jhtml.

② 郑州市人民政府. 郑州市人民政府关于印发加快建设郑州健康养老产业实施方案（2018—2020 年）的通知［EB/OL］.〔2018–07–30〕. http://public.zhengzhou.gov.cn/17LB/270098.jhtml? a=five&v=1.

③ 90% 的人居家照护，7%（或 6%）和 3%（或 4%）的人分别需要社区照护和机构照护。

养老服务中心与日间照料中心的定位有所区别，后者更多服务于活力老人，对失能人员提供基本的生活照料，而养老服务中心是机构照护、社区照护、居家照护、家庭支持的融合载体，其基本理念是"就近养老"，具体形式是"嵌入式社区养老院"，主要特征是就近提供集中照护服务，辐射周边，服务内容多样，不仅有生活照料，还有长期入住服务，能够对家庭照护者提供必要支持（见图1-2）。

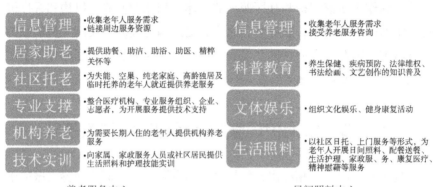

图1-2 养老服务中心与日间照料中心的功能区别

资料来源：笔者整理并绘制。

二、放开养老服务市场，引导社会力量参与长期护理服务体系建设

《郑州市资助民办养老机构实施办法》（郑民文〔2018〕7号）拓宽养老服务补助补贴范围，除了资助"公办民营"类养老机构，提供建设补贴、床位运营补贴以外，还为符合条件的养老护理人员提供岗位补贴，以此增进养老服务人才队伍建设。

《郑州市人民政府办公厅关于全面放开养老服务市场提升养老服务质量的实施意见》（郑政办〔2018〕84号）从五个维度推进养老服务业发展（见图1-3）。长期护理服务对象是失能失智人员，文件中与这个群体直接相关的政策安排包括：一是政府购买社区养老综合服务（包含紧急救助、上门巡诊、康复护理、日间照料、助餐助浴、助医助洁、代购代办、心理咨询、健康教育）；二是为符合政府购买服务范围的老年人提供防走失设备；三是为社区养老服务设施免费提供场所，允许运营单位有偿服务；四是农村基层党组织开展助老爱老帮扶（面向空巢、留守、失能、计生特扶老人提供必要的生活照料、紧急救援等服务）、低龄健康老人"一对一"帮扶（面向空巢、留守、失能、计生特扶老人）；五是通过政府补贴、产业引导和业主众筹为居民小区和家庭提供无障碍改造；六是建立智慧养老服务系统，通过"互联网＋"技术手段，实现对长期护理服务对象的远程监控、健康监测、点菜式服务等；七是养医结合、医护延伸，支持养老机构开展医疗服务和支持医疗机构开展老年康复护理，促进实现医疗机构、护理机构、养老机构、社区卫生服务中心、家庭病床之间互通转接；八是鼓励社区家庭医生入户提供家庭出诊、家庭护理、家庭床位等上门服务。

"放管服"改革	发展居家社区和农村养老	建设优质服务供给体系	增强政策保障能力	加强组织实施和监督管理
• 放宽准入 • 简化审批 • 强化监督 • 提升政府服务	• 居家社区养老服务全覆盖 • 提升农村养老服务水平 • 提高老年人生活便捷化	• 智慧养老服务创新 • 医养融合发展 • 公办养老机构改革 • 连锁化经营 • 老年产品用品升级 • 服务人才队伍建设	• 整合闲置社会资源 • 保障养老用地 • 推进"养老＋"融合 • 完善财税支持和投融资政策 • 发展适老金融服务	• 加强组织领导 • 建立行业信用体系 • 注重宣传引导 • 强化督促落实

图 1-3 郑州市政府推进养老服务业发展的五个维度

资料来源：笔者绘制。

三、政策性支持力度增强，政府购买养老服务制度建成

《郑州市政府购买养老服务暂行办法》（郑财社〔2018〕1 号）规定政府购买的九类养老服务，覆盖多个群体的不同养老服务需求（见图1-4）。与失能人员长期护理相关的政府购买服务项目包括：一是家庭无障碍设施改造等设施设备类；二是建设补贴、运营补贴、养老机构综合责任保险和老年人以外伤害保险等资金支持类；三是护理人员职业培训、职业教育等服务提升类；四是老年人能力评估、服务需求评估、服务质量评估、消防安全评估等资格评估类；五是社区日间照料、康复文体活动等社区服务类；六是高龄独居老人巡视，符合政府资助条件老年人的助餐、助浴、助洁、助急、助医、护理等上门服务类；七是符合政府资助条件老年人的供养、护理等机构护理类。通过上述为特殊老年人购买的养老服务项目，到 2020 年末政府购买养老服务制度基本建成，

各类养老服务资源得到合理利用与配置。

政府为不同类型老年人购买养老服务，大致分为两种情况。一种情况是"五类老人入住养老机构"，这五类老人包括低保、低收入家庭中的中度、重度失能老人，年满60周岁以上的失独老人，散居特困老人，为社会做出突出贡献人员中的中度、重度失能老人，其他特殊困难老人，政府购买机构养老服务的费用标准是不低于郑州市月工资最低标准。另一种情况是"六类老人在社区"，这六类老人包括低保、低收入家庭中的中度、重度失能老人和年满80周岁以上高龄老人，年满60周岁以上的失独老人，散居特困老人，为社会做出突出贡献人员中失能或高龄老人，百岁老人，其他特殊困难老人，政府购买社区和居家养老服务的时间为每人每天不低于1小时。

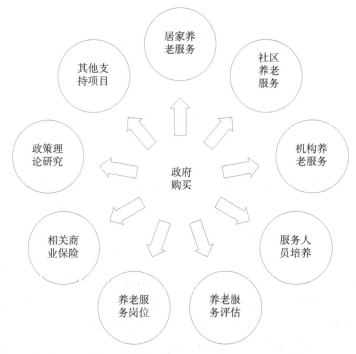

图1-4 政府购买的九大类养老服务项目

资料来源：笔者绘制。

四、农村留守老人照护制度建立，需要更加精准支持和落地

《郑州市关于加强农村留守老年人关爱服务工作实施方案》（郑民文

〔2018〕208 号）提出，力争到 2020 年初步建成农村留守老年人关爱服务体系。从实施方案看，农村留守老人关爱服务大致分为三个层级：一是志愿养老服务，建立留守老年人联络人和定期探访制度，推广互助和为老志愿服务活动；二是家庭养老服务，要求子女或受委托监护人应依法尽责，为农村留守老年人给予生活照料、精神慰藉等关爱服务；三是专业养老服务，以经济困难的高龄、失能留守老年人为主要对象，强化生活照料、精神慰藉、安全监护、权益维护等基本服务。

总体上，郑州市农村留守老年人关爱服务体系由"5+1"个部分组成（见图 1-5），相应地，需要考虑"6 个如何"，以便使政策扶持更加精准，政策落地更有效率：第一，建立农村养老服务设施及"如何有效运营"，要求行政村建立互助托老站和幸福院，超过 3000 户的行政村应设立至少 1 处 10 张以上床位的养老服务中心或日间照料中心。在政府支持建设养老服务设施后，由谁运营以及如何有效运营成为重要议题。第二，支持家族成员和亲友、鼓励邻里乡亲为留守老年人提供关爱服务，要求家中若有患严重疾病、已丧失自理能力老年人的须内部协商，至少留下 1 名家属在家照料。针对留守老年人尤其是失能的留守老年人，如何有效支持其亲友邻里持续提供生活照料和精神关爱，需要设计更加精准的支持方案。第三，村（居）委会定期探访并督促家庭成员为留守老年人提供照顾。发动村（居）委会自我管理，利用道德约束家庭成员履职尽责，需要充分考虑如何有效落实的问题。第四，政府向具备资质的老年协会购买留守老人关爱服务，开展低龄健康老人扶助高龄、失能老年人的互助关爱活动，就近就地解决服务人员供给不足问题。政府购买服务仅限于特殊群体，如何监督其服务质量，并有效辐射到其他留守老年人，是政策落地设计的关键。第五，鼓励农村基层组织开展为老志愿服务，设立社会工作站，为留守老年人提供心理疏导、情绪疏解、精神慰藉、代际沟通、家庭关系调适、社会融入等服务，培育为老社会服务机构，为农村留守老年人提供安全防护、生活照料、紧急援助、康复护理等专业服务。社会组织可以弥补基层政府公共服务的空白，但需要考虑好如何有效培育这些组织，积极引导其开展留守老年人关爱服务。第六，推进家庭医生签约服务，为农村留守老年人提供连续的健康管理服务。郑州市自 2008 年启动家庭医生服务模式，到 2016 年全面启动城乡居民家庭医生制度，力争到2020年每个家庭拥有1名签约医生。目前政府按照签约居民10元/人·年的标准为签约服务团队提供补助，但在分级诊疗还在路上、家庭病床还未普遍开展的情况下，需要考虑如何有效推进家庭医生介入留守老年人关爱服务。

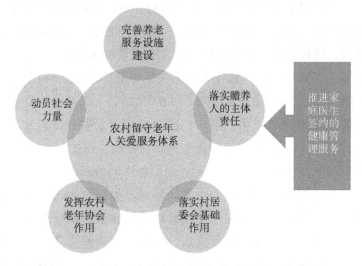

图1-5 农村留守老年人关爱服务体系的"5+1"构成

资料来源：笔者绘制。

五、全面提升养老服务供给，四个层面搭建长期护理服务体系

《郑州市人民政府办公厅关于全面放开养老服务市场提升养老服务质量的实施意见》（郑政办〔2018〕84号）为深入落实《国务院办公厅关于全面放开养老服务市场提升养老服务质量的若干意见》（国办发〔2016〕91号）精神，提出四个层面健全养老服务供给，其中多处涉及长期护理服务体系建设内容。

1. 社区层面

以街道为单位，建设综合社区养老服务机构，覆盖全托、日托、上门等服务形式；以社区为单位，建设日间照料中心，覆盖生活照料、助餐助行、紧急救援、精神慰藉等服务内容；政府可通过购买服务方式，采取老年人餐桌和上门服务等方式，开展紧急救助、上门巡诊、康复护理、日间照料、助餐助浴、助医助洁、代购代办、心理咨询、健康教育等基本养老服务。

2. 居家层面

养老机构和社区日照中心运营机构的服务延伸到家庭，覆盖生活照料、家务料理、精神慰藉等上门服务内容；政府向社会组织购买服务，覆盖独居、空巢、留守、失能、计划生育特殊家庭等特殊困难老年人的探访和帮扶；政府向社会购买技能培训服务，增强家庭成员的照护能力。

3. 机构层面

聚焦刚性需求，提高养老机构护理型床位占比；公办养老机构坚持公益属性，重点为特困人员、经济困难的失能失智老年人、计划生育特殊家庭老年人提供托养服务，社会力量根据市场需求兴办面向中高收入家庭的养老机构。

4. 网点层面

2018 年 8 月，郑州市财政局、郑州市民政局联合印发《关于开展老年人助餐和助浴示范点建设的通知》，市内五区每个区至少建 2 个助餐示范点、1 个助浴示范点，县（市）、开发区、上街区至少建 1 个助餐示范点，符合条件的助餐、助浴示范点，市财政给予 30 万元的一次性建设补贴。助餐点的膳食加工配制能力应在 150 客 / 餐以上，能容纳 50 名以上老年人同时就餐，使用面积不小于 240 平方米，助浴点须配有专职管理员不少于 1 人，专职助浴员不少于 3 人，兼职急救员不少于 2 人。助浴点和助餐点若与社区养老照料设施合并设置，已享受养老照料设施补贴的，不再享受助餐助浴示范点的建设补贴。

六、小结

总体上看，郑州紧随国家养老服务业发展步伐，及时出台促进养老服务发展的政策，额定指标略高于全国，形成了覆盖城乡各类群体的政策体系，涵盖对机构、社区、居家、家庭等多个层级照护服务的支持，在政府引导和支持下，养老服务机构、数量、从业人员规模都有显著增加，社区嵌入式的综合养老服务设施普及，农村互助式的养老服务站点陆续建成，形成了政府购买服务、建设补贴、床位运营补贴、养老护理人员岗位补贴等多方位资金支持体系。2020 年是养老服务体系建设的关键节点，郑州已经确立了养老服务机构床位、社区综合照护服务体系等多个任务目标。应该说，随着这些目标陆续实现，郑州长期护理服务体系的硬件基础基本打牢。下一步的关键任务是提升服务递送的达成率、精准度，提高失能人员护理需求的满意度。

第四节 长期护理服务体系的构建与当前抓手

一、长期护理服务的供与求

2019年，郑州市常住人口1035.2万人，城镇人口772.1万人，城镇化率达到74.6%，比全国平均水平高出近15个百分点。但是，郑州的城镇化率分布不均，中心城区最高超过90%，中牟、巩义、荥阳、新密、登封的城镇化率低于全国水平。这种人口分布特征，决定了郑州长期护理服务体系建设重点在各区县有所不同，中心城市更加突出城镇社区和居家的长期护理服务，外围地区则更加关注农村留守老人的长期护理服务。但总体上，长期护理服务以失能人员的需求为核心，旨在使失能人员有尊严地生活，减轻失能人员家庭的体力和经济负担。

1. 长期护理服务需求

长期护理服务对象是失能人员，但对长期护理服务的需求不限于失能者本人，更多的是来自照护失能者的家人。根据中国保险协会2017年的一项全国调查，成年人对长期护理问题的担忧主要是：47.2%的被调查者担心会给家人造成负担，43.6%的人担心找不到护理人员或护理机构，47%的人担心护理费用上涨。在被调查的成年人中，有65%的人希望通过购买服务履行照护服务的责任，这也说明在劳动参与率高、就业压力大、空巢现象普遍的现实情况下，许多子女渴望通过购买社会照护服务替代或减轻家庭照护负担。

根据中国人民大学老年社会追踪调查（CLASS）的调查，需要护理的老年人按照失能程度依次分为"重度失能""无法独立生活""独立生活困难"，分别占被调查者的2%、10%、30%[①]。失能程度高低是长期护理服务选择的重要因素，但并非根本因素。例如，"重度失能"的老年

---

① 何文炯、杨一心.失能老人照护服务补助制度研究［J］.社会政策研究，2020（2）：26-39.

人丧失全部生活自理能力，若无基础疾病，未必需要大量医疗护理，可通过家庭照护、居家服务和家庭病床相结合的方式，在家里接受服务；相反，虽然部分丧失生活自理能力，若有基础疾病，"独立生活困难"的老年人可能需要入住专业养老机构、护理机构甚至医疗机构（如老年医院或老年病床），接受专业的全天候护理，其生活照料部分可由社会服务机构或家人完成。

世界卫生组织对长期护理的定义是由家庭、朋友或邻居等非专业护理人员和医生、社会服务者等专业护理人员进行的照护活动，目的是保证被照护者的生活质量，尽可能保障其独立、自主、参与、个人满足和人格尊严[①]。长期护理服务可按需求类型划分：第一类是健康类需求，包括基础护理、用药管理、康复护理等，需要由专业技术人员如医师、护师、康复师等提供服务；第二类是生活类需求，包括个人卫生、穿衣饮食、膳食健康、营养管理、家务协助等；第三类是精神类需求，包括心理慰藉、孤独排解、临终关怀等。也可按服务提供类型划分：第一类是机构照护，失能人员入住专业的护理机构，接受全天候的照护服务；第二类是社区照护，主要包括日间和/或夜间照护，多为缓释家庭成员压力的喘息照护；第三类是居家照护，由服务商提供的上门照护服务；第四类是家庭照护，由家庭成员提供互助式的照护服务。前三类可归为正式的长期护理服务，家庭照护往往归于非正式的长期护理服务，二者的区别在于是否按照供求关系决定的价格收取服务费用。

2. 长期护理服务供给

长期护理服务类型按技术要求分为专业和非专业两大类，按是否收费分为正式和非正式两大类，按服务场所分为机构、社区、居家三种形式，按照服务提供方范围分为专业护理机构、社会服务机构、家庭成员互助三种模式，按政策支持对象分为机构照护、社区照护、居家照护和家庭支持四个方面。

从国外经验看，德国和日本是两个拥有完善长期护理保险制度和长期护理服务体系的国家，其服务类型具有借鉴意义。德国长期护理服务

---

① 刘慧敏等.德国与日本长期照护服务分级制度及启示［J］.护理管理杂志，2018（4）：229-232.

主要包括居家护理、机构照护以及日间和夜间照护三种类型：与我国各地的日间照料中心不同，德国日间和夜间照护都备有专业设备，护理因素大于照料因素，可提供救援服务；居家照护包括个人卫生、营养膳食、家务帮助等方面；机构照护主要是基本照护和医疗照护。日本长期护理服务事无巨细，面面俱到：居家照护包含上门访视、居家洗浴以及居家照护管理指导等 13 种服务项目；机构照护包括福利型、保健型和疗养型医疗设施三种类型，可提供医疗照护服务；社区照护提供小规模多功能护理、夜间家访护理服务和痴呆症患者照护等[①]。德国的照护服务分工明确，借鉴其照料中心实施救援和看护的做法，可以弥补我国社区照护的不足。日本的上门服务项目细致，借鉴其探访和上门服务做法，可以促进我国居家照护服务的发展。

《郑州市人民政府办公厅关于全面放开养老服务市场提升养老服务质量的实施意见》（郑政办〔2018〕84 号）提出，到 2020 年政府运营的养老床位数占养老床位总数的比例不超过 50%。每千名老年人拥有床位达到 40 张以上，符合标准的日间照料中心、农村养老服务中心等城乡社区养老服务设施覆盖所有城市社区、90% 以上的乡镇和 60% 以上的农村社区。政府在养老服务设施建设方面支持力度不小，涵盖范围也较宽，应该说，构建长期护理服务体系的硬件条件基本具备。下一步，应将政策引导和支持重点放在软件条件上，即对长期护理服务的支持，围绕失能人员的切实需求，激励和引导服务提供商及时、高质、精准地实施长期护理服务的递送。

二、长期护理服务体系的短板及"四个支柱"的建设

根据失能人员的需求，长期护理服务体系由专业机构全天候照护、社区日间夜间照护、居家上门照护、家庭互助照护四个支柱组成。目前，郑州长期护理服务体系的四个支柱基本建立，但仍有短板，可将"家庭照护床位"作为抓手，补齐短板，切实满足失能人员的迫切需求。

1. 专业机构照护

长期护理的专业机构包括医疗机构（主要是老年医院或老年病床）

---

① 刘慧敏等.德国与日本长期照护服务分级制度及启示［J］.护理管理杂志，2018（4）：229–232.

和养老服务机构。

据郑州市卫健委统计，截至 2018 年 6 月，郑州市各类医疗机构的老年病区床位共计 1175 张，康复病区床位 829 张，安宁医护床位数163 张[①]，分别占全市老年医疗机构床位总数的 5.1%、3.6% 和 0.7%。换句话说，郑州长期护理病床合计占老年医疗机构床位数的 9.4%，相当于全市卫生机构床位总数的 2.2%，而需要长期护理服务的老年人数占全市总人数的比例是 0.3%，从这个角度看，郑州市医疗机构用于老年长期护理的床位数较为充裕。但是，考虑到住院费用高、家庭经济负担重，长期护理保险制度尚未建立，由医疗机构提供的专业护理只能作为必需时的选择。

根据《郑州市 2019 年国民经济和社会发展统计公报》，全市共有122 个养老机构、22628 张养老机构床位。从上文分析看，郑州每千名老人拥有的养老机构床位明显低于全国平均水平，与 40 张的目标还有不小差距。在郑州全市 122 家养老机构中，除了一家公办老年公寓以外，民办养老机构占比不到一半，其余是敬老院、光荣院和社会福利中心，后面三种类型的机构面对的都是特殊群体，服务对象也并未向社会开放，因此，真正承担长期护理服务的养老机构只有五六十家，能够收住需要专业照护服务的人员不足万人，这与郑州全市近五万长期护理服务需求人数相比也有不小距离。因此，加大力度支持和引导社会资本进入养老服务机构建设，是弥补专业机构照护服务不足的关键。

2. 社区日（夜）间照护

近年来，在政府大力支持下，城镇社区基本都建有日间照料中心，农村地区的互助托老院也相继建起。但从调研情况看，日间照料中心提供服务未必与失能人员的需求一致。由于社区用房紧张，很多日间照料中心设在养老综合服务设施内，与老年人活动室、老年餐厅、助餐助浴设施等融合在一起，长期护理、喘息照护等功能还未充分发挥。

目前，社区层面长期护理服务供给的主要短板在于：一是服务机构未能有效满足失能人员长期护理需求。具体表现在：老年餐桌以活力老

---

① 另据报道，2019 年以来，郑州建设了 36 个安宁疗护病区（中心）、新增安宁疗护床位 721 张，实现了县（市、区）全覆盖。参见：http://wjw.zhengzhou.gov.cn/zwxx/3357636.jhtml。

人为主，失能半失能人员行动不便，无法享受餐桌服务；社区日间照料中心运营机构人手不够，很难满足所有失能半失能人员上门送餐的需求；日间照料中心还不能充分满足失能人员对基础医疗护理的需求。二是社区日间照料中心"无利可图"挫伤了运营机构的积极性。具体表现在：城市社区以楼房为主，老旧小区没有电梯，失能半失能人员上下楼不便，无法"日托"；虽然社区免费提供场所，但因日托人数少、运营收入不稳定，配备厨师、护理员的相对成本高，运营机构无心长期经营。因此，要尽快实现医疗和养老在社区层面的融合，满足失能人员对基本医疗护理的需求，激活社区养老服务设施在长期护理服务体系中的重要支柱作用。

3. 居家上门照护

居家上门照护是失能人员及其家庭最迫切需要的长期护理服务形式。一项对全国失能人员长期护理服务需求的研究发现[①]，无论在城市还是农村，重度失能老人选择社会化照料的概率显著小于轻度失能老人。这是因为：一是重度失能的社会照护服务价格高，影响了需求；二是社会照护机构以提供中轻度失能的照护服务为主。可见，在长期护理服务市场上，供方以中轻度失能的照护服务为主，需方以重度失能的照护需求为主，二者的结合处是生活照料。因此，居家上门服务应尽快补齐生活照理（如助浴）的服务短板。

目前，郑州市在居家层面长期护理服务供给方面还有一些不足：

一是失能半失能人员对上门服务的购买能力有限。郑州养老服务机构提供两种形式的助浴服务，一种是接送行动不便老人到指定地点，另一种是上门助浴。自理老人收费大约是 50 元 / 人次，失能老人收费大约是 150 元 / 人次，对于老年人来说单价高、接受度低，非到必要关头很难主动寻求这样的服务。

二是政府购买的上门服务量无法满足服务机构的保本要求。政府购买养老服务以特殊困难群体为主，2018 年 1 月《郑州市政府购买养老服务暂行办法》（政财社〔2018〕1 号）规定，政府购买养老服务限于六类

---

① 苏群等. 我国失能老人长期照料现状及影响因素——基于城乡差异的视角 [J]. 人口与经济，2015（4）：69-76.

群体，优先保障本市户籍经济困难的孤寡、失能、失独、高龄等特殊困难老年人的服务需求，这些群体未涵盖60岁以下失能人员，而且往往居住分散。调研中发现，上千住户的社区内此类群体人数往往只有个位数，这样的市场需求规模很难满足服务机构的成本要求，遑论利润和发展。

三是上门服务内容未能满足失能人员最迫切的需求。失能半失能人员对上门医疗和护理服务的需求最迫切，其次是洗澡，其他如家务、如厕、聊天、喂饭、康复活动等的需求相对弱一些，且这些服务日常均可由家庭照护者提供。政财社〔2018〕1号文规定了政府可购买的九类近30项服务内容中，未包含医疗和护理方面的服务。

四是社区基层的志愿服务力量没有充分调动。在老旧小社区，物业服务少甚至没有物业服务，在新建大型社区，物业服务更多聚焦社会化活动，加上社区居委会往往人少事多，失能半失能人员对服务专业性要求又高，在组织志愿者参与面向失能半失能人员的志愿服务时，都面临人员不足的问题。

4. 家庭互助照护

家庭成员之间的互助是传统的、非正式的照护形式，在劳动时间长、少子家庭多、赡养负担重等现实情况下，家庭互助照护需要经济和精力上的支持。常见的方式是提供照护者津贴和喘息照护服务。目前，一些开展长期护理保险制度试点的城市（如南通、承德等），对符合资格条件的失能人员在接收家庭成员照护时，由长期护理保险基金支付一部分津贴（如南通450元/月），用以补偿因照护失能人员的时间和精力损耗。郑州还未开展长期护理保险制度试点，还未建立对家庭照护人员的津补贴制度。家庭互助照护仍是传统的家庭内部赡养活动，缺少社会服务的"置换"，因照护重度失能人员，家庭成员被占用大量时间和精力，出现"一人失能，全家失衡"的问题。从这一点看，家庭互助照护需要社会服务的"协助"。因此，开展居家上门照护服务，不仅是提高照护质量、满足失能人员迫切需求的服务方式，也是减轻家庭照护人员负担的有效办法。

三、以建立家庭照护床位制度作为当前抓手

从上文看到，郑州市建起了社区综合养老服务设施配套设施，社会日间照料中心、助浴和助餐网点、智慧养老服务设施、医养融合服务设施等全方位设施，长期护理服务体系硬件条件逐渐满足，软件条件尚待补齐短板。2020 年，郑州市加大力度推进居家和社区养老服务工作，拟新增 120 个城乡养老服务中心，通过智慧健康养老信息平台，采取"互联网 + 养老"模式，推进开展"点菜式"上门养老服务[①]。但是，服务供给面临人手不足的问题始终存在。实际上，长期护理服务人员短缺不仅是长期的，也是各国普遍存在的现象。那么，当前与硬件条件匹配的软件条件还有哪些不足，在长期护理服务人员供给不足这个普遍环境下，搭建长期护理服务体系的切入口是什么？何为当前抓手？

为了解决居家上门服务短板问题，一些养老服务发展基础较好的地区创新模式，政策支持重点向居家倾斜。例如，广东省中山市积极推广"1+2+N"的居家养老服务模式，即以社区居家养老服务中心为依托，提供上门家政和送餐助餐两大服务项目，开展多样化服务。再如，江苏省苏州市通过建立"家庭夜间照护床位"，将夜间照护服务输送到老年人家中，包括起居照料、精神陪护、应急处置等基础服务和个人卫生、饮食照料、家庭保洁、代办代购、临床护理等个性化服务。北京也在《关于加快推进养老服务发展的实施方案》提出了试点建设家庭照护床位。

家庭照护床位可将各种长期护理服务资源在"居家"层面融汇。较早开展家庭照护床位试点的是杭州和上海两地，已经总结出了一些经验：

第一，家庭照护床位是"类机构"照护功能的床位[②]。将专业照护服务引申到照护对象家中，使其居家便可享受专业照护服务，类似在照护对象家中设置了具有照护功能的"床位"。

第二，家庭照护床位与养老机构床位采取统一管理。养老机构将其专业服务输送到照护对象家中，实际上是突破了养老院的地理局限，建起了"无围墙的养老院"。

第三，政府按照与养老机构床位相同力度予以支持。政策支持附带的是质量监督，弥补居家专业服务不足和上门服务监督空白的双重短板。

---

① https://www.henan100.com/news/2020/929447.shtml.

② 参见《上海市开展家庭照护床位试点方案》。

第四，家庭照护床位有利于培育家庭互助照护技能。一般地，设置家庭照护床位需要家庭成员同时在家，专业人员做"师傅"，可以"现场教学"，对家庭成员手把手传授照护技能。

第五，家庭照护床位同时弥补"四个支柱"的短板。"家庭照护床位"可使老年人在居家养老、社区养老、家庭照护、机构养老之间无缝流转，实现不同养老模式的相互融通[①]。在机构照护上，随着家庭医生、家庭病床制度的广泛开展，可以形成三者联动，建起医养融合的家庭照护床位，在不增加用地指标和建设成本的情况下，高效解决养老床位不足的问题；在社区照护上，日间照护中心的运营机构可开展夜间照护服务，并将上门送餐、助浴助洁等服务递送到户，这些服务有了资金支持和质量监督；在居家照护上，之前一些无住宿社会服务机构在提供上门服务时没有床位补助，虽然起到了与养老机构相同的照护服务效果，却得不到同等的政策支持，设置家庭照护床位后，只要符合资格的机构，无论其是有住宿还是无住宿，均可上门提供照护服务，得到同等的政策支持；在家庭互助照护上，家庭照护床位不仅可以有效"置换"家庭照护者的体力劳动，也能传授照护技能，为家庭照护增效提质。

第六，在增加长期护理床位的情况下还节省了财政投入。建设一张养老机构床位的成本很高，仅政府补助在建设成本和运营费用上的就可达数万元。家庭照护床位与养老机构床位功能相近，除适合老化改造、智能传感设备和辅助器具以外，财政不需要花大价钱"补砖头"或"补床头"，而是可以将津贴补贴更加精准地用于长期护理所需的设施设备和服务上，财政资金使用效率也会大大提高。

---

① 九三学社上海市委网站．郝勇委员：创设"家庭照护床位"让养老服务走进家门［EB/OL］．（2019-01-18）［2020-07-03］，http：//www.sh93.gov.cn/node933/node934/snxw/snyw/u1ai1905675.html.

第二章

郑州市长期护理服务模式选择与效应评估

随着老龄化程度的加深，2013年国务院颁布了《关于加快发展养老服务业的若干意见》（国发〔2013〕35号，以下简称《意见》）。《意见》提出，"到2020年，全面建成以居家为基础、社区为依托、机构为支撑的功能完善、规模适度、覆盖城乡的养老服务体系。养老服务产品更加丰富，市场机制不断完善，养老服务业持续健康发展"，提出了养老服务业的中期发展目标。《意见》还提出，完善服务体系，要求生活照料、医疗护理、精神慰藉、紧急救援等养老服务覆盖所有居家老年人；以老年生活照料、老年产品用品、老年健康服务、老年体育健身、老年文化娱乐、老年金融服务、老年旅游等为主的养老服务业全面发展。[①] 这一描述所展示的是涉及一个群体的服务体系，且由于服务与经济、社会的不可分割性，必然将通过服务延展到经济与社会的各个层面。

长期护理服务是养老服务体系中不可或缺的部分，尤其老龄化和高龄化加剧，以老年人为主体的失能群体规模必将不断扩大，长期护理服务的发展与养老服务的发展密切联动。在发展养老服务业的进程中，服务模式的选择以及如何评估相关政策可能产生的内外部效应，是保障养老服务体系实现预期目标的重要内容。由于养老服务业自身的多重性，其包含了社会政策的绝大多数主题——福利、住房、健康、文化、人口、婚姻与家庭生活、就业、社区及社会公共环境等，相应政策评估需

---

① 中国政府网.国务院关于加快发展养老服务业的若干意见〔EB/OL〕. http：//www.gov.cn/zwgk/2013-09/13/content_2487704.htm.

要面对更多的维度，这也意味着与常见社会政策效应评估通常聚焦于具体的主题，如反贫困效果、群体间差异、外部效应等情况相比，养老服务相关政策的影响更加广泛。其既包括代际间、老年不同群体间福利损益变化以及生活质量影响，也包括政策实施后可能导致的选择行为，还包括政策实施后对市场主体各方行为的影响等诸多内容。面对"银发浪潮"，建设具有郑州特色的长期护理服务体系既是解决当前老年问题的需要，也是应对未来老龄危机的关键所在，本章将探讨郑州市长期护理服务模式选择与相应的政策评估问题。

第一节　老年人口结构与养老服务供给现况

在生育率下降和人均寿命延长的共同作用下，郑州市于 21 世纪前后迈过了老龄化社会的门槛。截至 2018 年底，郑州市 65 岁及以上人口占常住人口比率已达到 11.1%[①]，郑州市的老年人口结构与老龄化趋势一起，共同构成了发展养老服务业的需求条件。

一、老年人口结构与养老服务需求

随着医疗的进步以及社会的发展，在人均预期寿命延长的同时，中国健康预期寿命也在持续提升。世界卫生组织（World Health Organization，WHO）将健康预期寿命界定为"一个人不受疾病、死亡和机能障碍的影响，有望在健康状态下生活的年数"[②]。2003 年，WHO 报告指出，当时中国的健康预期寿命为 63 岁，在《世界卫生统计 2018》中，中国健康预期寿命已提升为 68.7 岁，人均预期寿命已达到 76.4 岁[③]。

随着老年健康预期寿命以及人均预期寿命两者间的差距加大，意味着老年群体被分为健康群体和不健康群体（大致以健康预期寿命为分

---

① 2018 年度《郑州统计年鉴》表 3-8，详情参见 http://oss.henan.gov.cn/sbgt-wztipt/attachment/hntjj/hntj/lib/tjnj/2019/zk/indexch.htm.

② World Health Organization. Healthy Life Expectancy（HALE）at Birth. In: Global Health Observatory（GHO）. Geneva: WHO [EB/OL]. http://www.who.int/gho/mortality_burden_disease/life_tables/hale/en, accessed 20 April 2015.

③ 搜狐网. 历史首次，中国人的健康预期寿命超过美国 [EB/OL]. https://www.sohu.com/a/253717098_100120288.

界）。如果将行动能力界定在日常生活自理能力（ADL）的基础上，又可以分为五种情况：完全失能、重度失能、中度失能、轻度失能和完全自理。在这些群体中，还夹杂着失独、失智、空巢家庭与高龄老人群体。

具体到郑州市，虽然其早已经迈过了老龄化的门槛，但多年来城镇化进程带来的人口迁入在很大程度上缓解了人口老龄化问题的严重程度。截至 2018 年底，郑州市 65 岁以上人口占常住人口比率（11.1%）仅略高于河南全省（10.6%）的水平，该水平低于河南省大部分市县。为探讨未来郑州市人口趋势，利用郑州市人口时间序列数据，以城镇化率为因变量，人口自然增长率与人口净迁移比率为自变量，得到回归方程：城镇化率 =64.26+7.49× 净迁移比率 –2.50× 自然增长率（R^2 为 0.504，详情见表 2–1 ）。

表 2-1 回归方程系数

	Unstandardized Coefficients		Standardized Coefficients	t	Sig.
	B	Std. Error	Beta		
常数	64.258	5.364		11.979	0.000
自然增长率	–2.501	0.554	–0.566	–4.517	0.000
净迁移比率	7.493	3.094	0.303	2.422	0.021

资料来源：笔者使用 SPSS22 计算得来。

从回归方程可知，随着城镇化率越来越高，人口自然增长率越来越低，这意味着郑州市未来的人口提升将主要依赖于人口迁移。显然，无论是城镇化率还是人口迁移都是有极限的，尤其是在周边地区的老龄化水平还要高于郑州市的情况下。数据显示，最近两年郑州市的人口迁移态势已经有所放缓——2018 年郑州市新增农村劳动力较上年下降 22.9%，2019 年新增农村劳动力转移就业下降 14.8%[1]。总的来看，郑州市整体老龄化问题较全国而言并不突出，但是已有老龄群体的高龄化问题并不会因人口迁入而减轻，其对专业化服务的需求依旧存在。整体老龄化程度不高，但高龄老人占比偏高，且未来的老龄化压力日渐增

---

[1] 郑州市统计局 . 2018 年郑州市国民经济和社会发展统计公报 [R] . http: //tjj.zhengzhou. gov.cn/tjgb/index.jhtml.

大，这是郑州市发展长期护理服务业所面临的基本人口条件。

二、当前养老服务能力无法满足潜在需求

近年来，在政府和各界的共同努力下，郑州市养老服务行业发展较快。数据显示，截至 2019 年末，郑州市提供住宿的社会服务机构 145 个，比上年增长 49.5%；其中，养老服务机构 122 个，增长 37.1%；拥有床位数 24762 张，增长 26.1%，其中，养老服务机构 22628 张，增长 28.5%[①]。

与服务供给能力相对应的是需求。全国老龄工作委员会 2016 年发布的《第四次中国城乡老年人生活状况抽样调查》数据显示，2015 年中国 60 岁及以上老年人口中失能与半失能老年人占老年人口的 18.3%，按照这一比率关系，意味着郑州市有数十万人口的专业化照护服务需求，而当前郑州市养老服务行业还不能完全满足这些需求。

另有几组数据可供参考。一是截至 2018 年末，郑州市持证一、二级残疾人 4.41 万人，其中 60 岁及以上的一、二级残疾人占比为 39.4%。[②] 二是截至 2019 年末，郑州市民政局共计为 76715 名高龄老人发放高龄津贴 9588.07 万元。其中，80~89 岁老人 68821 人，90~99 岁老人 7804 人，100 岁及以上老人 90 人。三是有预测认为，在不考虑经济因素制约等约束条件的情况下，短期内郑州市机构护理需求老年人口为 6 万人，中期需求规模将提升到 8 万~9 万人[③]。四是通常国际上 80 岁以上人口入住养老机构的比率大概在 20% 左右，60 岁以上人口入住养老机构的比率大概在 5% 左右[④]，这代表着相当大规模的潜在需求。总的来看，当前郑州市的专业化养老机构服务能力远远不能满足未来的养老服务需求。

在居家和社区养老方面，郑州市 2019 年在主城区及四个开发区开

---

① 郑州市统计局 . 2019 年郑州市国民经济和社会发展统计公报［EB/OL］. http: //tjj.zhengzhou.gov.cn/tjgb/index.jhtml

② 郑州市残联提供数据。

③ 高庆波 . 长期护理保险制度规模的影响因素分析：以郑州市为例［J］. 残疾人研究，2019（3）：3–9.

④ 国家应对人口老龄化战略研究课题组 . 中国应对人口老龄化能力分析——国家应对人口老龄化战略研究子课题总报告集［M］. 北京：华龄出版社，2014.

展居家养老服务试点，由政府购买特殊困难老人服务数量近 6000 人，第一批购买公共助餐服务老人数近 7000 人[1]，郑州市政府购买养老服务尚处于起步阶段。总的来看，无论是居家、社区还是机构，供给总量不足是当前郑州市养老服务业所面临的最大问题之一。

第二节　养老服务政策的范畴与特征

一、养老服务既有政策

2013 年，新修订的《老年人权益保障法》正式实施，取消了对养老服务的准入限制。当年，国务院还出台了《关于促进健康服务业发展的若干意见》与《关于加快发展养老服务业的若干意见》。在国家政策法规的基础上，2014 年郑州市颁布了《关于全面推进养老服务业发展的实施意见》（郑政〔2014〕36 号，以下简称《实施意见》）。在《实施意见》中，郑州市提出，要统筹发展居家养老、机构养老和其他多种形式的养老，实行普遍性服务和个性化服务相结合。统筹城市和农村养老资源，促进基本养老服务均衡发展。统筹利用各种资源，促进养老服务与医疗、家政、保险、教育、健身、旅游等相关领域的互动发展[2]。

2017 年，郑州市提出"十三五"时期老龄事业发展规划，明确"发展居家社区养老服务""支持社区养老设施建设""加强养老服务人才培育"等举措以及"加强城乡医养结合服务体系建设"，明确了中短期内郑州市养老服务业的发展重点所在。

2018 年，郑州市颁发了一系列政策文件：《郑州市人民政府办公厅关于印发全面放开养老服务市场提升养老服务质量的实施意见》（郑政文〔2018〕84 号）、《郑州市人民政府办公厅关于印发郑州市居家和社区养老服务改革试点实施方案的通知》（郑政办明电〔2018〕266 号）、《郑州市财政局、发改委、民政局、老龄办关于印发郑州市政府购买养老服务暂行办法的通知》（郑财社〔2018〕1 号）、《郑州市民政

---

① 郑州市民政部门提供。

② 郑州市政务公开.郑州市人民政府关于全面推进养老服务业发展的实施意见［EB/OL］.
http：//public.zhengzhou.gov.cn/17LAC/305868.jhtml.

局、财政局关于印发郑州市资助民办养老机构实施办法的通知》（郑民文〔2018〕7 号），这一系列的文件明确了郑州市养老服务体系建设的目标任务，完善了具体政策措施，并规范了养老服务相关事项。

此外，郑州市还格外注重医养结合，2018 年《郑州市人民政府关于印发加快建设郑州健康养老产业实施方案（2018—2020 年）的通知》（郑政〔2018〕34 号）从制度层面对健康养老产业进行了顶层设计，为健康养老产业发展提供了政策环境。

二、以居家社区为核心

在当前郑州市既有的养老服务政策体系中，其突出特点是养老服务模式选择了以融合型居家和社区养老为核心。按照提供者是否有报酬和服务场所，可以将养老的形式划分为居家养老、社区养老和机构养老三种。有研究显示，老年人最希望得到的养老服务，排在前三位的是"上门做家务""陪同看病"和"上门探访"。城市老年人对于"上门做家务"的需求最高，而农村老年人对于"陪同看病"的需求最高[①]，这三种需求，都没有离开居家和社区的范畴。对于长期失能的老人来说，由于失去全部或者部分生活自理能力，长期不能离人，因此他们及其家人对居家社区服务更为依赖。

在实践中，居家和社区养老二者的分界并不清晰。居家养老是历史最为悠久的养老服务形式，而社区养老概念源于"二战"后部分国家的"反机构化运动"（Deinstitutionalization）。当时研究发现：受助者由于长期处于非正常环境中，使他们产生强烈的依赖性，逐渐失去适应社会、进行正常生活的能力[②]。反机构化运动提出将被照料者置于其熟悉的家庭与社区环境中，由专业人士与家人、朋友和社区成员提供帮助，强调"正式与非正式的照料互相配合"，从而形成了社区养老模式。

在郑州市相关政策文件提法中，2014 年的《实施意见》提出要"统筹发展居家养老、机构养老和其他多种形式的养老"，将居家与机构相并列，到《郑州市"十三五"时期老龄事业发展规划》，提法改变为

① 杜鹏，孙鹃娟，张文娟，王雪辉.中国老年人的养老需求及家庭和社会养老资源现状——基于 2014 年中国老年社会追踪调查的分析［J］.人口研究，2016，40（6）：49-61.

② 李兵，杜鹏.老龄社会学理论：研究现状和政策意义［J］.人口研究，2005（5）：66-72.

"发展居家社区养老服务"。虽然用词不同，但实质均为居家和社区服务的融合。在更多具体文件中，反复提及要大力推进居家社区养老服务设施建设，并提出建设"以居家为基础、社区为依托、机构为补充，医养结合"的养老服务体系。

如在《实施意见》中，明确提出加强社区养老服务设施建设的具体要求：一是要求城市规划时，必须按照人均用地不少于0.1平方米的标准，分区分级规划设置养老服务设施；二是要求凡新建城区和新建居住（小）区，要按标准要求配套建设养老服务设施，并与住宅同步规划、同步建设、同步验收、同步交付使用；三是要求老城区和已建成居住（小）区无养老服务设施或现有设施没有达到规划和建设指标要求的，要在五年内通过购买、置换、租赁等方式开辟养老服务设施。

虽然目前家庭仍是老年人获得养老服务的主要来源，但家庭养老功能日渐弱化已成为共识。将社区服务延伸到家庭服务中，有助于克服社会排斥，并缓解家庭功能弱化所带来的问题，也更有利于发挥家庭养老特有的文化功能。因而，以居家社区养老服务为发展核心，这既是适合当前郑州整体老龄化程度现况的选择，也是在郑州当前老年社会服务机构设施发展还不能满足需求的情况下的现实选择，还是满足老年人口需求的有力举措。

此外，郑州市养老服务业对居家社区养老服务的界定，也符合民政部门一贯的传统。在十余年前，老龄委高度赞同居家和社区服务的融合，并认为居家养老服务是政府和社会各界力量，依托社区，为居家的老年人提供生活照料、家政服务、康复护理和精神慰藉等方面服务的一种服务形式[①]。因而，郑州市在机构服务能力差距较大的现实情况下，选择了主要从居家、社区养老服务的角度开展养老服务业，同时加入对机构建设支持的力度，这也为郑州市养老机构发展赢得了时间，有助于更好地应对人口老龄化的挑战。

三、大力支持机构建设

2014年《实施意见》提出，到2020年实现每千人35张床位的发

---

① 全国老龄委办公室等部门. 关于全面推进居家养老服务工作的意见［EB/OL］. http://www.mca.gov.cn/article/zwgk/fvfg/shflhshsw/200802/20080200011957.shtml.

展目标，并提出一系列鼓励措施。2018 年，郑州市颁布了关于印发《郑州市城乡养老照料设施　建设资助和运营管理暂行办法》的通知（郑民文〔2018〕102 号，以下简称《暂行办法》），使养老机构建设的支持力度得到了极大的提升。《暂行办法》明确了以下补贴事项：

一是养老服务中心建设补贴。各级政府自建的养老服务中心，市财政按每张床位 6 万元给予补贴；通过购买、置换等形式，利用其他现有设施改造为养老服务中心的，市财政按每张床位 3 万元给予补贴；社会力量新建运营的养老服务中心，市财政每张床位补贴 9000 元（十年内不得转向经营），由社会力量改建装修运营的公办民营类养老服务中心，或社会力量通过租赁形式运营的养老服务中心，每张床位补贴 6000 元。

二是日间照料中心（托老站）、居家养老服务站建设补贴。面积 200 平方米及以上补贴 10 万元，面积每增加 100 平方米增加补贴 5 万元，最高不超过 100 万元。农村日间照料中心（托老站）、居家养老服务站建设补贴减半执行。

三是对设备项目提供了可叠加的补贴。如配置一般大额设备（无障碍电梯、空气能热水器等）可申请配置设备补贴，规划配置电梯的单项补贴上限不超过 20 万元，其他单项补贴上限不超过 10 万元。

四是政府提供了运营补贴。面积 200 平方米以上每年补贴 1 万元，此后面积每增加 100 平方米增加补贴 5000 元，最高不超过 10 万元。

总的来看，郑州市针对当前机构服务力量远远不足的现况，通过以补贴的方式引导各界进行相关投资以期快速弥补短板。该文件颁布之后，郑州市养老机构建设迎来了快速发展，2019 年养老服务机构增长 37.1%；养老服务机构拥有的床位数增长 28.5%[1]。

四、注重保障特殊脆弱群体

2018 年，郑州市颁布关于印发《郑州市政府购买养老服务暂行办法》的通知，明确了具有郑州市户籍且实际居住在郑州的老年人，申请政府购买社区、居家服务的对象与标准：①低保、低收入家庭中的中度、重度失能老人和年满 80 周岁以上高龄老人；②年满 60 周岁的

---

① 郑州市统计局 . 2019 年郑州市国民经济和社会发展统计公报［EB/OL］. http://tjj.zhengzhou.gov.cn/tjgb/index.jhtml.

失独老人；③散居特困老人；④市级及以上劳动模范、重点优抚对象、因公致残或见义勇为伤残等为社会做出突出贡献人员中的失能或高龄老人；⑤百岁老人；⑥各县（市、区）民政部门根据有关规定认定的其他特殊困难老人。

上述群体（除百岁老人外）如自愿入住养老机构，也可以申请政府购买机构供养服务，服务费用每人每月不低于郑州市月工资最低标准。文件还规定，具有郑州市户籍，享受郑州市城乡居民最低生活保障待遇老人、低收入家庭老人、散居特困老人、计生特扶老人及民政部门依据有关规定认定的其他贫困老人，可申请家庭无障碍设施改造。

在政策执行方面，郑州市居家养老服务试点为老年人开展助餐、助浴、助急、助医、护理等服务。截至2019年底，政府购买服务的总投入4500多万元，购买公共服务站点数量160多个，购买特殊困难老人服务数量近6000人，第一批购买公共助餐服务老人数量近7000人[①]。总的来看，郑州市在居家社区养老服务建设过程中，将特殊脆弱群体置于突出位置，并尝试着重解决该群体面对的困难。

第三节　养老服务政策需要考虑的主要问题

一、保障对象选择与制度目标

受二元经济影响，中国养老服务领域也存在着城乡差距问题。在经济文化比较发达的大中城市，老年服务设施较多，而在小城镇和广大的农村地区，老年人社区服务尤其是健康服务供给更显不足。郑州市城市化率已经很高，郑州市常住人口中65岁及以上人口比率为11.1%，但户籍人口中65岁及以上人口为76.93万人，占常住人口的7.59%，但这3.51%的人口差距主要是人口迁移与户籍制度共同形成的问题，这一问题也引起了对养老服务行业发展的核心问题的思考——制度保障对象是谁？

以户籍为分界，可能加剧城乡差距，在人口迁移放缓的情况下，也不利于吸引人口迁入。但如果简单扩大制度到全体常住居民，在当前管

---

① 数据由郑州市民政局提供。

理体系下，无论是制度成本还是可能导致的移民选择行为（老年群体大量迁入）问题，都是政府无法承受的。保障户籍居民还是常住居民，这是郑州市发展养老服务业需要面对的重要问题。

从郑州市当前已有政策文件来看，城市户籍人口保障程度相对较高，农村户籍人口的保障刚刚开始起步，从功能定位来看，郑州市当前已有的居家社区服务的主要性质为福利制度，这留下了几个问题需要回答：一是存在政府补贴（支持）的机构服务如何与福利性质的居家与社区养老相结合，尤其是如何避免福利陷阱问题？二是城乡居民制度设计如何平衡，以避免扩大城乡差距？三是养老服务如何与既有的社会保险、社会福利与社会救助等相关制度相衔接？

二、做好居家和社区养老

相较于集中居住的养老机构服务，居家社区养老更符合老年人心理和服务需求特点。有研究显示，从老年人对自己养老的打算和期望来看，选择在自己家或子女家养老的老年人占 94.16%[①]。未来，随着养老服务网络的不断建立和完善，机构、社区和居家养老服务一体化发展将成为一种趋势。

在当前主要三种养老服务模式中，居家和社区的边界正在日渐模糊，社区和机构的边界也开始模糊，但在养老服务业实现一体化之前，不同的制度形式仍面临着不同的困难。如果养老服务体系中机构保障水平过高，则更可能促使不符合条件的群体违规涌入制度——巨大的福利差距容易导致福利陷阱；如果提供过于普遍的生活照料的服务内容，更可能遇到的困难是福利泛化，且过于普遍的日常生活照料服务也容易导致资源分配在更加难以实现社会目标的地方。因而，如何定位三种养老服务形式，如何更好地衔接各个制度，在满足老年服务的基础上做好特殊脆弱群体保障，合理确定制度的实现形式至关重要。

在居家社区养老方面，除了当前已有的社区老年服务中心（服务站之外），开设社区家政服务中心，建立社区老年医疗保健机构，建立社区老年活动中心，开办社区老年学校，设立老年人才市场等，这些举措

① 杜鹏，孙鹃娟，张文娟，王雪辉.中国老年人的养老需求及家庭和社会养老资源现状——基于 2014 年中国老年社会追踪调查的分析［J］.人口研究，2016，40（6）：49-61.

均有助于实现居家和社区养老的融合服务。总的来看，居家社区养老的指导思想在于将老年人与整个社会互动起来，并充分考虑老年人的物质和精神需求，意在形成服务来源多元化、资金筹措社会化、服务队伍专业化的社区养老模式。在机构养老方面，需要形成规模适度、专业化的体系。

为此，需要加强居家养老的社会化服务的整体规划，并且需要出台更为具体的政策引导，如建立家庭成员养老补贴制度、培育社会志愿者体系、鼓励结伴养老等。此外，还需要考虑如何布局以更好地满足老年人口需求，如建立适合老年人的餐饮、购物、医疗服务、家政服务、阅读及文体活动等场所。

三、养老机构的发展

一般来说，养老机构同时具有福利性和公益性，其运营具有投资大、风险大、利润低的特点[1]。养老服务机构虽然不是提供服务最多的部门，但却是最为专业的部门，特别是在失能、半失能老年人的照护服务方面，养老机构更是有着其他养老服务载体难以比拟的专业化优势。

机构养老服务内容由于内容和服务对象的差异，其属性有所不同。面对失能失智等老年人提供的机构护理服务属性更接近准公共产品，而面向健康老年人的生活照料等服务内容更接近私人产品，因而，公立养老服务机构与民办养老服务机构的职能定位应当有所不同。

对于公立养老服务机构而言，政府承担主要责任，其也可以通过政府购买的形式，由市场或非营利组织提供，服务对象应当为经济困难的失能、半失能老年人和特殊脆弱群体（五保、失独等）；而更接近私人产品的生活照料服务，则应当以市场为主要提供者，为各种不同情况的老年群体提供个性化的市场服务。在这个过程中，政府的主要职责在于加强引导和监管，在政府供给能力明显不足时，也可以通过补贴与税收优惠等方式推动民办机构提供准公共产品服务。

此外，将养老机构按照受照顾对象的健康状况差异区分为三种类型：一是以健康状况良好的老年人为服务对象，侧重于生活照料，辅之

---

[1] 吴玉韶，王莉莉，孔伟，董彭滔，杨晓奇 . 中国养老机构发展研究 [J] . 老年科学研究，2015，3（8）：13-24.

以文化娱乐等服务内容；二是康养型养老机构，在生活照料、康复护理的基础上，注重医养结合；三是以中重度失能群体为主要服务对象，以长期护理为主要服务内容，并包含临终关怀内容。显然，第一、第二类是民营养老机构的主战场，第三类则以公共养老机构为主要承担者。在此基础上更为高端的生活照料、长期护理等个性化需求，也主要交由市场化的民办养老机构承担。

从郑州市养老服务需求和国际养老机构发展趋势看，"就地养老"是更理想的选择。郑州市当前机构服务数量远远不足的现实，却也提供了将养老机构与社区养老融合的契机——通过将规模合理的机构布局在社区附近，将医疗、养老与社区结合起来，实现"预防、治疗、康复、护理"服务的融合发展。

另外，需要指出的是，如果缺乏适当的居家养老政策，相当数量的老人尤其是空巢老人，将随着身体情况的恶化而不得不选择机构服务。从当前郑州市政府购买服务的试点来看，由于其采用的是政府消费券模式，购买渠道和能力均受到一定的制约，从中长期来看，几乎所有空巢家庭老人均将需要一定程度的护理服务。《2018 年郑州市国民经济和社会发展统计公报》数据显示：2015 年，郑州市城市 60 岁以上老年人空巢家庭比率已经超过了 52%，农村达到了 48%，未来机构服务的需求压力不可小觑。对于促进机构发展，还需要解决如下问题：

一是缺乏规范。机构养老在服务标准设施的收费标准和法律关系等方面缺乏明确的规定。以各地长期护理保险实施试点为例，多地已经出现长期护理制度实施后养老服务价格信号体系紊乱现象（机构服务价格暴涨到接近抵消大部分政府补贴金额的程度），不利于市场发育。

二是隐性约束众多。作为具有准公共产品属性的养老服务机构，其资源获取与运营却经常与营利性的市场机构采用相同的方式，在土地、融资、风险分担、安全与环境等方面存在着诸多隐性约束。如融资方面，大部分民办养老机构属于民办非营利性质，国家规定民办非营利组织不得盈利、不得分红，限制了其贷款资格。民办非营利养老机构"不得设立分支机构"的规定，也使其难以实现连锁化经营。近年来，随着郑州市民政局颁布《关于做好养老机构备案有关工作的通知》（郑民文〔2019〕53 号）与税收优惠、安全检查等一系列文件的颁布，备案制替代了许可制，养老机构面临的外部环境得到了一定的优化①，但总的来看养老服务业获取相应资源仍存在困难，除了行政约束外还受到缺乏人员与机构责任险等多种因素制约。

三是需要关注是否存在三种问题：其一，服务对象错位，是否存在理应保障失能半失能、困难老年群体的公办养老机构，却收住了低龄、健康、经济条件较好的社会老年人现象。其二，服务功能错位。是否存在公办养老机构硬件条件和服务水平超出接受政府救济的托底保障对象的基本需求范围现象。其三，是否有公办养老机构陷入缺少经费、人员等困境中，服务能力不足的现象。

总的来看，与现有的老龄人口服务需求、迅猛的老龄化势头相比，郑州市还应提升机构养老社会化服务水平，以满足应对人口老龄化挑战的需要。需要更好地促进机构发展，规范老年服务机构建设与运营。

四、构建信息平台

在梳理郑州市已有养老服务相关政策时发现，已有多个文件提出要"信息化服务网络建设"，但调研显示，这些网络服务信息平台往往只是产品或者是服务的单向输出，而不是构建于老年人需求基础上的、以大数据为特征的信息平台，无法起到准确收集需求数据的作用，更无法辅助相关部门完善已有政策。

此外，当前多项政策优惠的工作流程依旧建立在传统报表逻辑基础上，存在着相当数量需要在各部门流转的表格，并没有能够利用信息化发展所带来的技术进步。因而，未来需要更加充分建设基于数据基础上的公共政务信息系统，减少需要填报和流转的表格，构建好以人为核心的公共政务网络信息系统的分支节点。

五、政策效应评估

以当前部分政策条款为例，探讨其可能引致的结果。

第一，民办养老机构资助政策效应。在郑州市民政局、郑州市财政局关于印发《郑州市资助民办养老机构实施办法》的通知（郑民文

---

① 郑州市政务公开．郑州市民政局：关于做好养老机构备案有关工作的通知［EB/OL］．http://public.zhengzhou.gov.cn/17LAC/305837.jhtml.

〔2018〕7 号）中，第四条规定，按照养老机构收住年满 60 周岁及以上老年人数，给予床位运营补贴。收住自理老年人的每人每月补助 200 元；收住失能、半失能老年人的每人每月补助 300 元[①]。由于补贴金额较少，且自理和失能半失能差距更小，这一政策产生的效果有：一是小幅降低了养老机构的成本，对所有民办养老机构是一项利好；二是激励养老机构更多收住自理老人，毕竟自理和失能半失能老人的成本远不是 100 元的差值所能弥补的。

第二，老年人能力评估的政策效应。郑州市明确，采用中华人民共和国民政行业标准（MZ/T001-2013）老年人能力评估用以衡量失能标准。与常见的 ADL 标准相比，民政行业标准评估涵盖日常生活活动、精神状态、感知觉与沟通、社会参与，其可以反映受试者实际失能能力，比如在 ADL 测试中被忽视的失智群体可以在 mz/T001-2013 得到反映。不过，采用这一标准也意味着，郑州市的失能标准覆盖面更宽，需要构建更加完善的机构服务体系。

第四节　总结

对范围宏大的养老服务业而言，社会政策在多维目标中保持平衡这一传统问题显得更为重要。老年群体与其他群体存在着明显的不同：一是他们虽然具备丰富的经验和技能，但生理上更容易为疾病困扰，由于日常护理主要受与年龄密切相关的慢性疾病和虚弱影响[②]，这意味着他们对机构服务的潜在需求随年龄增长而提升；二是老龄人口的持续物质生活能力随年龄下降。这两种特征混合在一起，将共同改变劳动供给结构以及商品市场需求结构。

因而，郑州市发展养老服务业有几个需要注意的事项：一是需要格外注意发挥老年人的价值。现代社会，老年人积累了丰富的理论和实践经验，其人力资本含量很高，如果白白流失是整个社会的损失。在老年

---

① 郑州市民政局，郑州市财政局 . 关于印发《郑州市资助民办养老机构实施办法》的通知［EB/OL］. http：//public.zhengzhou.gov.cn/17LAC/264400.jhtml.

② World Health Organization（WHO）. Current and Future Long-term Care Needs. Geneva：WHO，2002.

人健康预期寿命的持续增长，健康老年人也有了更多社会参与的可能性的情况下，积极创造老年人参与社会发展的条件，充分引导并发挥老年人的作用，这是郑州市发展养老服务业的第一条原则。

二是注意选择适当的养老服务模式组合。按照当前的人口结构与未来的人口老龄化态势，郑州市需要加快构建完善的居家社区养老体系，引导养老机构快速建设和发展。在这个过程中需要注意，确保在当前医疗卫生资源紧张、养老服务供需不平衡的条件下既要满足日益增长的"健康养老"需求，又要规避可能存在的"套取医保资金"和"逆向选择"风险。

三是注意消除隐形制约因素。这主要通过提升政府治理能力来实现，在这个过程中，构建并完善以人为核心的、功能清晰的各部门权责明确的政务信息系统至关重要。

四是注意保障制度的合理有序发展。尤其是要注意避免造成群体福利陷阱，以及导致逆向再分配问题。

第 三 章

郑州市长期护理服务体系建设的
政策支持与落实情况

第一节　长期护理服务体系建设的政策支持情况

随着人口老龄化进程的日益加快，国家、河南省和郑州市分别从政策层面相对集中地发布实施了一系列养老方面的相关政策，从养老服务体系的构建、养老服务的标准化、政府购买服务、养老设施建设、医养结合、健康智慧养老、养老服务补贴等各方面都提供了配套的扶持政策。这一系列政策的颁布和实施为长期护理服务体系的建设提供了全方位的政策支持。

一、国家层面

1. 养老服务方面

养老服务是老龄化社会的基础性公共服务，近年来，全方位大规模支持养老服务业的政策渐次落地，多部委密集实施了"一揽子"养老服务方面的新举措，具体如表 3-1 所示。

表 3-1　　　　　　　　　国家养老服务政策一览表

年份	政策名称	发文机关
2013	《关于推进养老服务评估工作的指导意见》	民政部

年份	政策名称	发文机关
2013	《关于加快发展养老服务业的若干意见》	国务院
2013	《关于开展养老服务业综合改革试点工作的通知》	民政部发改委
2014	《关于做好政府购买养老服务工作的通知》	财政部等部门
2014	《关于加快推进健康与养老服务工程建设的通知》	发改委等部门
2014	《关于开展养老服务和社区服务信息惠民工程试点工作的通知》	民政部
2015	《关于鼓励民间资本参与养老服务业发展的实施意见》	民政部等部门
2015	《关于加快推进养老服务工程建设工作的通知》	民政部
2015	《关于开发性金融支持社会养老服务体系建设的实施意见》	民政部 国家开发银行
2016	《关于支持整合改造闲置社会资源发展养老服务的通知》	民政部等部门
2016	《关于全面放开养老服务市场提升养老服务质量的若干意见》	国务院
2017	《关于加快推进养老服务业放管服改革的通知》	民政部
2017	《关于印发"十三五"国家老龄事业发展和养老体系建设规划的通知》	国务院
2017	《关于制定和实施老年人照顾服务项目的意见》	国务院办公厅
2019	《关于推进养老服务发展的意见》	国务院办公厅
2019	《关于进一步扩大养老服务供给 促进养老服务消费的实施意见》	民政部
2019	《关于建立完善老年健康服务体系的指导意见》	卫健委等部门

资料来源：笔者整理。

2013 年 7 月，民政部出台《关于推进养老服务评估工作的指导意见》，鼓励社会力量参与养老服务评估，提出建立健全养老服务评估制度。同年 9 月，国务院印发《关于加快发展养老服务业的若干意见》，将养老服务体系建设纳入国家战略。该意见从国家战略高度提出完善养老服务配套体系：政策上，健全养老服务政策法规体系、行业规范；服务上，生活照料、医疗护理、精神慰藉、紧急救助等养老服务覆盖所有老年群体；产业上，以老年生活照料、老年产品用品、老年健康服务、老年体育健身、老年文化娱乐、老年金融服务、老年旅游等为主的养老服务业全面发展。同年 12 月，民政部和发改委下发《关于开展养老服务业综合改革试点工作的通知》，提出在全国开展养老服务业综合改革试点工作，进一步优化养老服务业发展的政策环境，完善体制机制，创新发展模式，拓宽民间资本参与渠道。

2014 年 9 月，财政部等部门下发《关于做好政府购买养老服务工作的通知》，明确了购买养老服务的基本原则和工作目标，要求以老年人基本养老服务需求为导向，将政府购买服务与满足老年人基本养老服务需求相结合，重点安排与老年人生活照料、康复护理等密切相关的项目，优先保障经济困难的孤寡、失能、高龄等老年人的服务需求。同月，发改委等部门下发《关于加快推进健康与养老服务工程建设的通知》，明确了未来加快推进健康与养老服务工程建设的目标，把医疗、养老、体育健身设施作为重要内容科学布局。

2015 年 2 月，民政部等部门出台《关于鼓励民间资本参与养老服务业发展的实施意见》，鼓励民间资本在城镇社区举办或运营老年人日间照料中心、老年人活动中心等养老服务设施，为有需求的老年人提供服务，并协助做好老年人信息登记、身体状况评估等工作。同年 3 月，民政部下发《关于加快推进养老服务工程建设工作的通知》，针对社区老年人日间照料中心、老年养护院、养老院和医养结合服务设施、农村养老服务设施等项目，进一步明确 2015 年、2016 年两年主要建设任务，加快前期工作进度，推进在建工程建设，积极引入社会资本，强化后续项目储备。同年 4 月，民政部和国家开发银行联合出台《关于开发性金融支持社会养老服务体系建设的实施意见》，意见提出，运用开发性金融的理论和方法，加大对社会养老服务体系建设的支持。

2016 年 10 月，民政部下发《关于支持整合改造闲置社会资源发展养老服务的通知》，提出通过整合改造闲置社会资源，有效增加供给总量，推动养老服务业发展提质升级。同年 12 月，国务院出台《关于全面放开养老服务市场提升养老服务质量的若干意见》，意见指出，全面放开养老服务市场，提升养老服务质量，培育健康养老意识，加快推进养老服务业供给侧结构性改革。四方面主要任务包括：一是全面放开养老服务市场；二是大力提升居家社区养老生活品质；三是全力建设优质养老服务供给体系；四是切实增强政策保障能力。

2017 年 2 月，国务院印发《"十三五"国家老龄事业发展和养老体系建设规划的通知》，提出要着力加强全社会积极应对人口老龄化的各方面工作，着力完善老龄政策制度，着力加强老年人民生活保障和服务供给，着力发挥老年人积极作用，着力改善老龄事业发展和养老体系建设支撑条件，确保全体老年人共享全面建成小康社会新成果。2017年6月，国务院办公厅出台《关于制定和实施老年人照顾服务项目的意见》，该意见从我国国情出发，立足老年人服务需求，明确了老年人照顾服务工作的指导思想、基本原则和重点任务。提出全面建立针对经济困难高龄、失能老年人的补贴制度，并做好与长期护理保险的衔接。鼓励和支持城乡社区社会组织和相关机构为失能老年人提供临时或短期托养照顾服务。同年，民政部下发《关于加快推进养老服务业放管服改革的通知》，提出激发市场活力和民间资本潜力，促进社会力量逐步成为发展养老服务业的主体。

2019年4月，国务院办公厅出台《关于推进养老服务发展的意见》，该意见从破除发展障碍、健全市场机制、完善养老服务体系、优化养老服务供给、扩大养老服务投资、释放养老的消费潜力等方面体现了诸多养老服务领域监管与发展的趋势。同年9月，民政部出台《关于进一步扩大养老服务供给 促进养老服务消费的实施意见》，提出了包括全方位优化养老服务有效供给、繁荣老年用品市场、加强养老服务消费支撑保障、培育养老服务消费新业态、提高老年人消费支付能力、优化养老服务营商和消费环境6个方面共17条措施，覆盖居家养老、养老消费、养老多业态发展、商业保险等方面。同年11月，卫健委等部门联合出台《关于建立完善老年健康服务体系的指导意见》，该意见提出的总体要求是到2022年，老年健康相关制度、标准、规范基本建立，老年健康服务机构数量显著增加，服务内容更加丰富，服务质量明显提升，服务队伍更加壮大，服务资源配置更趋合理，综合连续、覆盖城乡的老年健康服务体系基本建立，老年人的健康服务需求得到基本满足。该意见按照老年人健康特点和老年人健康服务需求，围绕健康教育、预防保健、疾病诊治、康复护理、长期照护、安宁疗护六个环节，提出了具体工作任务。该意见成为我国第一个关于老年健康服务体系的指导性文件。

2. 医养结合方面

近几年，医养结合方面的政策措施密集发布，如表3-2所示。医养结合得到较快发展，受到社会各界广泛关注，尤其是高龄失能老年人从中普遍受益。

表3-2　　　　　　　　国家医养结合政策一览表

年份	政策名称	发文机关
2015	《关于印发全国医疗卫生服务体系规划纲要（2015—2020年）的通知》	国务院办公厅
2015	《关于印发〈中医药健康服务发展规划（2015—2020年）〉的通知》	国务院办公厅
2015	《关于推进医疗卫生与养老服务相结合指导意见》	卫计委等部门
2016	《关于印发中医药发展战略规划纲要（2016—2030年）的通知》	国务院
2016	《国民经济和社会发展第十三个五年规划纲要》	国务院
2016	《关于做好医养结合服务机构许可工作的通知》	民政部卫计委
2016	《"健康中国2030"规划纲要》	国务院
2019	《关于深入推进医养结合发展的若干意见》	卫健委等部门
2019	《关于做好医养结合机构审批登记工作的通知》	卫健委等部门
2019	《关于印发医养结合机构服务指南（试行）的通知》	卫健委等部门

资料来源：笔者整理。

2015年3月，国务院办公厅印发《全国医疗卫生服务体系规划纲要（2015—2020年）》，纲要提出加强医疗卫生服务对养老服务的支撑，推进医疗机构与养老机构的合作，发展社区健康养老服务，推动医养结合。2015年4月，国务院办公厅印发《中医药健康服务发展规划（2015—2020年）》，提出积极发展中医药健康养老服务。2015年11月，卫计委等部门联合出台《关于推进医疗卫生与养老服务相结合指导意见》，全面部署进一步推进医疗卫生与养老服务相结合，推动建立符合国情的医养结合体制机制和政策法规体系。该意见明确了建立健全医疗卫生机构与养老机构合作机制；支持养老机构开展医疗服务；推动医疗卫生服务延伸至社区、家庭；鼓励社会力量兴办医养结合机构；鼓励医疗卫生机构与养老服务融合发展五个方面重点任务。

2016年2月，《国务院关于印发中医药发展战略规划纲要（2016—2030年）的通知》颁布实施，提出发展中医药健康养老服务，推动中医药与养老融合发展，促进中医医疗资源进入养老机构、社区和居民家庭。2016年3月,《国民经济和社会发展第十三个五年规划纲要》中提出推动医疗卫生和养老服务相结合;同月,《关于2016年深化经济体制改革重点工作的意见》中也提出要推进多种形式的医养结合。2016年4月,《关于做好医养结合服务机构许可工作的通知》中提出,支持医疗机构设立养老机构,支持养老机构设立医疗机构。2016年10月,中共中央、国务院印发《"健康中国2030"规划纲要》,提出推进老年医疗卫生服务体系建设,推动医疗卫生服务延伸至社区、家庭;健全医疗卫生机构与养老机构合作机制,支持医疗机构开展医疗服务;推进中医药与养老融合发展,推动医养结合;鼓励社会力量兴办医养结合机构。

2019年10月,卫健委联合12部门出台《关于深入推进医养结合发展的若干意见》,该意见提出了强化医疗卫生与养老服务衔接、推进"放管服"改革、加大政府支持力度、优化保障政策、加强队伍建设五个方面推动医养结合的政策措施,指出三个方面的重点工作:加强社区和农村医养结合工作、提高医养结合服务质量、加大对社会办医养结合机构的支持力度。同年,还发布了《关于做好医养结合机构审批登记工作的通知》和《关于印发医养结合机构服务指南(试行)的通知》。

3. 老年护理方面

近几年,国家积极推动老年护理业的改革与发展,制定了一系列政策文件,如表3-3所示。

表3-3　　　　　　　　国家老年护理政策一览表

年份	政策名称	发文机关
2018	《关于促进护理服务业改革与发展的指导意见》	卫健委等
2019	《关于加强老年护理服务工作的通知》	卫健委等
2019	《老年护理专业护士培训大纲(试行)和老年护理实践指南(试行)》	卫健委

资料来源:笔者整理。

2017年10月18日,习近平总书记在党的十九大报告中指出,实施健康中国战略,要完善国民健康政策,为人民群众提供全方位全周期健康服务。

2018年7月,国家卫健委联合11部委印发《关于促进护理服务业改革与发展的指导意见》，这是国家层面对护理服务业改革与发展所做的首个顶层设计，明确了促进护理服务业改革发展的总体思路、基本原则和主要目标。意见提出要建立优质高效的护理服务体系、完善医疗护理服务体系和健全健康养老服务网络。加强护理从业人员培养和队伍建设，创新护理服务模式，加强护理学科和中医护理能力建设，持续开展优质护理服务，大力发展护理产业，大力发展社区和居家护理服务。

2019 年 12 月，卫建委等下发《关于加强老年护理服务工作的通知》，通知明确了五部分重点工作任务：一是增加提供老年护理服务的医疗机构和床位数量。要求各地在医疗资源规划布局中，增加老年医疗护理资源供给，增加提供老年护理服务的医疗机构和床位的数量。二是医疗机构增加老年护理服务供给。医疗机构要结合功能定位，按照分级诊疗的要求为老年患者提供专业、适宜、便捷的老年护理服务。三是提高老年护理从业人员服务能力。加强医疗机构临床护士的培训，提高老年护理专业技术水平，提高其从业素养和专业技能。四是丰富老年护理服务模式。要求医疗机构要结合优质护理服务的推进和要求，为老年住院患者提供全面、全程的责任制整体护理服务。鼓励有条件的医疗机构积极为老年患者开展延续性护理服务。支持基层医疗卫生机构为失能或高龄老年人提供日间护理、居家护理、家庭病床等服务。鼓励开展"互联网＋护理服务"新型业态。五是做好组织实施工作。要求各地加强组织领导，积极协调有关部门贯彻落实好国家出台的各项有利于老年护理发展的支撑政策，形成政策合力。

同时，卫健委等部门还印发了《老年护理专业护士培训大纲（试行）和老年护理实践指南（试行）的通知》，供各地开展老年护理专业护士培训以及医疗机构提供老年护理服务使用。

4. 养老机构方面

2019 年末，全国共有养老服务机构 3.4 万个、养老服务床位 746.3 万张[①]，机构养老在失能、半失能老人的长期护理服务中发挥了关键作用。国家针对养老机构出台了一系列政策文件，如表 3-4 所示。

---

① 国家统计局《2019 年国民经济和社会发展统计公报》。

表 3-4   国家养老机构政策一览表

年份	政策名称	发文机关
2013	《养老机构管理办法》	民政部
2013	《关于开展公办养老机构改革试点工作的通知》	民政部
2014	《养老机构医务室基本标准（试行）》	原卫计委
2014	《养老机构护理站基本标准（试行）》	原卫计委
2017	《养老机构服务质量基本规范》	国家质检总局国家标准委
2019	《养老机构等级划分与评定》	民政部社会福利中心
2019	《〈养老机构等级划分与评定〉国家标准实施指南（试行）》	全国社会福利服务标准化技术委员会
2020	《关于加快建立全国统一养老机构等级评定体系的指导意见》	民政部等部门
2020	《关于做好 2020 年养老院服务质量建设专项行动工作的通知》	民政部

资料来源：笔者整理。

国家层面的养老机构法制建设始于 1996 年《中华人民共和国老年人权益保障法》的颁发。该法第五条规定："国家建立和完善以居家为基础、社区为依托、机构为支撑的社会养老服务体系"，指出了机构养老所发挥的支撑作用；第四十一条至第四十七条涉及国家、地方政府及部门对养老机构监督和管理的基本规定。该法后来进行了四次修订，是鼓励、规范养老机构发展的基本法。

2013 年 6 月，民政部颁布《养老机构管理办法》，办法对养老机构服务内容、内部管理、监督检查和法律责任分别做出了规定，办法的颁发，标志着我国机构养老进入了规范化的管理阶段。同年 12 月，民政部出台《关于开展公办养老机构改革试点工作的通知》，对开展公办养老机构改革试点工作提出了明确要求。

2014 年，原国家卫计委出台《养老机构医务室基本标准（试行）》和《养老机构护理站基本标准（试行）》，确定了养老机构医务室和护理站的定位，并进行了标准化的要求。

2017 年 12 月 29 日，国家质检总局、国家标准委发布了《养老机构服务质量基本规范》，列出了生活照料服务、老年护理服务、医疗服务和康复保健服务等 16 项服务内容，并在服务内容要求和服务评价方面做出了详细规定。

2019 年 2 月，全国首个《养老机构等级划分与评定》发布，共计对养老机构等级划分与评定提出 102 条要求，涵盖等级划分与标志、申请登记评定应满足的基本要求与条件，养老机构等级评定内容与分值表等。随后，民政部社会福利中心、全国社会福利服务标准化技术委员会联合发布《〈养老机构等级划分与评定〉国家标准实施指南》（试行），供地方开展养老机构等级评定工作时参考使用。

2020 年《民政部关于加快建立全国统一养老机构等级评定体系的指导意见》出台，指导意见提出，省级民政部门负责统筹确定本行政区域养老机构等级评定组织，或面向社会公开选定第三方评定组织。等级评定工作自愿申请，评定过程中不得向养老机构收取费用。同时，引导社会力量参与养老机构等级评定工作，政府投资兴办的养老机构坚持公益性，不片面追求高等级。随后，《关于做好 2020 年养老院服务质量建设专项行动工作的通知》发布，通知提出，2020 年底前实现 60% 以上的养老机构提前符合强制性国家标准。同时，在保证入住老年人生命安全和健康的前提下，逐步恢复正常服务秩序，支持养老机构正常运营。

5. 智慧养老方面

近年来，中央政府高度重视智慧健康养老问题，持续出台相关政策推进智慧养老发展，如表 3-5 所示。

表 3-5　　　　　　　　国家智慧养老政策一览表

年份	政策名称	发文机关
2015	《关于积极推进"互联网＋"行动的指导意见》	国务院
2017	《智慧健康养老产业发展行动计划（2017—2020 年）》	工信部、民政部、原卫计委
2017	《开展智慧健康养老应用试点示范的通知》	工信部、民政部、原卫计委
2019	《关于推进养老服务发展的意见》	国务院办公厅

资料来源：笔者整理。

2011 年 9 月，国务院发布的《中国老龄事业发展"十二五"规划》提出，加快居家养老服务信息系统建设，做好居家养老服务信息平台试点工作，并逐步扩大试点范围。2012 年，全国老龄化首先提出"智能化养老"

的理念，鼓励支持开展智慧养老的实践探索。2013 年，全国老龄委专门成立了"全国智能化养老专家委员会"，为我国智慧养老服务事业与产业发展把脉导航。2015 年，国务院印发《关于积极推进"互联网 +"行动的指导意见》，明确提出了"促进智慧健康养老产业发展"的目标任务。

2017 年，《智慧健康养老产业发展行动计划（2017—2020 年）》和《开展智慧健康养老应用试点示范的通知》先后发布，智慧养老在政策层面开始上升到国家战略。《智慧健康养老产业发展行动计划（2017—2020 年）》提出，要加快智慧健康养老产业发展，到 2020 年，基本形成覆盖全生命周期的智慧健康养老产业体系，建立 100 个以上智慧健康养老应用示范基地，培育 100 家以上具有示范引领作用的行业领军企业，打造一批智慧健康养老服务品牌。2019 年 4 月，国务院发布《国务院办公厅关于推进养老服务发展的意见》，明确"互联网 + 养老"和"智慧养老院"的核心方针。

二、河南省层面

1. 养老服务方面

近年来，为促进养老服务业的发展，河南省针对养老服务业和政府购买养老服务先后出台了多个文件，如表 3–6 所示。2014 年，河南省人民政府出台了《关于加快发展养老服务业的意见》，从健全养老服务政策体系、加快发展居家养老服务和社区养老服务、加快发展养老服务机构、壮大养老服务产业等方面对养老服务业的发展提出了具体意见，并对相应的扶持政策做了具体规定。为了支持民间资本参与养老服务业发展，逐步使社会力量成为养老服务业发展的主体，不断加强和完善养老服务体系建设，2015 年河南省民政厅、河南省发展和改革委员会、河南省教育厅等 10 家单位联合下发了《关于支持民间资本参与养老服务业发展的若干意见》，提出要充分发挥社会力量的主体作用、支持鼓励民间资本参与养老服务业发展、支持民间资本参与养老健康产业园建设发展、加强对养老机构监管等意见。2017 年，河南省人民政府办公厅出台了《关于全面放开养老服务市场提升养老服务质量的实施意见》，提出将养老资源向居家社区服务倾斜，向农村倾斜，向高龄和失能、半失能老年人倾斜。具体措施包括：通过进一步放宽准入条件、精简审批环节等手段全面放开养老服务市场；提出大力发展居家社区和农村养老服务；通过智慧养老服务模式创新推进、医疗卫生和养老服务相结合、"养老+"融合发展、促进老年产品用品升级等方式大力推进优质养老服务供给体系建设；通过完善土地支持政策、养老服务人才队伍建设、财政和收费支持政策等政策的完善增强政策保障能力。针对农村老年人的养老服务，河南省民政厅等九个部门出台了《关于加强农村留守老年人关爱服务工作的意见》，提出全面建立农村留守老年人关爱服务工作机制和基本制度，初步形成关爱服务体系。为了推动养老服务业的发展，河南省财政厅等部门先后制定了《关于做好政府购买养老服务工作的指导意见》和《河南省政府购买养老服务实施办法》，对政府购买养老服务的服务对象、主体、内容、承接政府购买养老服务的主体等方面做了具体规定。此外，河南省还相继出台了《河南省老龄事业发展"十三五"规划》和《河南省养老服务体系建设"十三五"规划》。这一系列的政策文件形成了相互衔接、互为支撑的养老服务政策体系。

表3-6　　　　　　　　　河南省养老服务政策一览表

年份	政策名称	发文机关
2014	《关于加快发展养老服务业的意见》	河南省人民政府
2015	《关于支持民间资本参与养老服务业发展的若干意见》	河南省民政厅等部门
2015	《关于做好政府购买养老服务工作的指导意见》	河南省财政厅等部门
2016	《河南省老龄事业发展"十三五"规划》	河南省老龄工作委员会
2016	《河南省养老服务体系建设"十三五"规划》	河南省民政厅
2017	《关于全面放开养老服务市场提升养老服务质量的实施意见》	河南省人民政府办公厅
2018	《河南省政府购买养老服务实施办法》	河南省财政厅等部门
2018	《关于加强农村留守老年人关爱服务工作的意见》	河南省民政厅等部门

资料来源：笔者整理。

2. 医养结合方面

河南省近年来积极推进医疗卫生与养老服务融合发展，通过出台多个政策文件支持医疗卫生机构提供养老服务和支持养老机构提供医疗服务，相关政策文件如表3-7所示。2014年，河南省人民政府出台的《关于进一步完善社会办医支持政策的意见》，提出了支持社会办医与养老服务融合发展的意见。该文件鼓励社会办医疗机构建设养老服务设施、在养老机构设立医疗点或提供面向养老机构的远程医疗服务，鼓励社会办养老机构设置医疗机构，符合条件的，纳入城镇职工（居民）基本医疗保险和新型农村合作医疗定点范围。2016 年，河南省人民政府办公厅《关于进一步促进社会办医加快发展的意见》进一步明确了鼓励和支持养老机构办医的举措。2016 年，河南省人民政府办公厅转发了省卫生计生委等部门制定的《关于推进医疗卫生与养老服务相结合实施意见》，确定了全省开展医养结合试点县市，提出建立健全医疗卫生机构与养老机构合作机制，支持养老机构开展医疗服务，鼓励社会力量兴办新型医养结合机构。2016 年，河南省人民政府办公厅印发的《河南省"十三五"医疗卫生服务体系规划》对医疗机构和养老服务结合建设和协作机制进行了明确规划。2017 年，中共河南省委、河南省人民政府印发了《"健康中原 2030"规划纲要》，提出完善医疗卫生机构与养老机构合作机制，促进医养结合，为老年人提供融住院、康复、护理、生活照料、临终关怀为一体的健康和养老服务；通过完善医养结合健康养老服务体系和创新医养结合服务模式等措施培育医养结合健康养老产业。2017 年，河南省人民政府办公厅印发的《河南省"十三五"卫生与健康事业发展规划》鼓励建设医疗和养老机构结合体，为老年人提供治疗期住院、康复期护理、稳定期生活照料以及临终关怀一体化的医疗和养老服务。2017 年，河南省人民政府办公厅印发的《河南省推进健康养老产业转型发展方案若干政策和产业布局规划》把推动医养融合发展作为健康养老产业转型发展的主要任务之一。2018 年，河南省人民政府办公厅印发的《河南省支持社会力量提供多层次多样化医疗服务实施方案》提出推动发展医疗和养老融合服务，支持大型医疗、养老机构建设医养联合体，加快推进全省健康养老产业基地建设。

表 3-7　　　　　　　　河南省医养结合政策一览表

年份	政策名称	发文机关
2014	《关于进一步完善社会办医支持政策的意见》	河南省人民政府
2016	《关于进一步促进社会办医加快发展的意见》	河南省人民政府办公厅
2016	《关于推进医疗卫生与养老服务相结合实施意见》	河南省人民政府办公厅

续表

年份	政策名称	发文机关
2016	《河南省"十三五"医疗卫生服务体系规划》	河南省人民政府办公厅
2017	《"健康中原2030"规划纲要》	中共河南省委、河南省人民政府
2017	《河南省"十三五"卫生与健康事业发展规划》	河南省人民政府办公厅
2017	《河南省推进健康养老产业转型发展方案若干政策和产业布局规划》	河南省人民政府办公厅
2018	《河南省支持社会力量提供多层次多样化医疗服务实施方案》	河南省人民政府办公厅

资料来源：笔者整理。

3. 老年护理方面

河南省在老年护理方面的政策文件出台较晚且较少，迄今为止仅有两个文件用于规范老年护理服务。2017 年，河南省卫生计生委制定了《河南省护理事业发展实施方案（2017—2020 年）》，提出逐步健全老年护理服务体系，加强老年护理服务队伍和机构建设，规范老年护理服务行为。2018年，河南省卫生计生委下发的《关于确定助产、卒中、老年护理省级专科护士培训基地的通知》确定了七所医院为河南省专科护士培训基地。

4. 养老机构方面

近年来，河南省针对养老机构及其服务内容制定了一系列标准和规范，并出台了建立完善养老机构责任保险制度的政策文件，以推动养老机构发展的科学性与可持续性。河南省民政厅在 2013~2017 年的五年间先后制定了《河南省养老机构设立许可管理办法》《养老服务机构服务质量规范》《养老服务机构星级划分与评定标准》《社区居家养老服务规范》《养老机构入住评估规范》《医养结合机构服务规范》等针对养老机构的标准与规范，这对于河南省养老机构的规范发展及其服务质量的提升有很重要的意义。2016 年，河南省民政厅等部门联合出台了《关于推进养老机构责任保险工作的意见》，提出加快建立完善养老机构责任保险制度，以增强养老机构的服务保障功能，提供养老机构风险应对和善后处置能力，从而促进养老服务业持续健康发展。

5. 智慧养老方面

河南省涉及智慧养老的政策文件很少，仅在 2015 年制定了《河南省"互联网+"行动实施方案》。该实施方案提出发展智慧养老服务。以社区为基础，搭建养老信息服务网络平台，提供看护护理、健康咨询、紧急救助、家政预约等居家养老服务；完善老年人基本信息数据库和养老服务信息数据库，积极推进养老、医疗信息管理系统互通互联，提高养老管理服务水平。

三、郑州市层面

1. 养老服务方面

为了积极应对人口老龄化，加快发展养老服务业，郑州市积极推进养老服务改革，在养老服务改革、政府购买养老服务、农村留守老年人服务、养老服务规范等方面出台了一系列政策文件，如表3-8所示。郑州市养老服务供给能力得到进一步提高。2014年，郑州市人民政府制定的《关于全面推进养老服务业发展的实施意见》对郑州市养老服务政策、城乡养老服务设施建设、居家养老服务、机构养老服务、社区养老托老服务等方面做了具体规定。2017年，郑州市老龄工作委员会出台了《郑州市老龄事业发展"十三五"规划》，对郑州市养老服务体系建设和养老服务产业的发展制定了具体规划，并提出探索建立长期护理保险制度。2018年，郑州市财政局等部门联合发布了《郑州市政府购买养老服务暂行办法》，对郑州市政府购买服务的购买主体、承接主体、购买内容、购买程序、购买对象及标准等内容做了具体规定，以推进政府购买养老服务工作的规范化、专业化运作，满足老年人个性化、多样化服务需求。郑州市人民政府办公厅印发了《郑州市居家和社区养老服务改革试点实施方案》，确定了郑州市居家和社区养老服务改革试点，并制定了具体的实施方案。2018年，郑州市民政局制定的《关于开展老年人助餐和助浴示范点建设的通知》对示范点建设的标准和内容作出具体要求，以满足老年人特别是高龄、空巢、失能和半失能等老年群体助餐、助浴服务需求。2018年，郑州市人民政府办公厅制定了《关于全面放开养老服务市场提升养老服务质量的实施意见》，提出了持续推进养老服务业放管服改革、大力发展居家社区和农村养老服务、建设优质养老服务供给体系等意见。2018年，郑州市民政局制定了《郑州市关于加强农村留守老年人关爱服务工作实施方案》，加快建立健全郑州市农村留守老年人关爱服务体系。

表3-8　　　　　　　　郑州市养老服务政策一览表

年份	政策名称	发文机关
2014	《关于全面推进养老服务业发展的实施意见》	郑州市人民政府
2017	《郑州市老龄事业发展"十三五"规划》	郑州市老龄工作委员会
2018	《郑州市政府购买养老服务暂行办法》	郑州市财政局等部门
2018	《郑州市居家和社区养老服务改革试点实施方案》	郑州市人民政府办公厅
2018	《关于开展老年人助餐和助浴示范点建设的通知》	郑州市民政局
2018	《关于全面放开养老服务市场提升养老服务质量的实施意见》	郑州市人民政府办公厅
2018	《郑州市关于加强农村留守老年人关爱服务工作实施方案》	郑州市民政局

资料来源：笔者整理。

2. 医养结合方面

近年来，郑州市医疗与养老融合发展较快。政府制定了一系列政策文件，推动和指导郑州市医养结合服务体系建设，如表3-9所示。2016年，郑州市人民政府办公厅转发市卫计委等部门《关于加快推进医疗卫生与养老服务相结合实施方案的通知》（郑政办文〔2016〕86号）精神，为进一步推进郑州市医疗卫生与养老服务相结合制定了具体的实施方案。郑州市人民政府印发《加快建设郑州健康养老产业实施方案（2018—2020年）的通知》（郑政〔2018〕34号）提出打造"一核、两极、四区、八中心、多点"的郑州都市圈健康养老产业布局，深化医疗卫生与养老服务融合发展，加强医养结合服务体系建设。2018年，郑州市人民政府《关于印发郑州市健康城市建设三年规划（2018—2020年）的通知》（郑政〔2018〕36号）提出通过以大型医疗或养老机构为主导建设的集医疗、康复、养老、护理、娱乐等服务于一体的健康养护中心推动医养融合基地建设。2018年郑州市人民政府办公厅印发了《郑州市支持社会力量提供多层次多样化医疗服务实施方案》（郑政办〔2018〕71号），明确提出促进医疗与养老融合，推动大型医疗机构、康复护理机构、养老机构、社区卫生服务中心、家庭病床等之间实现有效互通转接，为老年人提供治疗期住院、康复期护理、稳定期生活照料以及临终关怀一体化的健康养老服务。2019年，郑州市卫生健康委员会等部门下发了《关于加强医养结合机构审批登记备案工作的通知》（郑卫〔2019〕130号），对医养结合机构审批登记备案工作进行规范，以优化医养结合机构准入流程和环境，从而促进医养结合机构健康发展。

表3-9 　　　　　　　　郑州市医养结合政策

年份	政策名称	发文机关
2016	《关于加快推进医疗卫生与养老服务相结合实施方案的通知》	郑州市人民政府办公厅
2018	《加快建设郑州健康养老产业实施方案（2018—2020年）的通知》	郑州市人民政府
2018	《关于印发郑州市健康城市建设三年规划（2018—2020年）的通知》	郑州市人民政府
2018	《郑州市支持社会力量提供多层次多样化医疗服务实施方案》	郑州市人民政府
2019	《关于加强医养结合机构审批登记备案工作的通知》	郑州市卫生健康委员会等部门

资料来源：笔者整理。

3. 养老机构方面

郑州市针对养老机构的服务收费、政府资助、服务质量等方面出台了一系列政策文件和规范，以保障养老机构的健康发展，如表3-10所示。2015年，郑州市物价局和郑州市民政局联合印发的《郑州市养老机构服务收费管理暂行办法》对养老机构服务收费进行规范，提出根据养老机构的性质对其服务收费进行分类管理，根据养老机构的主管部分对其服务收费实行分级管理。2016年，郑州市民政局和郑州市财政局联合下发了《关于做好资助养老机构有关工作的通知》，及时解决郑州市民办养老机构补贴发放中出现的新情况和新问题。2017年，郑州市民政局等部门出台了《2017年郑州市养老院服务质量建设专项行动实施方案》，提出到2017年底全市统一的服务质量标准和评价体系粗具雏形，50%以上的养老院能够以不同形式为入住老年人提供医疗卫生服务。为进一步规范政府资助养老机构工作，2018年，郑州市民政局和郑州市财政局共同制定了《郑州市资助民办养老机构实施办法》，对符合条件的养老机构和养老护理员进行资助。养老机构建设补贴标准为：养老机构自建房屋新增床位数，按每张床位9000元标准补贴，改建房

屋新增床位按每张床位 6000 元标准补贴。养老机构床位运营补贴标准
为：收住自理老年人的每人每月补助 200 元，收住失能、半失能老年人
的每人每月补助 300 元。对养老护理员的岗位补贴标准为：满 1 年不足
5 年的，每人每月补贴 100 元，满 5 年不足 10 年的，每人每月补贴 150
元；满 10 年以上的，每人每月补贴 200 元。2018 年，郑州市民政局和
郑州市财政局印发了《郑州市城乡养老照料设施建设资助和运营管理暂
行办法》，对社区养老服务中心、日间照料中心（托老站）和居家养老
服务站等城乡养老照料设施的资助和运营管理工作进行规范，要求有
关部门对养老照料设施建设项目提供引导性资金支持和政策扶持。2019
年，郑州市民政局出台了《关于做好养老机构备案有关工作的通知》，
要求对实施养老机构登记和备案而不再实施养老机构设立许可，并对养
老机构的登记备案要求和相关流程进行规范。2020 年，郑州市民政局
组织编制了《郑州市养老设施布局专项规划（2018—2035）》。规划提出
以社区日间照料中心（养老服务站）、社区养老服务中心、养老院、养
护院、老年福利院（敬老院）为设施支撑，构建"居—助—养—护"全
覆盖的养老服务体系。到规划期末，郑州市将实现总养老床位每千名老
人达到 50 张以上，社区居家养老服务设施覆盖率达到 100%。文件还
对不同类型的养老服务设施的标准进行了具体规划。

表 3-10　　　　　　　　郑州市养老机构政策

年份	政策名称	发文机关
2015	《郑州市养老机构服务收费管理暂行办法》	郑州市物价局 郑州市民政局
2016	《关于做好资助养老机构有关工作的通知》	郑州市民政局 郑州市财政局
2017	《2017 年郑州市养老院服务质量建设专项行动实施方案》	郑州市民政局等部门
2018	《郑州市资助民办养老机构实施办法》	郑州市民政局 郑州市财政局
2018	《郑州市城乡养老照料设施建设资助和运营管理暂行办法》	郑州市民政局 郑州市财政局
2019	《关于做好养老机构备案有关工作的通知》	郑州市民政局
2020	《郑州市养老设施布局专项规划（2018—2035）》	郑州市民政局

资料来源：笔者整理。

4. 智慧养老方面

虽然近年来智慧养老得到国家层面和社会各界的很大关注，但是郑州市出台的政策文件中涉及智慧养老内容的却比较少。2016 年，郑州市人民政府印发了《郑州市"互联网+"行动实施方案》，提出促进智慧健康养老服务发展，充分依托现有互联网资源和社会力量，以社区为基础，以智能终端和 12349 养老服务热线为纽带，以智慧养老综合服务云平台和社区养老服务网点为支撑，搭建养老信息服务网络平台，提供看护护理、健康咨询、紧急救助、家政预约等居家养老服务。发展"互联网+"健康养老服务。2018 年，郑州市人民政府制定的《加快建设郑州健康养老产业实施方案（2018—2020 年）》明确提出了加快健康养老服务大数据大平台建设的具体目标。到 2020 年全市健康养老服务"两级平台""三级网络"基本建成，80% 以上老年人完成入网登记；全面推动智慧健康产品研发更新，到 2020 年培育 10 家以上具有示范引领作用的智能健康产品研发领军企业；推进智慧健康养老示范创建，全市培育 5 个以上智慧化健康养老企业，建成 10 个以上智慧化养老机构。

第二节　长期护理服务体系建设的政策落实情况

国家、河南省和郑州市分别从养老服务、医养结合、养老机构、老年护理、智慧养老等方面出台了一系列的政策文件。本节主要根据郑州市的情况从落实效果和存在问题两个方面分析长期护理服务体系建设相关政策文件的落实情况。

一、政策落实情况

1. 政策内容较为全面

随着老龄化的日益严重，近年来从国家到地方层面都积极推动长期护理服务体系建设，制定了覆盖养老服务、医养结合、养老机构、老年护理、智慧养老等方方面面内容的制度文件，为全国和各地方长期护理服务体系建设的快速发展提供了政策支持。从郑州市的情况来看，近五年来郑州市出台的养老服务方面政策文件 7 个、医养结合方面 5 个、养老机构方面7个、智慧养老方面2个，保障了郑州市长期护理服务体系建设的迅速发展。

2. 政策自上而下落实较好

在国家顶层设计之下，国家层面的长期护理服务体系建设相关政策文件在地方层面落实得较好。河南省根据国家政策及其精神，结合本地实际情况基本上都制定了相应的政策文件；郑州市则依据国家和河南省的政策文件，结合郑州市具体情况制定相应的政策文件。这一自上而下的政策落实确保了国家政策在贯彻过程中的畅通性和有效性。以养老服务质量提升的政策文件为例，2016年，国务院办公厅出台了《关于全面放开养老服务市场提升养老服务质量的若干意见》，2017年和2018年，河南省人民政府办公厅和郑州市人民政府办公厅则结合本地实际情况分别制定了《关于全面放开养老服务市场提升养老服务质量的实施意见》。

3. 养老服务政策落实效果显著，推动了养老体系的完善和养老服务质量的提升

从郑州市养老服务政策的落实效果来看，至2019年，郑州市养老发展的文件政策进一步完善，奖补扶持标准和力度大幅提升，社会力量投入养老服务领域的热情明显提升，全市养老体系建设成效显著。在主城区及四个开发区开展居家养老服务试点，为老年人开展助餐、助浴、助急、助医、护理等服务。2019年，郑州市政府购买服务的总投入4500多万元，购买公共服务站点数量160多个，购买特殊困难老人服务数量近6000人，第一批购买公共助餐服务老人数近7000人；2019年，共计为76715名高龄老人发放高龄津贴9588.07万元。其中，80~89岁老人68821人，90~99岁老人7804人，100岁及以上老人90人。

4. 医养结合服务持续规范

从郑州市医养结合的政策落实情况来看，在国家和地方政策的支持下，医养结合服务不断得到规范。比如2019年分别在郑州市的二七区、惠济区、上街区、新密市、中牟县和高新区开展老年健康与医养结合服务试点。内容包括：一是为65周岁及以上老年人提供上门健康评估服务。二是为65周岁及以上失能老年人提供每年至少1次的康复护理指导，心理支持等健康服务。三是每年为65周岁及以上居家老年人提供血压测量、血糖检测、康复指导、护理技能指导、保健咨询、营养改善

指导 6 个方面的医养结合服务。

5. 养老机构建设和养老机构管理进一步规范

从郑州市养老机构建设和养老服务管理政策落实的情况来看，至
2019 年，全市备案养老机构有 68 家，其中公办公营 1 家、公建民营 5
家，民建民营 62 家；社区服务中心 150 个，社区服务站 801 个；养老
机构中护理人员总数 1683 人，其中注册护士、护师等专业护理人员占
比 17.8%。大力推进社区老年人日间照料中心建设，加大奖补扶持力
度，明确了养老照料中心的建设补贴标准，面积 200 平方米及以上补贴
10 万元，面积每增加 100 平方米增加补贴 5 万元，最高不超过 100 万
元。按照民政部、民政厅养老院服务质量建设专项行动实施方案的通知
要求，开展了养老院服务质量建设专项行动。通过政府购买的方式，为
全市养老机构购买综合责任险，运用商业保险的市场化手段和风险管理
功能，减少矛盾纠纷，规避养老机构运营风险，和谐住养关系。组织开
展全市护理员技能大赛。组织开展了 2019 年全市养老护理员职业技能
竞赛，26 个参赛机构的 138 名选手参加了竞赛，推动全市养老服务人
员职业道德、业务技能和服务水平实现新提升。

二、问题分析

1. 部分政策内容落实难

虽然从国家到地方层面都制定了内容较为全面的长期护理服务体系
建设相关政策，但是在执行过程中存在部分政策内容难以落实的问题。
以国家卫健委等部门 2019 年印发的《关于做好医养结合机构审批登记
工作的通知》为例，依据该文件，郑州市卫健委等部门印发实施了《关
于加强医养结合机构审批登记备案工作的通知》，对审批备案事项及流
程、受理条件等方面进行了规范。但是，医养结合机构、医生、护士登
记注册，在国家卫健委要求地方各级卫生健康行政部门全面推进电子化
注册管理系统中无法录入，医护人员无法审批注册。

2. 部分政策内容落实不到位

长期护理服务体系建设相关政策文件中的部分内容在实际执行中存
在落实不到位的问题。以郑州市养老机构优惠政策为例，郑州市制定的
多个政策文件对养老机构的能源费用减免和建设用地情况做出了规定，

如"养老机构用电、用水、用气、用热按居民生活类价格执行""改造利用现有闲置厂房、社区用房等兴办养老服务设施"。但是调研发现，由于政府部门之间互相推诿和缺乏沟通，部分养老服务机构的能源费用减免政策并未落实，仍执行非居民生活类价格；政府划拨的社区服务中心用地因布局、面积、位置等在实际中不可用或不实用，制约了养老机构发展。

3. 老年护理政策较少，长期护理保险政策尚未出台

虽然老年人口数量的快速增加，社会层面对老年护理的需求日益加大，养老机构老年护理人员的需求缺口加大。据此国家和河南省层面针对老年护理的标准和规范出台了一系列政策文件，但是郑州并没有出台专门针对养老护理的政策问题。此外，因未纳入国家长期护理保险制度试点城市，郑州市长期护理保险制度仍处在制度探索层面，尚未出台相关政策和开展制度实践。

4. 地方智慧养老发展较快与政策出台滞后相矛盾

近年来，郑州市智慧养老服务发展较快。作为河南智慧养老服务平台建设试点城市，郑州市已建成各级养老服务信息平台11个，入网39万多人，并积极引导有条件的县区运用现代化信息技术，为老年人提供"点菜式"上门服务，加快推进养老机构智能化、信息化建设，建立全市统一的养老服务机构安全监管系统。但是，目前郑州市用于指导智慧养老发展的政策只在个别文件中有所体现，尚未出台专门的智慧养老政策文件。

第 四 章

郑州市长期护理服务人员队伍建设

近十年来，郑州市作为国家级中心城市和中部地区崛起的发展引擎，经济社会快速发展。2018 年，郑州实现 GDP 超 1 万亿元、人均 GDP 超 10 万元和人口超 1000 万的"三个重大突破"，在交通、贸易、信息和现代服务业等方面，呈现巨大的发展潜力[①]。然而调查显示，郑州市的基本公共服务，尤其是在民生保障领域的社会事业方面，仍处于国家主要城市后列，发展水平有待进一步提升[②]。2020 年是国家脱贫攻坚的关键时期，实现全面建成小康社会的目标，补齐民生短板尤为重要。建立健全长期护理服务保障体系，是新时代下应对大城市人口老龄化形势和促进经济结构转型的一个重要抓手。"十四五"时期，国家将继续推进长期护理保险制度试点，加快养老服务业发展，其中一个重要方面是促进养老服务人员队伍的建设，应对长期护理服务人员供给不足的突出矛盾。

本章首先从理论上分析护理服务人员供给不足这一普遍性难题，其次对国内护理服务业现状进行综述，分析当前形势下河南省养老服务业发展面临的机遇和挑战，以郑州市为重点案例对象，对"十四五"期间长期护理服务人员队伍的供需进行分析，提出相应的政策建议。

---

① 倪鹏飞.国家中心城市视角下的郑州指数［M］.北京：中国社会科学出版社，2018.
② 张盈华，杨东方.长期护理保险制度探索的郑州模式［M］.北京：经济管理出版社，2019.

第一节　长期护理服务人员供给不足的困境：
理论解释和现实国情

一、照护服务供给不足的解释

在人口老龄化的冲击下，老年失能正成为现代社会越来越突出的一项社会风险。但与养老、医疗、失业等传统社会保障项目相比，各国提供的长期护理保障覆盖面还处于很低的水平。根据国际劳工组织（ILO）的分析统计，在全球 46 个主要国家（占全球的 80% 以上）的人口中，仅有 5.6% 的人群享有法定长期护理保障制度的覆盖，平均而言，各国用于长期护理的社会公共支出不足 GDP 的 1% [①]。造成长期护理保障不足的一个重要原因是老年护理服务业的发展滞后，大多数国家普遍面临着护理服务设施和人才不足、服务质量差的问题。相对于以发放现金待遇为主的社保项目，长期护理保障对于服务供给体系的依赖度更高，在很多情况下会遇到"花钱买不到服务"的问题。

长期护理服务属于一项劳动密集型的人力服务，需要护理人员具备一定的专业技能，除了针对失能人员的基本医疗服务、护理、预防、康复等活动外，还包括日常生活中的照料和家庭帮助等。因此，长期护理人员的构成也是多样的，包括医疗工作者、护士、护工、社会工作者和家庭劳务工等。除了正式的照护者外，在许多国家非正规性照护是长护人员的主力，主要来自家庭同部亲属和临时雇工工人，通常情况下照护工作由女性来承担。根据国际劳工组织（ILO）的统计，在调查国家中，86% 比例的护工为 40 岁以上女性，在发达国家中，70% 以上的护工为移民工人。大部分护工获得的工资收入低于社会平均水平，例如，在美国，护工的平均工资为社会平均工资的 50%；在英国，仅比国家最低工资高出 14%。而且针对大部分家庭照护人员来说，服务通常是免费的。

[①] Xenia Scheil-Adlung, Long-term Care Protection for Older Persons: A Review of Coverage Deficits in 46 Countries International Labor ESS – Working Paper No. 50［EB/OL］. http://www.ilo.org/secsoc/information-resources/publications-and-tools/Workingpapers/WCMS_407620/lang--en/index.htm.

从工作条件上看，护理工作是全天候的，工作时长高于其他工作；员工工作强度大，环境条件相对较差，并且在社会保障待遇方面缺乏应有的保护[①]。根据 OIL 的统计，2014 年，全球有 1190 万名正式性的长护工作人员，在 OECD 国家，每百位 65 岁以上老年人平均享有的护工数量为 4.2 人（中位数），全球长期护理工人缺口为 1360 万人，缺口占比超过 50%。但是，全球各地长期护理工人的供给情况非常不平衡，在非洲国家缺口率达到 90% 以上，在亚太地区也超过了 60%（见图 4-1）。

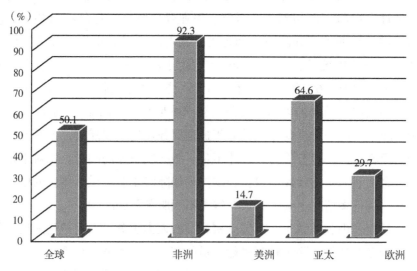

图 4-1 全球长期照护工人缺口占比

注：缺口率按 OECD 国家每百位 65 岁以上老年人平均享有的护工数量 4.2 人为标准，计算实际享有人数与标准值的差距。

资料来源：ILO estimates, 2015; OECD, 2014.

造成长期护理人员供给不足的根源在于这个行业本身的供需矛盾。长期护理作为一项社会服务，与医疗服务和养老服务等行业相近，都面临着市场上的信息不对称问题。由于老年消费者与服务提供者之间的信息不对称，消费者对市场上提供的护理服务质量通常很难进行准确鉴定。护理服务通常可被划分为"信任品"（Trust Goods）和"集合品"

① Xenia S.A. Long-term Care Protection for Older Persons: A Review of Coverage Deficits in 46 Countries. International Labor ESS - Working Paper No. 50［EB/OL］. http://www.ilo.org/secsoc/information-resources/publications-and-tools/Workingpapers/WCMS_407620/lang--en/index.htm.

（Collective Goods）两大类^①。例如，护理服务中的上门服务和日常照料属于信任品，是劳动密集型的服务，并不需要太多的服务设施，消费者和服务提供者之间的信任非常重要；而养老服务机构提供的正式照护则属于集合品，需要有大规模的服务设施投入。正是由于护理服务的"半公共产品"性质，该市场在大多数国家受到严格的监管，竞争范围局限在特定范围之内。从供需两方面分析，长期护理服务行业存在着结构性矛盾。一方面，失能老年人对护理服务存在巨大的潜在需求，但由于护理服务的不可观测性和失能风险的不确定性，老年人对护理服务的支付意愿不足；另一方面，在有效需求不足的情况下，护理服务的供给方发展受到抑制，竞争者出于成本最小化和利润最大化的考虑，对服务对象的选择存着"撇奶油"效应，低收入和高度失能的老年人通常被排斥在市场之外。供需双方的特点造成了护理服务发展的结构性矛盾，同时也造成照料从业者供给的"低水平平衡陷阱"。一方面，行业营利性不强，工资水平低，难以吸引高素质人才；另一方面，照护服务的特殊性，使其相比其竞争性服务行业吸引力不足。例如，不同于实物形态的商品生产可借助技术、设备以及标准化的流程来完成，照料服务的提供完全依赖于照料从业者持续的时间、精力和情感投入，具有很强的灵活性。因此，这个行业人员频繁的流动性与稳定性需求也成为一个矛盾。正因为护理服务行业的特殊性，其单靠市场政策很难发展壮大，许多国家从供给两端纳入公共政策来扶持行业的发展。从需求端来讲，国家公共资金对个人购买服务的补贴以及长期护理保险制度的介入，都可以提供个人购买能力和意愿，提高需求能力；从供给端来讲，国家税费减免政策、运营补贴和针对从业人员的职业培训等安排，也可以扩大护理服务的有效供给。

二、我国护理服务从业人员基本国情分析

根据国际劳工组织（ILO）的估计数据（见表4-1），无论是在支出水平、覆盖面，还是在机构设施和护工人才供给等方面，中国的护理服务供给都存在着巨大缺口。2013年，中国65岁以上老年人享有的护工

---

① Ben-Ner A., Van Hoomissent. Nonprofit Organizations in the Mixed Economy［J］. Annals of Public and Cooperative Economics, 1991, 62（4）. 519-550.

数量仅为 1.1 人，仅为 OECD 国家平均水平的 1/4 左右，当年测算的护理人员缺口达到 360 万人。

表 4-1　　　　　　　　2013 年中国长期护理发展基本情况估计

指标	数据
2006~2010 年平均长照公共支出 GDP 占比（%）	0.1
2013 年 65 岁以上老年人人均长期护理支出 / 人均 GDP（%）	1.1
65 岁以上老年人口长期护理覆盖面缺口（%）	90.9
正式护工 /65 岁以上老年人口（%）	1.1
弥补长期护理缺口需要的正式护工数量（万人）	361

资料来源：Xenia Scheil-Adlung, Long-term Care Protection for Older Persons: A Review of Coverage Deficits in 46 Countries International Labor ESS-Working Paper No. 50 ［EB/OL］. http://www.ilo.org/secsoc/information-resources/publications-and-tools/Workingpapers/WCMS_407620/lang--en/index.htm.

2015 年，我国 60 岁以上老年人口数量为 2.2 亿，占总人口的 16.1%；抽样调查显示，中国失能、半失能老年人已达 4063 万人，占老年人口的 18.5% 左右。2019 年，60 岁以上老年人口达 2.54 亿人，占总人口的 18.1%。按 2015 年的老年失能率调查数据，估计 2019 年老年失能人员数量约为 4700 万人[①]。按照国际上失能老人护工照护比（5:1）计算，需要照护人员近 1000 万。2019 年，65 岁以上老年人数量为 1.76 亿[②]，如果按 OECD 国家每百位 65 岁以上老年人平均享有护工数量 4.2 人的标准计算，需要的护理人员数量为 740 万左右。根据《中国民政统计年鉴》，2016 年，全国在民政系统注册的正式养老服务机构约为 2.9 万个，在职职工人数为 33 万人[③]。即使考虑到各类非正式养老服务、护理机构（数据不可获取），中国护理服务人员的缺口也是巨大的，大部分老年失能人员仍然主要依赖家庭非正式照护，许多老年失能人员缺乏必要的基本护理。从护理人员的实际从业情况看，除少数商业性收费较高的养老护理机构外，护理人员以"4050"女性为主体，大部分来自农村地区，普遍存在着收入水平低、从业环境差、职业技能低、缺乏培训和福利保障、工作

---

① 张盈华，杨东方. 长期护理保险制度探索的郑州模式［M］. 北京：经济管理出版社，2019.

② 2022 年左右中国将进入老龄社会 65 岁以上人口 5 年后将破 2 亿 2050 年老年人口将近 5 亿［EB/OL］. https://baijiahao.baidu.com/s? id=1669927387562836688&wfr=spider&for=pc.

③ 国家统计局. 中国统计年鉴［M］. 北京：中国统计出版社，2017.

不稳定等特点。

根据泰康养老与中国人民大学公共管理学院开展的《我国典型地区养老服务机构从业人员服务能力调研》项目，调查数据显示我国护理服务人员队伍发展非常滞后。一是护理服务人员年龄偏高、素质偏低。调查地区养老服务机构管理者平均年龄在 48 岁，护理服务人员平均年龄在 50 岁，其中专科及本科以上的护理人员仅占 10.5%。二是人员不足。73.9% 的养老机构反映护理人力不足，在专业人才、护理员、年轻员工及医疗护理人员等方面普遍存在人力不足。多数养老机构反映招聘员工困难，且人员普遍存在高流动现象，人力较为稳定的养老机构不足 15%。三是工作强度较大、缺乏晋升体系。调研发现，部分护理服务人员每日工作时长在 12 小时以上，占比 42.74%。访谈结果显示，机构一名护理人员平均照料失能 3~5 人，半失能 6~8 人，自理 10~20 人，居家 4~6 位老年人的比例最高。四是待遇水平差。收入增加是护理服务人员最高的职业期待，占比 85.56%；同时，护理服务人员的职业期待集中于收入增加、社会福利和社会保险的保障（65.35%）等方面。在社会保障与福利待遇方面，有 1/3 的养老机构没有为员工购买"五险一金"，尤其是西部地区、农村地区、养老院性质的养老服务机构[①]。

因此，在新形势下，如何促进老年护理服务供给的扩大是一个非常紧迫的任务。2016 年 6 月，人力资源和社会保障部发布《关于开展长期护理保险制度试点的指导意见》，护理保险制度开始在全国各地多个城市试点。作为一项新的社会保障项目，护理保险制度的实施必将对老年护理服务业的发展起到巨大的推进作用。一方面，制度的实施使老年失能人口享受护理保障的覆盖面快速扩大，有效需求得以释放；另一方面，稳定的参保收入将为护理服务机构的业务开展提供偿付来源，使之成为一个潜力巨大的市场。在护理保险制度实施的过程中，一个非常现实的问题是如何有效地弥补护理服务人员供给的不足。2020 年，民政部出台《关于进一步扩大养老服务供给 促进养老服务消费的实施意见》，指出开展养老服务人才培训提升行动，确保到 2022 年底前，培养

---

① 中国保险报网.泰康调研报告：超七成养老机构护理人员不足［EB/OL］. https：// baijiahao.baidu.com/s？id=1610095596309041711&wfr=spider&for=pc.

培训 1 万名养老院院长、200 万名养老护理员、10 万名专兼职老年社会工作者，切实提升养老服务持续发展能力[①]。

第二节　河南省养老护理服务业发展分析

一、人口老龄化程度

河南省地处中原地区，人口规模巨大，人力资源优势突出。2019 年，全省总人口数量为 1.09 亿，其中 65 岁及以上人口 1076 万人，占常住人口的比重为 11.16%，低于全国平均水平（12.6%）一个百分点，[②] 人口老龄化程度在全国处于中游水平。从图 4-2 可以看出，近 15 年来，河南省老年人口抚养负担处于不断上升态势。

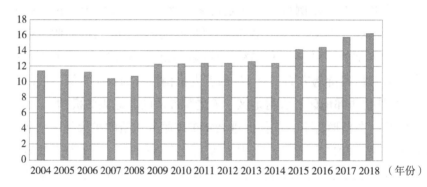

图 4-2　河南省老年人口抚养比

注：老年人口抚养比：65 岁及以上老年人口数量 /15~64 岁人数的百分比。
资料来源：历年《中国统计年鉴》。

二、医疗卫生环境

河南省医疗卫生机构数相对平稳，2013 年为 71464 个，2018 年为 71352 个，占全国卫生机构总数的 7.15%。全省卫生技术人员数呈持续增长态势，从 1990 年的 22.28 万人增长到 2018 年的 62.13 万人；自

---

① 民政部. 民政部关于进一步扩大养老服务供给 促进养老服务消费的实施意见［EB/OL］.
http://www.gov.cn/xinwen/2019–09/23/content_5432462.htm.
② 2019 年河南人口数据分析：常住人口增加 46 万 出生人口减少 7 万［EB/OL］. https://
baijiahao.baidu.com/s？id=1660742021470445684&wfr=spider&for=pc.

2000 年以来，平均每千人拥有卫生技术人员增长了一倍之多。河南医疗卫生机构床位数也呈现逐步增长态势，从 1990 年的 18.21 万张增加到 2018 年的 57.04 万张（见表 4-2）；医疗卫生环境的逐步提升，为老年人提供良好的就医环境，提升健康水平。

表 4-2　　　河南省历年卫生事业基本情况统计（1978~2018 年）

年份	卫生机构数（个）		卫生机构床位数（万张）		卫生技术人员数（万人）		每万人口拥有	
	总数	医院、卫生院	总数	医院、卫生院	总数	执业（助理）医师	卫生机构床位数（张）	执业（助理）医师数（人）
1978	7356	2476	10.2	9.73	11.44	4.38	14.4	6.2
1979	7702	2501	11.23	10.63	12.89	4.79	15.6	6.7
1980	7831	2530	11.92	11.17	14.48	5.41	16.4	7.4
1981	8483	2563	12.49	11.65	16.31	6.81	16.9	9.2
1982	8513	2578	13.08	12.11	17.34	7.31	17.4	9.7
1983	8504	2611	13.77	12.74	18.38	7.82	18	10.2
1984	8583	2665	14.24	13.13	19.12	8.1	18.4	10.5
1985	9207	2688	14.91	13.77	19.49	8.36	19	10.7
1986	8933	2713	15.31	13.99	20.15	8.5	19.2	10.6
1987	8833	2730	16.9	15.42	20.44	8.49	20.7	10.4
1988	8865	2756	17.55	15.95	21.36	8.85	21.1	10.6
1989	8721	2810	17.96	16.25	21.85	9.61	21.2	11.3
1990	8676	2824	18.21	16.36	22.28	9.94	21.1	11.5
1991	8639	2834	18.49	16.56	23.03	9.93	21.1	11.3
1992	8375	2857	18.91	16.97	23.91	10.14	21.3	11.4
1993	7669	2892	18.91	17.22	24.39	10.16	21.1	11.4
1994	7656	2944	19.14	17.45	25.13	10.55	21.2	11.7
1995	7661	2965	19.23	17.54	25.5	10.57	21.1	11.6
1996	7253	2987	18.95	17.54	25.77	10.57	20.7	11.5
1997	7194	3001	18.92	17.58	26.2	10.67	20.5	11.5
1998	11774	2999	19.42	17.99	26.32	10.68	20.8	11.5
1999	11643	3014	19.71	18.26	26.66	10.89	21	11.6

续表

年份	卫生机构数（个）		卫生机构床位数（万张）		卫生技术人员数（万人）		每万人口拥有	
	总数	医院、卫生院	总数	医院、卫生院	总数	执业（助理）医师	卫生机构床位数（张）	执业（助理）医师数（人）
2000	10764	3027	19.86	18.34	26.84	11.11	20.9	11.7
2001	10719	3024	19.99	18.5	27.18	11.12	20.9	11.6
2002	13291	3094	19.73	18.75	26.48	10.17	20.5	10.6
2003	13621	3149	20.37	19.28	27.87	10.64	21.1	11
2004	13821	3182	20.9	19.72	28.42	10.94	21.5	11.3
2005	14554	3260	21.4	20.23	28.92	11.11	21.9	11.4
2006	14629	3292	22.52	21.23	30.07	11.55	22.9	11.8
2007	11888	3281	23.95	22.61	29.79	11.59	24.3	11.7
2008	11683	3263	26.83	25.22	30.99	11.93	27.1	12
2009	12157	3282	30.24	28.3	34.64	13.96	30.3	14
2010	75741	3282	32.76	30.44	37.28	15.48	34.8	16.5
2011	76201	3304	34.92	32.49	39.52	15.58	37.2	16.6
2012	69222	3356	39.39	36.57	42.88	16.77	41.9	17.8
2013	71464	3471	42.98	40.03	46.91	18.06	45.7	19.2
2014	71157	3470	45.93	42.83	49.45	18.93	48.7	20.1
2015	71397	3585	48.96	45.65	51.96	19.86	51.6	21
2016	71273	3662	52.16	48.74	54.67	20.68	54.7	21.7
2017	71089	3693	55.9	52.21	58.05	22.03	58.5	23
2018	71352	3873	60.85	57.04	62.13	23.55	63.4	24.5

资料来源：河南省统计局.河南统计年鉴［M］.北京：中国统计出版社，1978-2019.

三、社会保险参保情况

通过图4-3可以看出，河南城镇职工和城乡居民各项社会保险参保人数逐年增加。到2018年时，医疗保险已达到全民覆盖，养老保险已覆盖到全体人口的70%以上。各项保险项目保障水平不断提高，为解决老年人就医和参加养老护理服务提供了保障基础。

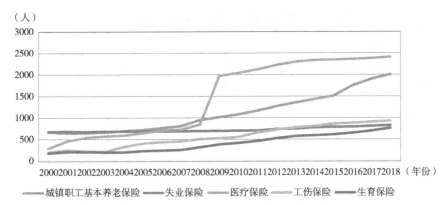

（人）

图4-3 河南省历年社会保险参保基本情况统计（2000~2018年）

注：①基本养老保险参保人数为城镇职工基本养老保险参保人数与城乡居民基本养老保险参保人数之和。②2009~2016年医疗保险参保人数为城镇职工基本医疗保险人数与城镇居民基本医疗保险参保人数之和。

资料来源：河南省统计局.河南统计年鉴［M］.北京：中国统计出版社，1978-2019.

四、养老服务机构及人员情况

在2014年之前，河南省养老及残疾人收养机构数不断上升，到2014年时达到4294个，职工人数保持在1.9万个。2014~2016年，出现较大幅度下滑，之后两年有所回升；到2018年，机构数量为1394个，职工人数为1.5万（见表4-3）。从养老床位情况看，2018年，河南省每千老年人拥有养老床位数量为21.39个，在全国31个省份中排名第七（见表4-4）。

表4-3 河南老年人及残疾人服务机构数量及职工人员数（2011~2018年）

年份	机构数量	职工人员数量
2011	2790	18655
2012	2767	17972
2013	3098	21873
2014	4294	18818
2015	1073	11919
2016	1148	12758
2017	1106	12935
2018	1394	14532

资料来源：河南省统计局.河南统计年鉴［M］.北京：中国统计出版社，1978-2019.

表 4-4　　各省份每千老年人拥有养老床位情况（2014~2018 年）

地区＼年份	2014	2015	2016	2017	2018
全国	27.20	30.31	31.62	30.92	29.15
西藏	27.66	61.95	14.24	17.32	8.20
海南	16.60	17.65	18.02	18.26	11.85
云南	11.18	19.90	21.62	19.05	15.05
新疆	21.01	24.78	26.62	23.70	16.48
辽宁	24.31	21.14	22.90	21.43	19.41
山西	16.48	16.31	22.21	23.02	20.19
河南	25.18	24.19	23.48	22.40	21.39
天津	20.88	23.73	23.06	22.44	22.22
陕西	17.79	23.60	25.47	25.52	23.30
吉林	17.82	14.35	25.60	22.86	23.67
湖南	16.76	19.21	21.75	23.62	23.85
广西	21.92	25.78	25.59	25.14	23.95
宁夏	15.10	30.41	40.72	29.05	24.52
重庆	25.01	33.18	29.34	25.46	25.14
福建	25.66	24.88	23.24	26.69	26.38
江西	28.43	30.94	30.15	29.20	26.83
黑龙江	21.80	27.04	27.33	27.37	27.39
山东	31.03	37.14	38.50	33.76	27.54
上海	33.49	27.20	28.89	27.84	27.90
四川	24.51	30.65	31.43	31.50	28.41
河北	38.87	40.94	34.98	32.64	30.09
贵州	22.42	35.30	36.80	36.73	30.40
甘肃	24.75	33.75	34.40	32.41	30.42
青海	26.64	31.64	38.37	32.57	30.55
广东	15.34	19.87	28.22	33.62	31.02
北京	45.69	28.95	38.22	39.58	31.14
湖北	27.25	30.12	33.02	31.83	32.77
安徽	34.95	36.06	35.17	32.04	34.75
江苏	38.61	41.02	40.33	40.23	39.45

续表

年份 地区	2014	2015	2016	2017	2018
浙江	52.90	51.74	56.29	57.06	54.17
内蒙古	49	56.66	58.32	52.17	54.75

资料来源：河南省统计局.河南统计年鉴［M］.北京：中国统计出版社，1978-2019.

第三节　长期护理服务人员供需预测

一、基本需求情况

2019 年末，郑州市常住人口 1035.2 万人，城镇化率为 74.6%。2000 年，郑州与全国同步进入老龄化社会，2018 年末，60 岁以上老年人约有 120 万人，其中郑州 80 岁及以上高龄老年人已达 16 万人[①]。图 4-4 说明了 2007 年以来郑州市城镇职工医疗保险和养老保险参保人数的增长趋势。到 2018 年，全市参加职工养老保险人数为 450 万人，职工医疗保险为 380 万人；城乡居民养老保险为 205 万人，城乡居民医疗保险为 445 人；合计全市参保养老保险为 696 万人，医疗保险为 826 万人。其中，医疗保险参保人数达到全市人口的 80% 以上，基本实现全覆盖。

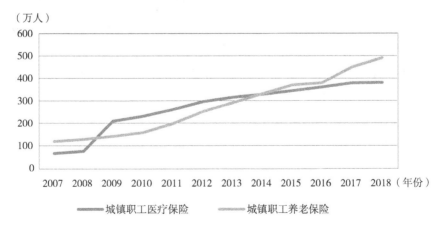

图 4-4　郑州市城镇养老保险和医疗保险参保人数（2007~2018 年）

资料来源：河南省统计局.河南统计年鉴［M］.北京：中国统计出版社，2007-2018.

---

① 郑州市统计局.郑州市国民经济和社会发展统计公报［R］.2018.

从老年人口照护需求比测算，按 OECD 国家每百位老年人需要 4 位照护人员的标准，郑州市大约需要 5 万名照护人员（120×4%），这是按国际标准计算出的大口径照护人员需求数量，照护对象包括各类部分失能老年人员以及需要照护的健康老年人。如果计算重度失能老年人员需要的护工数量，口径将大幅缩小。这里采用中国社科院课题组对郑州市长期护理保险制度的测算报告中的数据。2018 年，全市城乡参加长期护理保险制度共计约 690 万人，其中 60 岁及以上约 105 万人、80 岁及以上 16 万人，到 2023 年增加到 719 万人；期间失能人数同步增加，从 2018 年的 4.8 万人增加到 2023 年的 4.98 万人，失能人数占参保人数比例保持在 0.69% 左右；长期护理保险基金总支出从 2018 年的 6.298 亿元增加到 2023 年的 9.32 亿元[①]。如果按 2023 年的 7 万名失能人员计算，以每 5 名失能人员配备 1 名护工为标准，需要的护工数量约为 1.4 万名。综合估计，未来 5 年郑州市每年需求的老年护理员工将为 1 万 ~5 万人。

二、养老服务机构人员情况

1. 医疗卫生条件

截至 2017 年底，郑州市共有各类卫生机构 4421 个，从业人员数 13.2 万人，卫生机构床位数为 9.1 个[②]。其中，执业医师（包括助理医师）38049 人，每千人口执业（助理）医师数为 3.85 人，多于全国千人口执业（助理）医师数（2.44 人）和河南省千人口执业（助理）医师数（2.30 人）；注册护士为 52381 人，每千人口注册护士数 5.30 人，比全国千人口注册护士数（2.74 人）和河南省千人口注册护士数（2.53 人）多；老年医院医生数为 54 人、护士数为 202 人。截至 2018 年 9 月，郑州市已培训医养结合人才 478 人[③]。

2. 养老服务机构

2019 年，郑州市拥有各类养老服务机构 122 家，机构床位数为

---

① 张盈华，杨东方 . 长期护理保险制度探索的郑州模式［M］. 北京：经济管理出版社，2019.
② 郑州市统计局 . 郑州市国民经济和社会发展统计公报［R］. 2018.
③ 郑州市相关部门提供给课题组的数据"报发改委社会民生发展情况"之"一、卫生事业发展统计公报数据"。

22628 张^①。2018 年出台了《郑州市资助民办养老机构实施办法》（郑民文〔2018〕7 号），养老机构补贴标准进一步提高，自建房屋的建设补贴每张床位从 3000 元提高到 9000 元、改扩建补贴从 2000 元提高到 6000 元，养老机构收住失能、半失能老年人的床位运营补贴从每月 200 元提高到 300元。建立养老护理员补贴制度，对服务老年人满一年以上的养老护理员给予岗位补贴。其中，满 1 年不足 5 年的，每人每月补贴 100 元；满 5 年不足 10 年的，每人每月补贴 150 元；满 10 年以上的，每人每月补贴 200元。全市养老机构开设医疗机构的 8 家，医疗机构开设养老机构的 7 家；与医疗机构签订医疗服务合作协议的养老机构 87 家；能以不同形式为入住老人提供医疗服务的养老机构占比达 91% 以上^②。

表 4-5 说明了郑州市民政系统举办的老年福利机构发展情况。2017年，全市城镇有 53 家老年福利机构，农村有 31 家；各类收养机构工作人员数为 3464 人，床位数为 18964 张，收养人员为 8708 人。相比上述的 5 万老年失能人员标准，民政系统服务机构供给水平有很大差距。

表 4-5　　郑州市民政系统老年福利机构情况（2016~2017 年）

指 标	单位	2016 年	2017 年
各种收养性社会福利单位总数	个	97	97
优抚类收养性单位	个	3	3
福利类收养性单位	个	88	88
社会福利院	个	2	2
儿童福利院	个	3	2
城镇收养性老年福利机构	个	51	53
农村收养性老年福利机构	个	32	31
工作人员	人	3172	3464
床位数	张	16773	18964
年底收养人数	人	8882	8708

资料来源：郑州市统计局.郑州统计年鉴［M］.北京：中国统计出版社，2017.

三、护理服务队伍的发展前景

河南省是全国人口大省和农业大省，劳动力资源丰富，也是人口

---

① 郑州市统计局.郑州市国民经济和社会发展统计公报［R］.2019.
② 中国社科院《长期护理保险的郑州模式》课题组 2018 年调研数据。

净流出和劳务输出大省。2019 年，河南城镇化率是 53%，低于全国平均水平 8 个百分点；2018 年，全省城乡居民人均可支配收入是 23903元，低于全国平均水平；其中农村居民人均可支配收入是 15164 元，平均每月为 1264 元，全省可支配收入低于 1120 元的群体数量高达3710 万人[①]。近年来，河南人口流动持续减少，省内流动不断加大。郑州市作为河南省会和地区中心城市，人口的吸纳能力持续增强。2018年，外省流入河南的人口中有 36.8% 的流入到郑州市，比 2017 年提高 3.1 个百分点；省内跨市流动人口中的 59.8% 流入到郑州市，比上年上升 1.1 个百分点[②]。

养老服务业属第三产业中的劳动密集型产业，吸纳就业能力强，尤其是对于解决农村低收入群体和困难就业群体的带动能力突出。因此，在郑州市发展养老服务产业具有诸多优势：一是人口规模巨大，老龄化不断加速；二是产业结构转型，现代服务业在大城市发展中占据重要地位，居住和人才环境成为吸引人才的重要手段；三是周边地区丰富的农村劳动力资源为发展养老产业提供了保障条件。

根据调研统计，2019 年，郑州市中等档次的养老院机构平均月收费价格为 3000~5000 元；根据《2017 年郑州统计年鉴》公布的市区居民消费价格统计，当年市区养老院护理收费月平均为 738 元。2018 年全市城镇职工退休人员为 40.5 万人，企业退休人员平均月领取退休金为 2928 元[③]。可以看出，退休人员平均退休金与养老院收费价格基本持平。从实际收入情况看，目前护理人员收入普遍低于社会平均工资。2018 年，河南省城镇私营单位就业人员年平均工资为 40209 元，郑州市为 49488 元。2018 年，郑州市居民人均可支配收入为 33105，其中城镇居民人均可支配收入完成 39042 元，占私营单位平均工资的比重为

① 关于"6 亿人每月收入也就 1000 元"郑秉文对河南的政策建议［EB/OL］. http：//hn.ifeng.com/a/20200616/14281142_0.shtml.

② 河南省统计局 . 2018 年河南人口发展报告［EB/OL］. https：//www.hebi.gov.cn/zghh/436404/436593/3125046/index.html.

③ 郑州企业退休人员人均养老金 2928.72 元 / 月，全省多地养老保险待遇调整到位！［EB/OL］. https：//www.henan100.com/news/2019/870042.shtml；2018 年郑州市退休人员基本养老金增发到位［EB/OL］. http：//m.xinhuanet.com/ha/2018-08/08/c_1123237776.htm.

79%^①。假定护理人员按私营单位平均工资收入的 50% 标准计算，当年郑州市护理人员年均工资收入约为 25000 元，扣除 20% 左右的税费后预计可支配收入约为 20000 元。表 4-6 将该收入水平与河南省农村居民人均可支配收入进行比较可发现，护理服务人员平均可支配收入将达到郑州市农村中等户收入水平，在其他的大多数河南省地级市，该收入水平将达到农村中高收入户以上。这说明，从事护理服务业对于改善河南省农村低收入群体的收入水平状况的作用是非常明显的。假定每位护理人员平均照护 5 位养老服务机构老年人，按上述人均月 738 元的护理收费标准，每位护理人员为养老服务机构带来的月收入为 3690 元，是护工工资收入的 2.2 倍左右，对于以人工为主要成本的养老机构来说，是能够实现人工费收支平衡的。

表 4-6　　河南省 2018 年各市农村居民家庭平均每人全年可支配收入分组情况统计

市（县）	低收入户	中低收入户	中等收入户	中高收入户	高收入户
郑州市	10429	16198	20341	25930	45491
开封市	5778	10209	13475	17317	29164
洛阳市	5098	9005	12350	16453	29904
平顶山市	4275	8853	12541	17570	33005
安阳市	5146	9377	12961	17227	32119
鹤壁市	7011	11853	14396	19020	33447
新乡市	5230	9659	13745	18524	33178
焦作市	7357	11747	15211	19412	36520
濮阳市	5355	9887	15025	23238	54480
许昌市	7151	12496	15558	19552	35571
漯河市	6435	12551	19177	27184	47498
三门峡市	4294	7628	10785	15390	38535
南阳市	5595	9942	13199	17533	28736
商丘市	2827	6977	10148	13642	26012
信阳市	4470	9044	12721	17533	29372
周口市	3360	7469	10264	14270	23477

---

① 参见历年《郑州统计年鉴》。

市（县）	低收入户	中低收入户	中等收入户	中高收入户	高收入户
驻马店市	4862	8352	10741	14141	24303
济源市	2772	10205	15976	20110	34446
巩义市	11580	15814	20669	25280	43996
兰考县	4949	7788	10871	15196	28151
汝州市	8358	10570	13037	20179	35830
滑县	3961	7891	10341	13594	26386
长垣县	4391	11707	16649	22782	42823
邓州市	7652	13778	19872	25725	48660
永城市	6016	9155	13065	19330	28180
固始县	1428	9367	12932	17938	34214
鹿邑县	3360	7469	10264	14270	23477
新蔡县	6350	9696	11306	14558	21747

资料来源：河南省统计局．河南统计年鉴［M］．北京：中国统计出版社，1978-2019.

第四节　主要的政策建议

郑州市正处在国家综合城市中心迈进的关键阶段，未来养老服务产业发展前景广阔，对护理服务人员的需求巨大。但在目前阶段，养老服务机构建设的薄弱，护理人员队伍建设滞后、低层次发展，限制了老年服务业的发展。为此，对比国内外经验提出以下几点建议：

第一，尽快启动长期护理保险制度试点，带动护理产业发展。当前中国护理服务业发展面临的一个现实问题是护理服务机构和人才的匮乏。来自德、日、韩三国的经验表明，社会护理保险的引入对护理服务业的发展起到了巨大的推动作用。二者之间的关系相辅相成：一方面，护理保险制度的实施为服务机构带来了客户和资金来源；另一方面，护理服务机构的发展为制度实施提供了保障条件。在这个互动过程中，引入社会力量参与护理服务行业竞争，是扩大服务供给、弥补政府资源不足的一个有效途径。青岛、南通、上海等长期护理保险试点城市的初步经验也表明，护理保险启动对促进护理服务人才队伍的发展作用是明显的。因此，在国家"十四五"长期护理保险推开期间，郑州市应争取尽快加入试点队伍，在城乡推进长期护理保险制度覆盖。

第二，在护理保险制度正式实施前，加大护理服务业投入和供给水平。各国经验表明，护理服务业的发展有一个渐进过程，在启动长期护理保险制度前应有一个"准备期"，让服务机构逐步介入。例如，日本在10年"黄金计划"期间，大力资助地方的护理服务设施建设；德国传统的社会福利协会也提供了较好的护理服务设施基础条件；而韩国政府在护理保险制度启动前，在服务设施建设上所做很少，因此制度启动初期遇到了"麻烦"，制度的实施比较匆忙。目前，我国长期护理保险试点正在推开，各地遇到的一个突出问题就是缺乏优质的护理服务队伍。对于郑州市来说，应及早筹划，利用现在的资源条件，加快养老护理服务机构的设施建设和人才培养的投入，为发展护理服务业打好基础。

第三，在护理服务和人才培养上，改变政府大包大揽的做法，引导社会力量广泛参与。早在2013年，国务院在《国务院关于加快发展养老服务业的若干意见》中就指出，"充分发挥市场在资源配置中的基础性作用，逐步使社会力量成为发展养老服务业的主体，营造平等参与、公平竞争的市场环境，大力发展养老服务业，提供方便可及、价格合理的各类养老服务和产品，满足养老服务多样化、多层次需求"①。近年来，随着"健康中国"理念的提出，社会力量在养老服务业发展中的支撑作用越来越强。在下一步护理服务业的发展过程中，政府应简政放权，通过公建民营、委托管理等方式，鼓励民间资本、非营利组织等进入护理服务机构的建设领域；并在土地划拨、福利规划、税收优惠、公用设施建设等方面给予支持，为市场力量的参与营造良好的社会环境。在护理人才培养上，除加大政府教育培训力度外，也应高度重视市场机构的力量，引入全国优质的养老服务机构和培训力量介入，可通过政府购买、PPP合作等方式加入人才培养。

第四，加强老年护理专业化人才的培养教育。目前，护理职业教育薄弱，培养不足严重，造成人才队伍建设不足。建议增开老年护理专业，伴随着养老服务对象多元化、多样化、多层次的需求，对于养老护

---

① 中国政府网.国务院关于加快发展养老服务业的若干意见［EB/OL］.［2013-09-13］. http://www.gov.cn/zwgk/2013-09/13/content_2487704.htm.

理人才素质的要求也越来越高。河南省作为人口大省，在护理院校和职业培训等方面，存在很大缺口。为此，应积极鼓励高校和职业院校依法自主设置和调整养老护理相关专业，支持有条件的高校开设养老服务管理、康复治疗、家庭服务等学科，形成中职、高职、本科等多层次养老护理人才梯队。同时，结合国内外经验及我国老年护理发展要求，加强老年护理的科学研究，同时进行课程改革，加强老年护理师资培养，提高老年护理职业教育水平。

第五，加强监管，推进养老机构护理队伍规范发展。目前，养老护理服务队伍存在着进入门槛低、从业人员素质差、缺乏必要的技能培训和服务不规范以及社会认可度低等诸多问题。这些问题的产生一方面源于养老服务业处于发展起步期，收费和工资收入低，缺乏吸引力等原因；另一方面也源于相关监管法规不到位，缺乏政策规范等因素。针对这些状况，国家在采取各种措施鼓励养老服务业大力发展的同时，还应建立健全相应的行业细则、标准和规章制度。在人才培养和使用上，应尽快出台统一的护理人员持证上岗制度，健全养老护理员照护工作监督机制，促进护理服务行业的规范化、标准化建设，保障养老护理队伍健康持续发展。另外，还要健全养老机构护理人员薪酬、福利待遇以及晋升等各项制度，营造良好的社会氛围，提升社会对护理人员工作的认可，建设职业化的国家护理人员队伍。

第五章

郑州市长期护理服务的机构发展现状与未来展望

第一节　长期护理服务机构发展现状

一、长期护理机构的相关政策梳理

郑州市长期护理服务紧跟国家和河南省养老服务体系建设步伐，并走出了自己的特色。河南省养老服务体系探索始于 21 世纪初期，"十一五"期间，《河南省农村五保供养服务机构建设和管理规范》《关于加快发展养老服务业的意见》（豫政办〔2006〕105 号）、《关于进一步加强老年人优待工作的意见》（豫办〔2008〕5 号）等文件相继出台，养老服务设施作为公共服务设施建设的重要部分被明文纳入《河南省省域城镇体系规划》当中。为响应国家和河南省对于养老服务的建设需求，2010 年郑州市政府出台《关于加快郑州市养老服务业发展的意见》《关于全面推进居家养老服务工作的意见》等文件，明确要求加大对养老服务机构的建设用地、税费政策的扶持力度，对养老机构的发展给出了指导性建议。2012 年发布的《郑州市老龄事业发展"十二五"规划》对郑州市养老服务的发展做了系统性总结及发展展望。2014 年，《郑州市人民政府关于全面推进养老服务业发展的实施意见》《郑州高新技术产业开发区管委会关于全面推进养老服务业发展的实施意见》等的发布，使养老服务配套措施越来越完善。2017 年，郑州市民政局、郑州市卫计委等五个部门发布了《2017 年郑州市养老院服务质量建设专项行动实施方案》，提出 2017 年底能够以不同形式为入住老年人提供医疗卫生服务的养老院应占比 50% 以上。2018 年 7 月，郑州市民政局、财政局发布了《郑州市城乡养老照料设施建设资助和运营管理暂行办法》，要求加快推进全市城乡养老照料设施建设，进一步规范郑州市城乡养老设施建设和管理工作。2019 年 6 月，郑州市民政局发布了《关于做好养老机构备案有关工作的通知》，对养老机构的设立、审批等工作有了更加详细具体的实施办法，进一步促进了郑州市长期护理机构的发展。

二、取得的成绩

目前，郑州市长期护理服务机构发展迅速，社区日间照料中心数量明显增加，居家护理服务体系不断完善，医养结合发展取得较大进步。主要表现如下：

首先，从整体上看，养老服务供给能力明显提升。截至 2018 年底，郑州市 60 周岁及以上户籍老年人已达 138 万，占人口总数的 15.7%；80 周岁以上高龄老年人近 16 万，失能、半失能老年人 20 余万，孤寡、空巢老年人 50 多万[①]。截至 2019 年 10 月，全市已建成养老服务机构 150 多家，与上年相比增加约 25%；城乡养老服务照料设施 580 多个，设置养老托老床位 4.4 万张，每千名老人拥有的床位数达 31 张，基本达到 "河南省民政事业发展第十三个五年规划" 中对 "每千名老人拥有的床位数达到 30 张" 的发展要求[②]。在医养结合的发展上，不断健全失能老年人医养结合服务机制，实现了 "医、康、养、护" 一体化服务，有力地促进了养老护理资源与医疗资源的精准对接。截至 2019 年 10 月，郑州市已建立 "两证齐全" 的医养结合机构 16 家，全市 150 家养老服务机构中，设置医疗机构的有 23 家，与医疗机构签订合作协议的有 114 家[③]。

①② 河南日报. 郑州老年人日间照料中心：家门口的 "养老院"［EB/OL］. http：//www. henanmz.gov.cn/2019/10-09/959545.html.

③ 大河报. 郑州老年人日间照料中心：家门口的 "养老院"［EB/OL］. http://mzj.zhengzhou. gov.cn/mtgz/2623628.jhtml.

其次，从机构养老服务的发展上看，截至 2020 年上半年，郑州市共有养老机构（养老院、养护院等）68 家，共包含床位 15649 张，与 2015 年郑州市共有 40 多家养老机构、6000 多张床位相比有显著增加，体现了郑州市机构养老有效供给能力的提升①。在现有的 60 多家养老机构中，多数以中等规模为主，养老机构配套设施齐全，能满足老年人对机构养老的基本需求。同时，关于机构养老发展的相关政策和措施也在不断完善，大大促进了养老机构发展的积极性。例如，2018 年政府提高了对养老机构的补贴标准，规定建设补贴自建房屋每张床位从 3000 元提高到 9000 元，改扩建补贴从 2000 元提高到 6000 元，养老机构收住失能、半失能老年人的床位运营补贴从每月 200 元提高到 300 元；为缓解养老机构面临的人员问题，政府制定了养老护理员岗位补贴标准，对服务老年人满一年以上的养老护理员给予专项岗位补贴。据统计，2020 年度郑州市已资助养老机构建设补贴资金 417.42 万元，床位运营补贴资金 686.765 万元②。

最后，从社区居家养老服务的发展上看，截至 2019 年底，郑州市共有社区日间照料中心 360 家，社区服务站 801 个，城乡养老服务照料设施 580 多个，社区居家养老取得了快速发展③。同时，有关社区居家养老服务的相关政策体系完善，发展环境良好。如郑州市政府将城乡养老服务中心等养老服务设施纳入《郑州市城乡规划管理技术规定》，2014 年和 2016 年又分别将农村养老服务中心、城市社区养老服务中心示范点建设列入市委、市政府为民办理"十大实事"，将二级以上综合医院设老年科纳入市政府重点民生工程，强力推进了社区居家养老服务相关的重点工作。并且市政府对社区居家养老服务给予大力财政支持，如 2019 年，市财政下拨奖补资金 376.2 万元，建设了 36 个安宁疗护中心、新增安宁疗护床位 721 张④。在社区居家养老服务智能化服务平台的发展上，市政府协同多个部门，构建了统一的 12349 养老服务信息平台，建

---

① 河南老龄网：http://www.0558.la/link/119301.html.

② 来自调研统计报告。

③ 郑州市统计局. 2019 年郑州市国民经济和社会发展统计公报［EB/OL］. http://tjj.zhengzhou.gov.cn/tjgb/index.jhtml.

④ 郑州市卫健委. 为老龄事业发展探路 做全省老龄健康先锋——郑州市老龄健康工作在全省会议上介绍经验［EB/OL］. http://wjw.zhengzhou.gov.cn/zwxx/3393712.jhtml.

立公安、民政、卫生、人社等部门信息共享的"综合为老服务数据库"，为老年人提供养老政策、康复护理指导、健康管理咨询等服务，截至2018年9月底，入网人数已达39万多人，30%以上的老年人完成入网登记，开展服务运营试点[①]。

第二节 长期护理服务机构发展面临的挑战

在郑州市养老服务发展取得一定成就的同时，也面临着一些挑战和问题，尤其是在为失能半失能老人、孤寡老人提供长期护理服务方面。主要概括如下：

一、服务内容比较单一，服务能力有待加强

目前，郑州市社区居家养老服务未针对不同老人的个性化需求制定不同的服务内容，因而导致服务供给不能精准对接服务需求，存在供需不匹配、缺乏精准服务、服务类别单一等问题。如社区多将主要的经费用在租用或购买场地建立养老服务中心站等，但却忽视了老人真正对于医疗护理、长期照护等方面的需求。且不管是上门服务还是日间照料中心，其提供的服务在供给数量、质量或结构上具有较强的趋同性，多以提供餐饮、看护、简单基础护理或者定期举行的健康讲座等日常生活服务为主，缺少专业化的医疗保健和医疗资源，不能满足失能半失能、高龄老年人所需要的持续性生活护理、慢性病管理等服务需求。

在养老院、护理院等机构养老的发展上，有着"胡子眉毛一把抓"的现状，表现在养老院等机构在接收入住老人时，并没有根据老人的实际需求提供相应特定的服务。走访时发现大多数机构都将失能半失能老人与健康老人安排在了一起，没有设置护理专区，也没有针对不同身体健康状况的人分配不同的护理人员，对于失能半失能老人或者失智老人只是增加喂药、按摩等基本医学照护服务，没有将他们真正需要的医疗

---

① 郑州市民政局. 郑州市扎实推进"五化"建设着力构筑居家和社区养老服务体系 [EB/OL]. http://mzj.zhengzhou.gov.cn/gzdt/2613597.jhtml.

照料、专业护理等需求考虑进去，在供给上缺乏多样性、定制性服务，不能满足各种类型老年人多样化的照护需求。

二、城乡、区域之间发展不均衡

世卫组织一般将长期照护的模式分为以下三类：以家庭为平台的居家照护服务；以社区为平台的社区照护服务；以专门机构为平台的机构照护服务。但经走访和研究发现，目前郑州市三种长期照护模式虽都有发展，但并未形成一套有关长期照护系统的服务体系，发展较为不均衡，主要表现在：

1. 各区县之间养老院、护理院等发展不均衡

不同区县之间养老机构发展的不均衡主要体现在数量与发展程度上。在数量上，如表 5-1 所示，2018 年的数据显示郑州市共有养老机构 49 家，中原区、金水区、荥阳市、登封市等经济发展水平相对靠前或土地资源丰富的区县，各类持证经营的养老院均可达到 4~10 个，而经济发展水平较低的地区，如巩义市仅有 2 所，中牟县 0 所，人口占郑州市总人口约 19% 的四个郊区拥有的养老机构数量仅占比 4%[①]。同时，同一个区域内养老机构的数量也存在差异，如在主城区的中原区拥有的养老机构数量比主城区内其他五区都多出 2 倍多，人口数量最大的金水区拥有的养老机构数量仅占主城区总数的不到 20%，也少于好几个县级市的数量；在发展程度上，调查数据显示，49 家养老机构共有床位 9466 张，其中 300 张床位以上的有 9 家，200~300 张的有 9家，100~200 张的有 22 家，100 个床位以下的有 9 家。且在走访时发现，规模较大、入住率较高、所在地区经济发展水平较好的养老机构，其配备的养老服务设施越完善，如位于中原区的晚晴养老机构，入住率达 90% 以上，其配备了较为宽敞的老年活动中心、医务室等服务设施，卫生条件较好，无障碍通道、扶手等适老化改造也设计得比较到位；而一些在经济发展较弱县区的养老机构，养老服务设施水平较低，只能满足老人最基本的日常需求，在卫生条件、休闲设施以及医疗护理等方面均仍有较大进步空间。

---

① 刘亚晓. 郑州市养老机构调研报告［EB/OL］. https：//wenku.baidu.com/view/4af7edd4a200a6c30c22590102020740bf1ecd39.html.

表5-1 郑州市养老机构分布及占比 单位：个

郑州市养老机构分布						总数	占比（%）
主城区	中原区10	管城区3	金水区4	二七区4	惠济区3	上街区1	25	49
县级市	荥阳市6	新密3	新郑市7	巩义市2	登封市5	中牟县0	23	47
郊区	高新区1	经开区1	郑东新区0	航空港区0			2	4

资料来源：刘亚晓．郑州市养老机构调研报告［EB/OL］．https：//wenku.baidu.com/view/4af7ed-d4a200a6c30c22590102020740hf1ecd39.html.

2.各区县之间社区居家养老发展不均衡

截至2017年8月，郑州全市社区统计数值为716个，社区养老设施373个，平均覆盖率52%。各区县村委会统计值为1994个，各类农村养老设施数770个，平均覆盖率38.6%[①]，城乡养老服务设施覆盖率差异明显。2018年，数据显示主城区人口数占郑州市总人口的39.17%[②]，但截至2019年底，郑州市共有98家社区卫生服务中心，其中主城区73家，占比达到75%，而其他县级市及郊区占总人数60%的人口共享占比不到25%的社区卫生服务资源[③]。城乡之间不论是养老机构的建设总量还是平均养老床位、医疗养老设施的覆盖率均存在较大落差。同时，新规划的市区内的养老公寓、社区日间照料中心等，能够便利地依托政策扶持、人才供应、国内外先进经验借鉴等条件，获得较快的发展与进步，如金水区探索依托互联网拓展"智慧养老"新方案，养老服务项目能够覆盖到社区老人日常生活起居、精神文化生活、就医出行等多层面需求。但农村养老服务理念上仍然相对滞后，家庭养老仍是主力，尚未形成成熟的社区居家养老供给机制和消费机制，配套养老服务设施、老年活动中心功能单一，资源配置不够均衡。

三、专业人才队伍薄弱

郑州市各类养老服务机构普遍面临着人员方面的问题，主要有以下三个方面：

---

① 李成超．郑州市社区居家养老服务政策实践研究［D］．大庆：东北石油大学，2018.

② 河南商报．郑州人口最新数据出炉：常住人口988万 人口增量最大的区竟然是它……［EB/OL］．https：//www.sohu.com/a/229607147_99965877.

③ 郑州市卫健委．社区卫生服务中心［EB/OL］．http：//wjw.zhengzhou.gov.cn/jgcx/2854280.jhtml.

1. 专业护理人员数量不足

截至 2020 年上半年，我国失能半失能老年人口已经突破 4000 万人，按照国际标准，护理员与老人 1 ∶ 3 的养护比算，仅不能自理老人的护理服务岗位就需要 1300 万人，而目前我国养老机构的护理人员不到 30 万人，全国持证的养老护理员仅约 5 万余人[①]。在郑州市，目前 60 周岁及以上户籍老年人已达 138 万人，失能、半失能老年人 20 余万人，孤寡、空巢老年人 50 多万人，按照标准约需养老护理人员 9.6 万人，而目前郑州市实际工作养老护理员只有不到 2000 人，养老护理人员存在着巨大的供需缺口。在社会工作方面，截至 2019 年，郑州市社工服务机构仅 100 余家，全市社会工作者 1500 余名[②]，不仅专业社工严重不足，且志愿者也多为大学生社会实践活动者，流动性比较大且专业性不强。而同比上海市，《2020 年上海市社会工作行业发展报告》显示，截至 2019 年，上海市社会工作服务机构共 635 家，持证社工总计 30928 名，两市差异十分显著[③]。

2. 专业技能缺乏且持证上岗率低

目前，郑州市养老机构中护理人员共有 1683 人，其中注册护士、护师等持证专业护理人员占比仅 17.8%，这对于失能半失能老人的护理需求是远远不能满足的[④]。同时资料显示，养老机构中经过正规培训上岗的人群十分少。大多数养老机构服务人员的年龄都偏大，主要是由外来务工人员、农村妇女和本地下岗职工 "40 后" "50 后" 人员构成，平均年龄是 46 岁，且不少人员在 55 岁以上，几乎清一色为女性，呈现年龄偏大、人员老化、性别结构不合理、文化程度普遍不高等现象[⑤]。2018 年在郑州市中原区的一份调查问卷显示，有超过一半的老年人认为，养老机构和社区养老的工作人员在专业技能和医疗常识方面较为缺乏，其

---

①　中国日报. 养老护理员需求 1300 万 从业人员却不到 30 万［EB/OL］. https：//baijiahao. baidu.com/s？ id=1605501637761496052&wfr=spider&for=pc.

②　河南省民政厅. 河南社会工作服务机构 "牵手计划" 结出累累硕果［EB/OL］. http：//www.henanmz.gov.cn/2020/01-13/1245654.html.

③　搜狐网. 2020 年上海市社会工作行业发展报告［EB/OL］. https：//www.sohu.com/a/403770612_120055063.

④　调研资料。

⑤　郑州市政协. 关于加强我市养老服务人才培养的建议［EB/OL］. http：//www.zzzxy.gov.cn/ar/20180928000024.htm.

专业水平、业务能力、服务质量无法满足老年人的护理需求 [①]。

3. 人才培养投入力度不足、职业认同感低

目前，郑州市政府将养老服务领域重点放在硬件设施建设上，在用地优惠、床位补助等方面给予较大支持，但对养老护理服务专业人才培养方面投入相对较少。在培养专业人才机构上，据统计，郑州市仅有河南中医药大学、郑州市卫生健康职业学院开设健康服务与护理类相关本科专业，每年的招生培养人数尚不足百人，仅有郑州大学开设了社会工作专业硕士教育，同时中、高职院校护理专业毕业生仅占少数，还不到1%且流失严重，仅有卫校 2016 年开始开设老年护理、老年服务与管理专业 [②]。而上海市共有 15 所高校开设社会工作专业本科，6 所高校开设社会工作专业硕士，4 所高校开设社会工作博士，并且上海市社会工作协会领先全国，多达 18 家。山东省有 25 所院校设立了养老专业，拥有省级养老服务培训基地 7 处，通过推进分级分类培训、年培训养老服务和管理人员 1.5 万名 [③]。此外，由于传统观念束缚、待遇低、准入门槛低等因素，造成老年护理工作的职业认同感较低，进一步加剧了专业护理人才的缺乏。

四、养老服务机构医养结合水平仍有待提升

医疗资源和养老资源的有效对接对于长期护理体系的建立具有重要的作用。但由于开始探索的时间较晚，目前郑州市的医养结合发展仍处于初级阶段，面临着以下问题：

1. 主管部门权责模糊，医养结合养老服务模式发展体系尚不健全

目前，我国养老机构由民政部门审批和管理，医疗卫生服务由卫生部门认定和管理，医疗费用报销由医保部门管理，医养结合养老模式涉及的三个部门相互独立，使其受限于制度分设、管理分割、资源分散等因素，各部门对政策的认识、调整和落实较难协调一致，不能有效实现

---

① 罗巧锋.郑州市中原区社区养老服务问题研究 [D].郑州：郑州大学，2016.

② 陈海平.郑州加快发展康养产业对策研究 [J].中共郑州市委党校学报，2019（4）：99-101.

③ 吕蕾，于吉海.山东省健康养老产业发展思路研究 [J].山东经济战略研究，2020（5）：9-13，2.

政策协同和服务衔接，以致医疗和养老资源相互阻隔，难以做到互惠互利、优势互补，老人的医养问题得不到有效保障，降低了医养结合发展的进度和效率。

2. 养老机构医疗服务层次较低，医疗设施不完善

目前，郑州市主要的医养结合模式共有四种：医疗机构开展养老服务、养老机构内设医疗机构、医疗机构与养老机构协议合作和社区、家庭式医养结合。但调查发现郑州市现有的实施医养结合模式的养老机构中，能够达到较高医疗服务水平的只有第一种，而不管是养老机构内设医疗机构、医养机构协议合作还是社区居家服务，其医疗水平大多达不到专业水准，存在重公卫、轻医疗的普遍现象。如在走访中原区某一社区卫生服务站时发现，其内设的社区基层医疗机构规模较小，配备的多是最为基础的诊疗、康复和护理设备，较多诊治的是高血压、糖尿病等常见的"老年病"，而一些应对紧急或突发情况的医疗设备比较缺乏，无法应对老年人突发身体情况。

3. 医养服务专业人员队伍缺乏

医养结合养老服务与传统养老服务最大的区别在于在基本生活照料之外，更加注重老年人的医疗和照护需求，从"医"和"养"两个层次提供更加专业、规范、持续的养老服务，但现实是养老服务机构的护理人员大多没有接受过专业培训或取得资格，难以满足医养结合发展的需要。

五、相关政策落实不完善，长护服务发展面临瓶颈

目前，社区养老照料设施建设主要靠区县民政部门协调，街道办（乡镇）积极性不高，政府对社会组织服务养老事业的支持政策不够具体，社区志愿者和社会工作者与服务对象、服务机构以及社区之间的关系较为松散，因此尚未形成政府购买居家养老服务与社会资本、志愿者参与相结合的运行机制，服务模式比较单一，社会参与不足。如表5-2所示，在社区居家养老发展相对较快的郑州市中原区，其社区经费的主要来源是财政拨款，占比为80.1%，自主创收仅占13.5%，社会捐助和其他途径获得的社区经费几乎可以忽略不计。社会资本参与不足、市场化程度较低，导致社区居家养老服务发展缓慢，现有的来自财政的资金多用于看得见的基础建设而忽视了许多老年人真正需要的医疗资源。同

时，由于目前政策没有出台关于新建小区统一的社区养老用房建设标准和移交机制程序，而老旧城区闲置房源少，导致社区居家建设用房无保障，增加了社区居家养老服务发展的瓶颈。

表5-2　　　　　　　　郑州市中原区社区养老服务经费来源

社区经费来源	有效占比（%）
财政拨款	80.1
自主创收	13.5
社会捐助	4.3
其他	2.3

资料来源：罗巧锋．郑州市中原区社区养老服务问题研究［D］．郑州：郑州大学，2016.

养老院、护理院等养老机构也同样因政策落实不详而面临一些困境，主要有以下两个方面：一是在融资方面，不管是国家还是郑州市层面，都提出支持社会力量举办养老机构，要求在资本、场地、人员等方面进一步降低社会力量举办养老机构的门槛，给予民办养老机构土地、税收、信贷和用电的政策优惠等，但具体怎么优惠，优惠到何种程度，到目前为止仍无具体方案。鼓励民办养老机构发展的政策缺乏可操作性，难以落实。如走访时一家养老机构董事长说，目前民办养老机构面临的发展瓶颈之一就是融资难："养老这一块去银行贷款，各个养老院不可能有资产去抵押。再说，要去银行贷款的时候，人家要看你的报表、你盈利的状况，但是各个养老院能达到平衡都不容易，更别提盈利了，像常规的商业贷款，银行根本不给我们贷款，所以融资特别困难。"二是用地问题。国家和各省份虽已对养老机构的用地问题做了许多明文规定，如2014年国土资源部印发的《养老服务设施用地指导意见》、郑州市民政局发布的《郑州市养老设施布局专项规划（2018—2035）》中，均提出要规范编制养老服务设施供地计划，细化养老服务设施供地政策等。然而从郑州市养老服务用地上看，各区县建成区的土地供给几乎饱和，非营利性社会福利设施用地规划不够充足，民办、非营利性养老公寓等用地成本居高不下。某养老机构的负责人也说道，"政策虽对养老用地有明确规定，但是在实际运行过程中，依然面临着许多问题。如政府建议机构在发展社区日间照料中心时，可以由原本土地进行改建，公建民营，但最后我们拿到的土地东一块、西一块，面积大小虽然达到了要求，但根本不符合实际需求，无法正常投入运营"。

第三节　解决措施与未来展望

一、区分长期护理服务与养老服务的不同，引导长期护理服务精细化发展

1. 厘清长期护理的概念，明确长期护理发展方向

目前，世界上对于长期照护的含义有许多解释：世界卫生组织将长期照护定义为健康和社会的整合系统，是指由非专业护理者和专业人员进行的护理活动，以保证生活不能完全自理的人能获得最大可能的独立、自主、参与、个人满足及人格尊严，维持最佳的生活品质。美国国家卫生统计中心（NCHS）在其2013年的长期照护服务调查报告中对长期照护进行了概括：为因慢性疾病、伤病、身体残疾、认知或精神残疾而自我保健能力有限的人提供的包括健康管理、个人护理和支持服务在内的一系列服务。而我国目前对于长期照护体系的研究仍处于初级阶段，对长期护理与养老服务在政策上并没有详细区分，经常将养老和长期照护混为一谈，概念的混淆导致了政策和服务内容有时出现偏离。建议郑州市进一步厘清长期照护对象群体，明确长期护理在服务人群、护理需求、发展模式等多个方面与养老服务的异同，使养老服务机构在发展针对失能半失能和高龄老人的长期护理服务时能够更具有针对性，促进供给服务有效对接需求。

2. 以需求为导向，增强长期照护服务的供给能力

目前，发达国家的长期照护服务体系是一个以需求为导向，社区居家照护为重点，服务模式多样化、服务设施及内容多元化、管理信息化的高效整合系统，与医疗卫生系统紧密结合。在长期照护服务设施规划时应对其服务需求进行科学预测，掌握设施总供给量，同时依据年龄与性别、慢性疾病的类型、日常生活能力、家庭结构、收入水平等因素对不同地区进行差异化配置。在社区居家长期护理服务中，规划以社区层面的服务设施为主，整合各种类型的服务设施，促进资源配置的高效

化；注重与医疗卫生设施规划的协调，保持设施使用的连贯性。在机构发展长期照护体系上，应该增强服务的专业性。目前，发达国家对机构照护相对成熟的做法是将其划分为不同的层次，以针对不同年龄和不同健康情况的老年人。如在英国，老年照护机构可以分为健康老年人居住的老年之家和失能老年人居住的护理之家；日本也根据老年人照护的需要和健康情况的严重程度将机构照护划分为老年人日常照料福利设施（特别护理老人院）、老年人日常照料保健设施（老年人保健设施）和日常照料养老型医疗设施（疗养型病床群）三种类型。

二、加强养老服务资源的统筹规划，促进城乡、区域之间协调发展

针对目前郑州市养老服务机构发展区域之间不协调的现状，应该加强整体规划与设计，在建设养老服务机构时要根据当地老年人口数量进行统筹规划，基于不同区域的人口数量和发展情况进行合理协调，缩小区域间不均衡现象，满足不同区域内老年人对养老照护服务的需求。主要包括：一是在资金来源上，可以通过彩票等公益金的方式支持农村幸福院等机构的建设，同时加大对购买养老服务的补贴，以低廉的价格让农村老年人尤其孤寡老人、病残老人等弱势人群可以接受居家养老服务。二是在服务资源上，可以通过整合闲置资源、引进社会力量的方式，充分利用农村养老照护服务的物力与社会资源。民政部等十一部委在 2016 年出台的《关于支持整合改造闲置社会资源发展养老服务的通知》，对农村养老服务的发展具有十分重要的意义。郑州市可以借鉴一些地方的成果经验，如湖北部分地区将废弃的村小学、村办企业厂房、村两委办公不用的房屋等加以利用，兴办农村社区养老机构和居家养老服务站，由村委会具体运作，采取公办民营、民办公助、民办民营等方式，重点为高龄、空巢和失能的老人提供生活、医疗、护理和文化方面的帮助，推动了农村养老服务业发展。三是在服务人员上，可以采取邻里互助的方式拓展农村养老照护服务的人力资源。可借鉴陕西省榆林市的农村邻里互助养老服务机制，将空巢、独居老人与左邻右舍的志愿者结成服务对子，由后者向前者提供日常生活照料起居服务，防止意外事故发生，同时结合村卫生室、镇医院等医疗资源，多方合作形成了"镇信息员—村信息员—托付人"三级服务体系。

三、加强专业人才队伍建设

1. 加大政策支持力度，形成完善的人才培养体系

第一，加大教育投入力度，鼓励市管高等院校和中职院校开设老年护理、老年学等学科，加大对开设这类专业院校的政策支持力度，从而扩大护理人才的招生源头，形成良好的高校培养体系。同时，加大政策对养老护理等专业的扶持力度，吸引更多的人前来报考。可以参考师范生培养方式，通过减免学费或提供高额助学金等方式进行培养，同时要求留在养老行业一定年限等方式鼓励学生报考并从事养老服务工作。如在日本，东京福祉人才中心向相关专业在读学生提供 20 万日元学费和每月 5 万日元生活费的无息贷款，学生毕业后可以分期分批还贷；获得社会福祉士或介护福祉士认定资格，并在东京都内各福利机构连续工作 5 年以上者，可以免除所有贷款。第二，完善护理专业人才的职业培训体系和就业体系。如在人才培养平台方面，上海市拥有 18 家社会工作协会，山东省拥有省级养老服务培训基地 7 处，而郑州市目前在这方面仍有欠缺。因此，一方面，要紧跟市场需求，增加实训课程的比例设置，提高学生实践操作能力；另一方面，要加强护理院校与医疗机构、各类养老机构的合作力度和深度，依托职业院校、市属医院和知名养老机构建设一批养老服务实训基地，开发养老服务专业化实训基地和定向培养单位。第三，完善养老机构现有人员的培训体系。通过政策支持、养老机构鼓励的方式，提高现有工作人员的专业知识背景和专业技能，如加大费用减免力度用以支持现有养老机构人员培训，免收培训、鉴定、食宿等费用。同时对持证人员占比高的养老机构加大支持力度，如上海市实行招用专技人员奖，即养老机构招用康复、社会工作、医护类专业技术人员，按照本市上年度最低工资 40% 乘以专业技术人员的人数标准奖励养老机构，从而鼓励养老机构提高招用标准和提高持证人员比例。

2. 加强养老服务专业人才工资待遇与社会保障机制

完善职业技能等级与养老服务人员薪酬待遇挂钩机制，对在养老机构就业的医生、护士、康复医师、康复治疗师、社会工作者等具有职业或职业资格的专业技术人员，执行与医疗机构、福利机构相同的职业评定和晋升政策。同时完善养老服务人才的社保机制，如可以实行养老机

构为护理人员交相应社会养老保险金，同时政府设立"就业促进资金"等方式，以此改善社会养老工作者的保障机制，从而进一步扩充养老队伍，确保人才"留得住"。

加大宣传力度，改变社会对养老护理服务专业人才的偏见。一是通过新媒体等途径向公众宣传养老护理服务行业杰出人才榜样，起到示范引导作用。二是从根本上提高准入门槛和工资待遇。公众对其偏见大多数是传统观念认为"谁都可以做"和"收入太低"，因此进一步加强从业人员转入资格，同时进行工资指导。三是积极营造全社会爱老、敬老、尊老的优良氛围，培养养老服务从业人员的荣誉感、获得感。

四、加强医养结合发展

1. 加强组织领导，厘清政府各部门职责

首先，郑州市政府应该进一步落实国家关于医养结合服务机构发展的相关政策，明确医养结合服务机构的服务性质、服务对象、人才培养机制、服务范围以及具体的吸引社会力量参与投资的方案等。同时将医养结合服务模式建设纳入区域老龄发展规划、卫生规划，对"医养结合"养老机构实施卫生准入、民政扶持、医保定点等扶持政策，建立统一完善的养老和医疗服务标准，规范医疗护理行为，保障老年人的养老和医疗需求。其次，应该厘清政府功能部门各自的职责，打破"九龙治水"的格局，加强合作联系，打破各系统、各部门之间的"玻璃门"。如物价部门重点管理医养型养老机构服务项目的收费标准，遏制养老机构乱收费现象；卫生部门应简化养老机构内设老年病医院、康复医院、护理院等医疗机构的审批手续等。同时实行"一站式"注册、备案，简便养老机构内设医疗机构程序，实现无缝对接，提高医养结合办理效率，使医养结合工作制度化、规范化。在这方面，青岛市出台了许多引导医养结合发展的具体政策，如规定凡是符合条件办理内设医疗机构许可证的，20个工作日内办结，执业登记许可的办理不超过28个工作日；如果材料不完备或者不符合规定的，5个工作日内一次性告知缺补的材料。

2. 有效整合医养资源，提高医养服务层次

养老服务资源和医疗服务资源的有效整合是促进医养结合发展的重要环节。因此，第一，应该完善医养结合健康养老整体服务体系，根据

老年人口尤其是对老年人群的卫生服务需求和医疗卫生资源分布状况等要素，统筹规划、合理布局、优化资源，对医养结合服务机构进行整体上的合理规划布局与设置。第二，出台具体政策，带动和引领医养资源的有效整合。对于医疗机构，支持闲置床位较多的公办医疗卫生服务机构，发展为老年康复、老年护理接续性的医疗卫生机构；鼓励二级以上综合医疗机构开设老年病科，增设老年医疗护理型床位。对于养老机构，支持大型医疗、养老机构建设医养联合体。倡导养老机构与医疗卫生机构签订协议，结为定点对口服务单位或医养联合体，并在政策上进行鼓励与支持，如参考上海市的"内设医疗机构奖"①。第三，合理利用互联网平台，促进医养资源的有效辐射。利用互联网这个抓手，鼓励医疗机构为养老机构开展远程医疗会诊服务，进行康复指导、治疗指导等，提高医养服务的针对性和便捷性，有助于实现医养服务虚实结合。如郑州五附院通过互联网医院，发挥了三甲医院和其社区卫生服务中心在医养结合发展中的重要作用，利用一个医院本部和 12 个社区卫生服务中心，向周围 N 个地区进行辐射，形成"1+12+N"的互联网式的医养结合发展模式，把强大的医疗资源进行辐射，大大节约了服务成本、提高了服务效能。

五、增强优惠政策的可操作性，促进政策的有效落地

要细化已有的有关养老服务机构发展的相关政策，增强政策的可操作性，从政策落实方面，破解养老院、社区居家养老等机构面临的一些发展瓶颈，为养老服务机构发展长期护理服务奠定良好的政策基础。

1. 明确融资优惠政策具体细节，拓展融资渠道

将目前已出台的有关促进养老服务机构发展的政策进行细化，减少养老服务机构申请优惠政策的难度，将优惠政策真真正正落到实处。如在银行贷款问题上，一方面，应该因养老机构不同的运营性质而细化、简化优惠门槛，通过政府主动指导、放宽抵押条件，帮助养老机构以有偿取得的土地使用权、设施等固定资产为抵押，不动产登记机关予以办

---

① "内设医疗机构奖"：养老机构内已开设医疗机构，并正常运营的，一次性奖励 5 万元，其中由财政资金建立的医疗机构除外；养老机构内新设卫生所、护理站、医务室，并正常运营的，一次性奖励 10 万元；养老机构内新设医院、护理院的，一次性奖励 50 万元。

理抵押登记手续，缓解养老机构面临的抵押困境；另一方面，鼓励金融机构通过放宽信贷条件、给予利率优惠等方式支持社会力量兴办养老服务机构。将彩票收入等公益基金一部分用于养老事业上，设立专门的养老基金、完善社会捐赠制度等多种举措，进一步完善社区养老的多元化资金供给体系；利用财政贴息、小额贷款、鼓励保险公司通过股权、债权、基金、资产支持计划等形式，为机构养老拓宽业务、开展长期照护等服务提供中长期低成本的资金支持。如青岛市采用了福利基金助力医养机构发展的方式，将其社会福利公益金的50%用于支持养老事业的发展，其中至少30%用于支持民办养老服务事业的发展。

2. 落实养老用地政策，破解用地困境

土地是目前养老机构普遍面临的一个问题，北京市和君健康养老事业部调研显示，北京市中高端养老机构租赁项目租赁成本占总成本42%以上，且大部分养老机构均面临着用地难、用地贵问题①。解决养老服务机构的用地问题时，首先，应该将国家规定的"养老用地纳入土地利用总体规划、城乡建设规划和年度用地计划"的政策落实下来，对养老服务用地有整体的统筹与规划，如养老服务设施用地符合《划拨用地目录》的，可依法采取划拨的方式供地。其次，进一步细化有关扩宽土地的适用范围的相关政策，如机构可以依法使用农民集体建设用地的相关细则；社会资本对闲置的厂房、学校、医院等机构进行依法改造细则等。此外，加强政策对养老机构土地使用的优惠政策，缓解养老机构面临的高价租金问题，如青岛市对于个人或企业对闲置的学校、厂房等改造为养老服务机构，连续运营1年以上，5年内免赠土地租金差价，可暂不变更土地使用权人、使用性质。

---

① 搜狐网. 养老用地政策频发，用地问题迎破解之道 [EB/OL]. https://www.sohu.com/a/329061938_715936.

第 六 章

郑州市农村长期护理服务体系建设研究

长期护理服务是由非专业护理人员（家庭、朋友或邻居）和／或专业护理人员（医疗专业人士）进行的照护系统，以保证生活不能完全自理的人能继续享有较高的生活质量，按照其个人意愿，尽可能获得最大限度的独立、自主、参与、个人满足及人格尊严（WHO，2000）。人口老龄化是贯穿我国 21 世纪的基本国情，发展老龄事业任重道远。在中国大多数地区，尤其是农村地区，尚未建立通过家庭和基于家庭的社区提供的正规的长期照护服务和支持体系，当前政府尚未制定关于长期照护服务的发展目标和行动计划。郑州农村的长期护理问题主要集中在老年群体部分，在郑州发展长期护理服务业过程中，应当优先发展居家长期护理服务，并逐渐全面放开长期护理服务市场，撬动社会资本参与。同时，还迫切需要理性促进医疗卫生与长期护理服务相结合，建立独立的长期护理保险制度和长期护理服务体系。

我国有 4000 万生活不能完全自理的失能、失智老人，他们中的绝大部分由配偶、子女或亲戚照料，还有一些选择长期住院，对医疗资源和家庭都造成了较大压力。2016 年，全国启动长期护理保险制度试点，率先推行这一制度的青岛，探索出了医养结合、政企合作的方法，对于重度失能老人开展专护、院护、家护和巡护，对重度失智老人开展长期、日间和短期照护，减轻其家庭的负担。根据各试点城市发布的长期护理险实行办法来看，目前仅有 6 个城市和地区，即上海、青岛、南通、苏州、石河子、北京市石景山区将农村居民划入长期护理险的保障范围。在国家经济、社会高速发展的大背景下，国家应将改革发展的果实"普惠"给人民，且农村失能、失智、空巢老人更应是我国长期护理服务关注的重点对象。

农村长期护理服务体系建设关系重大，但目前在政策实施与服务供给方面仍然落后于城镇地区。农村人口老龄化无论是人口规模还是老龄化程度都高于城市地区，而且可以利用的长期护理资源远远低于城市，这使农村养老问题或者是长期护理问题已经成为我国社会化养老的重点和难点所在。那么，应该如何构建适用于农村的社会化长期护理服务体系呢？我国的农村养老体系并不完善，虽然有新型农村养老保险制度，但这并不能有效防范农村老年人的养老风险，且有相当部分的农村老年人负担不起合理的医疗服务。新型农村合作医疗保险制度仅报销由于住院而产生的灾难性卫生支出，而初级保健和预防服务不在报销范围之内，然而初级保健和预防服务对于农村老年人失能预防意义重大。新型农村合作医疗保险制度虽然覆盖面在不断扩展，但是保障程度不高。农村失能、半失能老人的护理服务体系也还很不完备。失能老人的长期照料在国际上也是难题，大部分国家（包括发达的 OECD 国家），也没有建立起完备的筹资或照顾体系。

2018 年，郑州市实现了三个突破：GDP 总量突破一万亿元，人均国民生产总值突破十万元，常住人口突破千万人。郑州市在国家中心城市的建设过程中，应当探索建设适合郑州市情况和郑州市财政负担能力的农村长期护理服务体系。郑州市农村地区失能老人照料是谁的责任，长期护理服务如何筹资，护理服务人员从哪里来，护理服务质量如何监管，这些都是郑州市农村长期护理服务体系建设中出现的核心问题。本章主要从郑州市农村建立长期护理服务体系的背景、存在的问题以及采取的措施、未来的应对策略展开讨论，以期能够对郑州市农村长期护理服务体系的建设有所启发。

第一节　农村长期护理服务体系建设的背景

中国老龄化呈现城乡倒置的情况。在中国，60 岁及以上老年人多数生活在农村地区而不是城市。人口的城乡流动造成了农村地区人口迅速老龄化，预计到 2030 年，中国农村和城市地区 60 岁及以上人口的比例将分别达到 21.8% 和 14.8%（Cai & Wang，2005）。

中国保险行业协会发布的《2018—2019 中国长期护理调研报告》显示，以 Barthel 指数来衡量，调查地区有 4.8% 老年人处于 ADL 重度失能，7% 处于中度失能状态，总失能率为 11.8%。老年人失能状态随着年龄增长可分为三个阶段：65 岁以前，基本独立阶段；65~79 岁，失能问题出现阶段；80 岁及以上，失能问题加剧阶段。65 岁是老年人面临失能风险的重要转折点。中国作为步入老龄化社会的国家，势必会面临更多老年长期照护的问题。随着人均寿命的增长，老年人的失能年限必定增加，老年长期照护服务的需求会越来越大。在大部分情况下，导致出现严重失能的不是疾病或意外等突发事件，而是随着年龄增长的身体机能和认知能力的退化。在失能老人中，没有子女、独自居住、处于"空巢"状态的概率都显著高于样本整体水平。同样的人口趋势，由于近年来城市化进程的加快，越来越多的农村青壮年劳动力涌入城市就业，造成家庭内部照护者人数减少的情况，农村地区的独居"空巢"老人越来越多。照护服务的价格也随需求增多、供给不足的状况而持续增高。我们必须正视长期护理服务体系建设的问题。有研究表明，随着年龄的增长，对长期护理服务的需求也在增加。每增加十岁，失能率增长一倍。目前，郑州市农村虽然已建立养老保险、医疗保险、社会救助等一系列福利保障制度，但各政策之间仍有空白，且补偿水平较低，难以满足农村居民日益增长的卫生服务需求。长护险和新型农村合作医疗保险、新型农村社会养老保险从保障人群、目的、补偿方式等方面均存在差异，总的来说，长期护理险侧重于老年人的生活照料和基本医疗照顾两方面。同时，由于亲情模式、家庭结构的变化、慢性病患病率的提高以及其他福利制度滞后的补充，郑州市农村老年人的养老、生活情况显得更为严峻，建立郑州市农村长期护理服务体系势在必行。

一、农村养老服务发展历程

老龄化是一个国家或地区的总人口中老年人口比重上升、人口结构老化的过程。在中国，出生时平均期望寿命已经从 1950 年的 44.6 岁上升到 2015 年的 75.3 岁，而在 2050 年将有望达到约 80 岁（UN

DESA，2013a）。国际上，当一个国家 60 岁及以上的人口比重占到 10%，或 65 岁以上人口比重占到 7% 时，我们就认为这个国家进入了老龄化社会。从 1949 年以来，农村养老服务体系经历了社会转型期、萌芽期、曲折发展期、深化改革期四个阶段。在家庭联产承包责任制、农村税费改革、养老服务需求扩大等事件的触发下，农村养老服务供给沿着"供给主体—对象群体—服务类型—服务内容—供给机制"的逻辑主线演进[①]。 1949~1977 年，老人照顾问题被视为家庭的内部事务，普通农村老人的照顾问题在家庭内部加以解决。只有"三无"老人（无依无靠、无劳动能力、无经济来源）才涉及养老服务供给问题。养老服务的相关内容隐含在农村集体福利事业当中。通过《1956—1967 年全国农业发展纲要》规定内容，中共八届六次全会通过的《关于人民公社若干问题的决议》等都能反映出在当时阶段国家除了宏观引导之外，并未直接承担农村养老服务的责任。这在当时的社会环境和中国当时的基本国情之下是理所当然的。1978 年改革开放之后，养老服务体系经历了第一次转变，由于资金调整不平衡的问题，出现了艰难维持的情况。20 世纪 80 年代中期开始，我国进行社会福利社会化改革，即社会福利事业逐步从国家包办转向社会化。社会福利社会化导向使养老服务供给在政府责任欠缺的情况下，产生了社会化的萌芽，个人、社会和市场的力量开始介入农村敬老院的建设。21 世纪初，"三农"问题形势严峻，农村养老服务因依附于五保供养而遭到连带影响。2006 年，对《农村五保供养工作条例》修订，农村养老服务迎来第二次重大转变。这一制度明显表明国家开始承担养老服务财政责任。农村养老服务也从农村集体福利事业转变为国家福利制度。在"十二五"和"十三五"时期，我国人口老龄化形势进一步加剧，从 2011 年的 13.7% 增长到 2015 年的 16.1%，再到 2018 年的 17.9%[②]，持续剧烈的人口迁徙流动，使农村青壮年劳动力向城市转移，农村空心化形势严重。目前，中国人口已经进入老年型。性别间的死亡差异使女性老年人成

---

① 黄俊辉. 农村养老服务供给变迁：70 年回顾与展望［J］. 中国农业大学学报（社会科学版），2019，36（5）：100–110.

② 2018 年老年抚养比创新高，鼓励生育等措施需尽快出台［EB/OL］. http：//economy. caijing.com.cn/20190322/4572362.shtml.

为老年人口中的绝大多数。预计到 2040 年，我国 65 岁及以上老年人口占总人口的比例将超过 20%。同时，老年人口高龄化趋势日益明显：80 岁及以上高龄老人正以每年 5% 的速度增加，到 2040 年将增加到 7400 多万人[①]。人口老龄化是社会发展的必然趋势，而这种趋势将会使农村养老服务供给再次面临危机。中国没有一个完整的老年长期照护制度，农村老年人的照护问题没有制度性的应对方案。

二、人口老龄化背景下农村养老服务面临的挑战

农村目前的照护服务更多的是面向农村低收入老年人的社会救助制度，由政府发放救助性养老金，对于无人赡养的农村"五保户"，政府投资建设养老服务机构，集中收住农村老年人，提供养老服务和基本的食宿。

1949~2020 年，中国农村养老服务体系历经了 71 年的建构、发展、完善与创新，在不同的历史发展阶段呈现出明显的时代特征。不论在哪个历史发展阶段，农村养老服务的供给都是符合时代特征的，并与当时的政治、经济、文化、社会结构等有着不可分割的关系。在历史发展的过程中，中国农村养老服务体系的建设从中华人民共和国成立到现在一直都是在探索中前进，在创新与完善中进步。发展至今，中国农村养老服务的体系模式与国内纵向的历史进程对比来说已经有较大进步，但相对于国外经济实力强大，福利制度全面的先进国家来说仍有一定的差距。此外，当下的农村养老服务体系正面临着一个巨大的挑战——人口老龄化。面对来势汹汹的人口老龄化问题，国家及时做出调整与安排，相继出台各种政策措施解决老龄化带来的挑战和问题。《"十三五"国家老龄事业发展和养老体系建设规划》中提出，"到 2020 年，老龄事业发展整体水平明显提升，养老体系更加健全完善，及时应对、科学应对、综合应对人口老龄化的社会基础更加牢固"。党的十八大和十八届三中、四中、五中全会以及"十三五"规划纲要、党的十九大都对应对人口老龄化、加快建设社会养老服务体系、发展养老服务产业等提出明确要求，党的十九大报告明确指出

---

① 国家统计局网站，http://data.stats.gov.cn/easyquery.htm? cn=C01&zb=A0301&sj=2018.

要"积极应对人口老龄化，构建养老、孝老、敬老政策体系和社会环境，推进医养结合，加快老龄事业和产业发展"。

国家明确提出构建居家为基础、社区为依托、机构为补充、医养相结合的新型养老服务体系，进而满足老年人日益增长的养老服务需求。怎样使国家政策与实际问题有效地结合，成为政府、学界和公众关注的焦点。目前，学界针对这一问题所持有的观点和提出的建议主要集中在三个方面：提倡农村养老模式的多元化、多层次发展；扩大社会保险覆盖面，加大社会保险保障力度，加强保障质量，强调政府责任分担；主张家庭养老为核心，其他养老模式为补充。第一种观点主要认为由于城乡二元结构的影响，农村人口结构的变化、政府财政投入的不均衡等使我国农村的家庭养老、社区养老、机构养老等多种养老模式面临不同程度的困境与挑战。如王维、刘燕丽（2020）认为，我国农村养老服务体系呈现出明显的"断裂"特征，应结合不同地域的政治、经济、文化条件和老人个体化需求差异，推动家庭、社区、机构和社会养老保险等不同养老模式有机融合，取长补短，同时有效整合农村医疗资源，建构一个多主体、多层次、多阶段的综合型养老服务体系，是我国农村养老危机的主要出路[①]。齐鹏（2019）提出，深化农村养老体制机制改革及创新，激发各方活力和动力，推动我国养老服务发展重心向农村转移，加大资金投入及基础设施建设，创新性拓展及引导更多养老资源进农村，构建多元化以及多层次的农村养老服务体系[②]。杜鹏、王永梅（2019）的观点与齐鹏的观点相似，他们认为在严峻的农村养老危机面前，国家应当有效地整合农村地区各方面养老服务资源，引入"网格化"服务和管理思路[③]。郑文换（2016）提出建立以基层社区组织为依托的农村养老服务体系来解决农村巨大的养老需求[④]。王蓓（2020）主张老龄化问题的解决需要在家庭养老的同时结合社会养老方式，解放农村养老压力，释放农村

① 王维，刘燕丽.农村养老服务体系的整合与构建［J］.华南农业大学学报（社会科学版），2020（1）.

② 齐鹏.论农村养老服务体系的完善［J］.西北人口，2019，40（6）：114–124.

③ 杜鹏，王永梅.乡村振兴战略背景下农村养老服务体系建设的机遇、挑战及应对［J］.河北学刊，2019，39（4）：172–178，184.

④ 郑文换.构建以基层社区组织为依托的农村养老服务体系——从制度整合和社会整合的角度［J］.人口与发展，2016，22（2）：108–112.

消费能力，刺激我国经济增长，从而推动我国经济取得进一步的发展[①]。第二种观点认为农村社会的养老保障质量问题是影响养老服务体系发展的重要因素。通过使农村养老服务体系现状与农村养老金和社会保障问题相结合，探究出一条适合当下农村社会保障的有效路径。部分学者对此观点是支持的态度，如翟青岩、朱光明（2018）在新型农村养老服务体系构建原则中提到将我国农村保障与农村管理相同步，强调"制度保障""资金保障""权益保障"三者有效结合为乡村管理奠定稳定基础[②]。杨秀凌等（2014）认为政府在农村养老服务体系建设中扮演着重要角色，担负着主要责任。政府要明确角色、落实责任、发挥主导作用[③]。第三种观点主要认为目前农村人口迁移与流动等问题对家庭养老的冲击只是结构性的而非功能性的，并未动摇家庭养老的主体角色与核心功能，农民养老主要依靠的依然是以两性和血亲关系为基础的家庭。郭德奎（2012）认为，家庭养老一直是农村养老的第一选择，这种养老模式具有自身的优势，符合我国经济分配、社会心理、道德风俗的要求，有其存在的客观必然性和合理性。面对家庭养老模式受到的巨大冲击，应从建立和完善农村社会养老保障体系和农村合作医疗制度等方面着手努力[④]。

　　综上所述，学界关于中国农村养老服务的研究主要围绕站在不同的角度来分析农村养老服务体系面临困境与挑战，指出解决这一问题的方法与建议。但这三种观点多集中突出家庭、社区、政府、机构等领域所存在的不足以及如何提高或完善这些领域的建议。这些观点忽略了农村养老服务当中的"核心人物"自身所存在的养老观念的问题。我国老年照料对成年子女的工作时间有着显著的负向影响，对成年子女的就业概率也有着显著的负向影响。农村老年人维持基本的生活水平花费并不多，但是失能失智情况下的生活照料和基础护理的需求是比较大的。目

---

① 王蓓．农村人口老龄化背景下农村社会养老发展路径研究［J］．农业经济，2020（1）：87-88.

② 翟清岩，朱光明．新型城镇化背景下农村养老服务体系构建［J］．邢台学院学报，2018，33（2）：23-26.

③ 杨秀凌，黄可，康佳宁．农村养老服务体系建设中的政府责任［J］．经济与社会发展，2014，12（4）：74-77.

④ 郭德奎．浅谈农村家庭养老模式的完善与重构［J］．中共太原市委党校学报，2012（1）：47-49.

前，农村养老服务模式的分割、养老机构不能完全满足需要、社区居家养老效能显现不足、护理服务市场化程度低、护理服务人员素质不高、农村长期护理服务供给整体绩效较差。要想找到一条契合当今时代特征的有效路径，除了要考虑家庭功能结构的削弱、社区机构的不足、政府责任的缺位等问题，还要积极发挥老年人自身的主体能动性，培养积极的养老观念。农村老年人的家庭养老意愿较强，发展农村长期护理服务体系必须认真考虑老年人的实际需求和个人意愿。即便农村老年人有社会养老服务意愿，如果缺乏支付能力，老年人依然得不到家庭以外有偿的社会服务。

随着老龄化的加剧，农村作为我国经济发展的薄弱地区，理应在社会保障制度上给予失能半失能老人更多的关注。长期护理服务能从生活照料和医疗护理上保障农村老年人的晚年生活质量，化解农村老年人因失能而带来的社会风险。

第二节　农村长期护理服务体系建设存在的困境

郑州市农村长期护理服务体系建设过程中，遵循福利多元主义的思路，强调政府、社会、市场、家庭等多方主体在农村长期护理服务提供中的作用。当下我国处在转型社会中，传统的家庭养老功能弱化，护理服务社会化是未来的发展趋势。机构护理成本较高，只能解决部分老年人的护理需要。对于农村高龄老人和失能老人来说，社区护理服务和居家护理服务更符合现实，尤其是居家护理，成本较低，符合中国孝道文化和老人的起居习惯，是对传统家庭护理模式的补充。社区居家护理模式集中了传统家庭养老和机构养老的优点，代表了我国老年护理未来的发展方向。郑州市农村长期护理服务体系建设过程中面临着如下困境：

一、农村老龄化水平高、失能老年人数量大

2017 年，国务院印发的《国家人口发展规划（2016—2030 年）》显示，2015 年我国农村失能老年人已高达 828.9 万人，且农村老年人的健康状况远不及城市老年人。根据《河南统计年鉴（2019）》的数据显示，河南省总人口为 10906 万人，城镇人口为 5639 万人，农村人口为 5267

万人。郑州市常住人口为 1014 万人，城镇人口为 744 万人，农村人口为 270 万人。河南省 65 岁以上人口数为 1019 万人，占常住人口比重为 10.6%。郑州市 65 岁及以上人口为 112 万人，占郑州市常住人口的比重为 11.1%。郑州市是河南省重要的人口流入城市，但是老龄化程度高于河南省老龄化程度。

郑州市老年人口尤其是农村人口老龄化程度不断加深，进入未富先老的人口结构状况下，政府对日益庞大的农村老年人口的支持能力是有限的，郑州市政府为农村老年人口提供的养老保障水平必然与经济发展水平相一致，相比于河南省其他地市，郑州市政府对农村老年人口的支持力度较大，但仍然不能满足农村失能老年人的护理需求。同时，城乡居民人均可支配收入差距较大，增加了农村居民的相对贫困感。农村存在大量的贫困人口，老年贫困的问题更加突出，他们面临着更严峻的养老压力。

二、农村老年人家庭照顾模式和集体照顾模式在日趋弱化

郑州市家庭养老照顾资源不足，原有的家庭照顾模式在家庭核心化、老人经济地位边缘化的趋势下逐渐减弱。尽管收入水平较低，农村失能老人的医疗支出却较高。失能老人的生活照料主要依靠家人，这不仅在体能上给家庭成员造成了较大的负担，同时也挤占了家庭成员获得收入的机会，减少了家庭收入。失能老人及其家庭陷入贫困的可能性增大。

在家庭照顾功能日趋弱化的情况下，社会支持也日趋匮乏，适合老年人照料的社会资源不足。土地养老保障功能下降，国家和集体分担中的"养老责任缺位"。集体经济时代农村养老保障由政府和集体保障，但不具备持续性且保障水平较低。在实行家庭联产承包责任制之后，政府和集体的养老责任逐渐消失。农村养老保障问题的成因，从表面上看是支持资源不足的问题，本质上是社会结构和经济结构变化带来的问题。在对农村老人，尤其是对农村失能老人的长期照护服务上，农村社区没有发挥集体的凝聚和支持作用。

三、农村人口流动现状加剧了老年人长期护理困境

家庭结构与居住安排对于老年人的身心健康有重要影响。对失能老

人来说，家庭结构决定了失能老人是否能得到及时和充分的照料。农村老人如没有传统的家庭体系来提供必要的经济支持和家庭服务，就成为长期护理服务领域需要重点关注的对象。由于城镇化进程的加速和农业机械化的普及，农村大批青壮年劳动力流入城市务工经商，出现大批农村留守老人。在降低城市老龄化程度的同时，也加深了农村老龄化程度。我国2003年实施普惠性的新型农村基本养老保险制度，保障水平比较低，农村长期护理服务依然以家庭提供为主。农村的快速老龄化，使农村家庭养老负担日益加重。农村老年人养老服务需求的专业化、常态化、多样化使家庭无力供给。农村家庭结构核心化、女性职业化也使家庭长期护理供给减少。农村长期护理服务体系缺乏相关的法律法规保障，长期护理服务，目前主要依靠家庭养老，制定合理的家庭支持计划有利于农村失能老年人的护理。

四、农村居家养老服务模式功能弱化

随着社会经济的快速发展，思想理念的不断变化，目前所出现的养老服务模式已经有多种形式，加上农村人口结构的变迁与流动以及老龄化严峻等问题无疑给居家养老服务模式带来巨大的冲击。伴随着农村经济的滞后性，由此衍生出的空心村与老龄化问题愈发严峻。在这种背景之下，农村养老负担加重、空巢老人攀升、现有居家养老模式乏力、养老水平差异较大，并且养老金紧缺等成为当前农村养老服务水平较低的困境。 相对于新型养老服务体系，居家养老存在以下劣势：一是家庭经济保障功能较弱；由于城乡二元结构以及政策倾斜等因素的影响，中国农村经济发展一直处于弱势地位，农民的收入水平很低，而居家养老的经济供给能力取决于家庭的收入水平，此外农村家庭大多在资源分配方面倾向于子代，大部分资源被留给下一代，留给老人养老用的资源并不充足，有些老人甚至出现了有儿有女却处在贫困、病无所医的境地。二是基本的生活照料得不到满足；在中国的大多数农村，没有大型工商业为本村居民提供工作机会、增加经济来源。当地居民大都以农业、养殖业、种植业为主，而这些产业的收入与外出务工人员的经济收入相比差距明显。也正是这种收入差异使农村的年轻人走上了外出打工的道路。生活照料的局限成为农村家庭养老的突出劣势。三是居家养老没有

强制性的准则要求，养老质量基本取决于子女道德；在农村家庭养老中很大程度上也会受婆媳关系的影响。这种种现象都表明现在居家养老的能力逐渐走向弱化。

五、农村养老服务设施系统低效率运行

农村社区综合服务设施作为农村社区服务的依托和载体，在农村社区服务体系建设中至关重要。但是在农村养老服务的现实当中服务设施的利用率并不高。在农村，政府主导的公办养老机构很少，且基础设施陈旧，大多数养老服务机构使用的还是老式建筑格局，室内没有卫生间、没有洗浴设备，缺乏体育文化活动器材。郑州市农村公办养老服务机构的资金来源主要是财政拨款，资金供给明显不足。近年来，由农村青壮年劳动力流出导致的农村老年人"留守""空巢"问题，使农村养老变得异常棘手。面对渐渐"老"去的农村，国家和政府要承担起更多责任。

六、农村养老服务队伍人才紧缺

随着社会的发展，我国步入老龄化的速度愈来愈快，在居家养老、社区养老、机构养老等多种服务领域，老年人对养老服务的多样化、多层次的需求不断增长，就目前的情况来看，农村养老服务需要大量养老服务专业人才提供专业化的服务。但是目前郑州市农村养老服务人才队伍总体上呈现数量少、专业水平低下，人才供给不足以及人才结构不合理等问题。就郑州市目前的情况来看，养老服务行业的吸引力差、专业"门槛"低，存在大量低端或外行人员从业，从而扭曲了养老服务业的公众认识，进而导致养老服务行业进入"缺乏专业人才—降低门槛—公众认识下降—人才供不应求"的循环。对于经济条件、生活环境等相对落后的农村地区，对人才的吸引力更加低。这对于原本养老服务体系就不完善的农村来说无疑是一项更大的挑战。此外，农村养老服务除了缺乏专业养老服务人才外，养老服务人员也严重不足；如在农村的社区养老、机构养老中的服务人员往往一个人身兼数职，除了参与管理外还要参与执行活动，这在一定程度上使农村养老服务不断地在"将就管理模式"下越来越落后。

第三节 政府针对农村长期护理服务体系建设采取的措施及存在的问题

失能使老人对家庭的依赖性提高，农村老年人照护风险可能会从个人风险扩展为家庭风险，乃至社会风险，要通过社会共担互济来化解失能的影响，使家庭、社区、社会之间的联系强化。长期护理服务的运行模式一般包括居家护理、机构护理、市场运作护理、集中居住护理、社区护理等。老年人的自理能力直接决定着对长期护理服务的需求，家庭支持、健康状况、主观意愿、收入水平是影响农村老年人获得长期护理服务的要素。郑州市政府针对农村地区养老服务、长期护理服务采取了一系列行之有效的措施，由于措施的时效性和财政能力的有限度，农村长期护理服务体系建设有所改善，但仍然存在改进的空间。

一、政府整合农村现有养老资源

郑州市民政部门支持村民委员会充分利用农家大院、闲置校舍等社会资源，建设农村幸福院等自助式、互助式养老服务设施，重点为留守、孤寡、失能、计生特扶等困难老年人提供便捷可及的养老服务。开展星级评定，加强基础设施建设和消防设施改造，不断推进农村养老服务设施标准化、规范化建设，创建一批设施齐备、管理规范、环境整洁、服务优质的农村养老服务设施。郑州市结合实际制定出台了一些加快推进养老服务业发展的政策，但仍然存在养老服务标准体系不完善、落地难等问题。

2019年底，郑州市全市农村敬老院共有64家，收住老人2736人。从郑州市整体情况来看，部分养老机构条件较差，设施设备陈旧，管理不规范，服务水平较低，医养结合型、养护型、临终关怀型等养老机构数量少，专门服务于失能半失能老年人的护理型床位占比较低。

二、发挥基层组织作用

2018年，郑州市民政部门建设补贴自建房屋每张床位从3000元提高到9000元，改扩建补贴从2000元提高到6000元，养老机构收住失能、半失能老年人的床位运营补贴从每月 200 元提高到 300 元。同时采用以奖代补的形式，支持郑州市建立日间照料中心等养老、助老机构。郑州市民政部门依托农村基层党组织开展基层养老助老联络人登记制度，建立应急处置机制，加强对农村空巢、留守、失能、计生特扶老人的关爱帮扶，提供必要的生活照料、紧急救援等服务。发挥农村基层老年协会作用，组织老年人开展文化娱乐、学习教育、体育健身等活动。引导低龄老人、健康老人对空巢、留守、失能、计生特扶老人开展"一对一"帮扶活动，实现老年人自我管理、自我服务。倡导社会工作者、社区工作者、志愿服务者加强对农村老人的关爱保护和心理疏导、咨询等服务。有条件的村可建立稳定的筹资渠道，保障其养老服务设施的正常运营。

郑州市农村养老护理机构的照护缺乏统一标准，长期护理服务供给量较小，市场缺乏有效监督，护理机构管理办法、质量评价体系、服务规范等都不健全。需要由政府指定的第三方机构开展定期日常巡查，评估服务质量，促进养老护理服务品质的提升，推动护理服务行业的规范化。

三、建立城乡对口帮扶机制

支持城市与农村养老机构建立长期稳定的对口支援合作机制，采取人员培训、技术指导、设备支援等方式，提升农村养老服务能力。

郑州市有行政村卫生室 2600 余所，服务全市 263 万农村居民，平均每个村卫生室服务人口约 1000 人。基层人才瓶颈亟待破解。基层医疗卫生人才队伍结构不合理、人员不稳定、队伍老化、学历偏低，具有相应学历、特色专长的医生和专业骨干不足。农村地区医疗机构从业人员在编制、待遇、社保、职称晋升等方面并未享受更多优惠措施和倾斜政策。

四、推动居家护理服务体系建设

目前，开展试点的多个城市的长期护理保险涵盖专护、院护两种护理形式，其中尤以依托养老院的院护形式为主，无居家护理形式。郑州市农村地区的家庭养老仍然是主要的养老形式，更多的失能人员在家由亲属照顾或者雇请保姆照顾。因为农村地区公办养老机构床位紧张，仅能解决少部分失能人员的照护问题，并且中国农村地区老人传统观念较重，大多愿意在家庭或者社区养老。

郑州市以开展居家和社区养老服务改革试点城市为契机，大力推进养老照料设施建设，目前郑州市政府建立了普惠的高龄老人津贴制度，2019 年 12 月底，市民政局共计为 76715 名高龄老人发放高龄津贴 9588.07 万元。其中，80~89 岁老人 68821 人，90~99 岁老人 7804 人，100 岁及以上老人 90 人。郑州市政府应当落实政策，认真做好农村地区高龄津贴发放工作，助力农村居家养老措施的推进。

第四节　农村长期护理服务体系建设未来的着力点

针对农村长期护理服务体系存在的困境，需要从政策支持、政府投入、社区治理、服务支付等方面提出具体建议，旨在加强农村地区长期护理服务制度建设的进程。

一、整合完善多种长期护理服务模式

目前，农村养老模式按提供服务者来分主要包括五种：亲情模式、市场模式、友情模式、志愿者模式、福利模式。将老年人居住环境考虑进五种照料模式中可将长期护理险服务模式分为：居家养老、社区互助养老、营利组织机构养老、非营利组织的医疗援助。构建多样化的长期护理服务模式，形成居家养老—社区养老—机构养老的长效互动机制。

郑州市可以借助实施乡村振兴战略的契机，从以下几个方面来实现各种农村养老服务模式的优势互补。一是政府充分发挥农村长期护理服务体系中的职能，当地政府应精准施策，因地制宜，为多样化、多层次的长期护理服务体系构建出谋划策。同时政府应推动农村养老福利机构建设，如养老院、福利院以及福利中心等。二是建立多样化的长期护理服务体系，应当整合家庭、政府、机构、社区、市场的长期护理资源，完善多样化的长期护理服务体系。应当从当地的实际情况出发，建立以家庭养老为主体，全社会树立敬老养老的道德风尚。

二、发挥郑州市人才虹吸效应，建设农村护理服务人才队伍

目前，郑州市管理机构和养老机构缺乏护理人员，应加强养老服务专业队伍建设。护理人员薪酬待遇低、学历层次低，很多护理人员没有经过专业的培训和学习，大部分养老护理员集中在 45~55 岁年龄段。国际上失能老人照护比是 1 ：3，但是郑州市养老机构照护比远低于此标准。随着老龄化程度的加剧，护理员短缺问题还会进一步恶化。应引导、培育、扶持社会力量积极主动投身农村长期护理服务业，形成政府、市场、社会、家庭和老年人共同参与、各尽其能的发展格局。

郑州市作为河南省省会，米字形交通枢纽的中心，有着得天独厚的人力资源优势。一是以高校专业师生为指导，建立一支专业化农村社区服务队伍，这样不仅能使高校专业老师和学生在实践中得到锻炼，将理论与实践很好地结合，同时增强基层农村社区服务人员的社区服务理论水平和实务技巧，为当地创建一支本土化的社区服务队伍。二是在当地开发专业岗位，培养出适合当地长期护理模式的专业人才。三是应提高薪资待遇，畅通上升渠道，鼓励被培育出的护理人才积极从事农村长期护理服务行业，探索构建社会工作、心理学、护理学、老年学等相关专业人才整合机制，不断地吸引这些人才并将其纳入农村长期护理人才培养与管理体系。

政府应当加强长期护理人员队伍建设。一方面，稳定长期护理人才队伍，政府财政安排长期护理服务体系项目经费时，应适度提高长期护理服务人员的补贴，提高老年护理人员的收入；另一方面，应适应"智慧养老"的趋势，以普及新型护理服务工具等手段提高长期护理服务行业的劳动生产率，改善长期护理服务者的工作环境，提高长期护理服务质量。重视长期护理专业人才的培养，提高专业化、职业化程度，加大政策扶持力度。

三、加强对于居家护理的支持力度

整合家庭内部现有照护资源，让农村失能老年人在自己家中得到照料。"就地养老"是尽可能地帮助人们长时间留在家中，有效利用社区和社会资源来达到就地养老的目的。张明锁提出"类家庭式"的照护服务，也是希望使农村失能老年人的护理服务能够更接近老年人的生活环

境，让失能老年人得到更多的精神支持和心理慰藉。

郑州市农村地区确立了建立以居家为基础、社区为依托、机构为补充、医养相结合的养老服务体系的目标。但在具体的政策上，存在诸多与这一体系不尽契合的设计。比如财政投入重机构建设，对居家养老的资助力度滞后。建议对居家养老给予更大力度的资金及服务支援，一方面可用于解决需护理老年人的护理费用，另一方面可以用于补贴承担护理的家庭成员的社会保障。对于郑州市农村地区失能老人，应当给予护理服务费用补贴。以浙江省宁波市为例，长期护理保险实施后，符合条件的重度失能人员每人每月领取 1200 元的护理费，大大减轻了失能人员及其家庭的经济负担。服务支援可以在家庭成员无法继续进行护理，或者短期无法进行护理时提供替代护理服务。建立一个社会化的支持体系，政府需要从资源投入、城乡规划和长远规划几个领域建立农村长期护理服务体系。加快农村社会化护理体系就显得尤为重要，政府有责任了解农村老年人的长期护理服务需求和需求的变化，明确农村老年护理服务的目标群体，并据此来建设长期护理服务体系。

四、发挥农村集体合作养老的功能

2017 年 10 月 16 日，郑州市政府公布《郑州市关于稳步推进农村集体产权制度改革的实施方案》，积极探索农村集体所有制的有效实现形式，创新农村集体经济运行机制，保障农民集体资产权益，不断增加农民的财产性收入。

按照目标任务，2017 年，郑州市启动农村集体资产产权制度改革，2018~2019 年，全市全面开展农村集体资产清产核资，2018~2021年，在抓好试点的基础上，稳步开展农村集体经营性资产股份合作制改革。预计 2021 年，全市能基本完成农村集体资产产权制度改革，健全农村集体经济组织，扶持一批农村集体经济组织发展壮大。农村集体产权制度改革的主要内容包括全面加强农村集体资产管理、开展农村集体经营性资产产权制度改革及探索农村集体经济有效实现形式。在农村集体经济壮大的基础上，结合"脱贫攻坚"和"乡村振兴"的战略需要，建设农村集体合作养老模式，发挥村集体的经济支持和组织支持功能。

五、发挥农村邻里互助对长期护理的支持作用

中国在缺乏正式护理服务系统的情况下，应当鼓励邻里和亲友提供非正式的长期护理服务。为家庭护理服务提供资金支持是政府的职责，政府也应当积极扶持农民工返乡创业，开办邻里互助型养老机构。以河南省周口市西华县 M 村为例，M 村于 2018 年自发成立了私立小型互助养老院，在外务工的农村青年夫妻利用闲置的农村宅基地建立了家庭式邻里互助养老机构，不但解决了部分农村空闲劳动力的工作问题，也为村庄内部"空巢老人"解决了失能后的护理问题。区别于公办农村养老院，该养老院是一个"类家庭式"的养老机构，规模较小，条件适中，以家庭形式为半失能、失能老人提供养老服务。由于该养老机构的地理位置、内部结构与农村老人的生活环境相同，给老人相对的自由空间，是邻里互助养老机构建设的新模式。

六、"医养护"结合应对农村长期护理难题

郑州市农村地区由于护理服务的营利性较差，存在服务供给不足的问题，应当重视长期护理服务体系中的康复与预防。日本长期护理服务体系的特点之一是重视康复与预防，日本长期护理保险最后形成了以疾病预防体系建设为重点的养老服务体系。与其把大量资金运用在建设长期护理服务机构或者把大量社会资源运用在治疗农村老年人的疾病上，不如把更多资金运用在农村老年人的失能预防上。

郑州市推行的一系列护理服务措施体现了对康复与预防的重视，但具体措施还亟待完善。目前，制约康复发展的主要问题是很多康复训练科目不在医疗保险报销范围内，也没有对应的资金解决渠道，因此需要调整医疗保障政策。农村地区机构与人才建设也必不可少，应帮助农村老年人重视慢性病预防、控制和自我规划，提高老年人及其家庭照护者自我管理和控制慢性疾病的健康素养，尤其针对那些高危人群（农村居民和社会经济水平较低的人群），促进"医养护"的结合。郑州市农村老龄化、高龄化形势日趋紧张，引导农村老年人建立健康的生活习惯和心理状态是减少患病和缓解老年人护理服务压力的有效途径。

针对郑州市农村地区失能人员的长期护理服务建设，应当尊重疾病发展的规律，政府管理部门应统一协调配置医疗与护理资源之间的

衔接，按照"疾病靠医院门诊""照护康复靠长护服务"的思路，实现"预防护理"大于"事后治疗"的效果，减轻医疗保险制度的财政负担，同时提高失能人员的生命和生活质量。政府应当积极研究和制定预防农村老年人失能的措施，依托农村集体社区养老平台，建设和发展预防服务体系，为缓解郑州市长期护理服务压力提供新思路。

第七章

郑州市积分养老的构想和借鉴
——以新乡模式为例

第一节　引言

社区居家养老服务是指老年人住在自己家中或长期生活的社区里，在继续得到家人照顾的同时，以社区为依托，以专业化服务机构为载体，接受由政府、企业、社会组织、家庭、个人等提供的以生活照料、家政服务、医疗保健、康复护理、精神慰藉等为主要内容的社会化服务。"因具有服务对象针对性强、形式多样、保障功能较为全面、参与主体多元化、成本低且效益高等特点，社区居家养老服务将成为养老服务未来发展的一个重要方向。"[①] 1993 年，民政部等 14 部委发布的《关于加快发展社区服务业的意见》提出，要以社区服务中心为依托，逐步建立社区居家养老服务体系。2007 年，《"十一五"社区服务体系发展规划》提出，要加快社区养老服务机构和设施的建设，鼓励社会力量参与养老机构的建设与运营，大力发展社区居家养老服务。2008 年，全国老龄办专门印发了《关于全面推进居家养老服务工作的意见》。2013 年，《国务院关于加快发展养老服务业的若干意见》提出，"激发社会活

---

① 黄少宽. 国外城市社区居家养老服务的特点［J］. 城市问题，2013（8）：83.

力，充分发挥社会力量的主体作用，健全养老服务体系，满足多样化养老服务需求"。2017 年，国务院印发的《"十三五"国家老龄事业发展和养老体系建设规划》再次明确提出，要使"居家为基础、社区为依托、机构为补充、医养相结合的养老服务体系更加健全""夯实居家社区养老服务基础"，为"社会力量参与老龄事业发展和养老体系建设提供更多更好支持"。2017 年，党的十九大报告又提出："积极应对人口老龄化，构建养老、孝老、敬老政策体系和社会环境，推进医养结合，加快老龄事业和产业发展。"2019 年，《国务院办公厅关于推进养老服务发展的意见》指出，"养老服务市场活力尚未充分激发，发展不平衡不充分、有效供给不足、服务质量不高等问题依然存在，人民群众养老服务需求尚未有效满足""持续完善居家为基础、社区为依托、机构为补充、医养相结合的养老服务体系""推动居家、社区和机构养老融合发展"。大力发展社区居家养老服务，是加快社会养老服务体系建设，积极应对人口老龄化的一项长期战略任务。我国社区居家养老服务的发展既需要发挥政府的主导作用，也需要发挥社会力量的主体作用，还需要发挥市场在资源配置中的决定性作用。

目前，我国许多地区开展的社区居家养老服务主要采取项目制方式，通过政府购买，依靠财政性资金投入尤其是地方财政投入发展起来的。面对快速发展的人口老龄化，这种发展模式势必会带来日益沉重的财政负担，尤其是在经济不发达或欠发达地区，地方财政支持往往不足，在此情况下，社区居家养老服务究竟如何发展，仍是摆在政府和社会面前的一道难题。本项研究以河南新乡积分养老模式为例，着重分析在地方经济不发达、财政支持不足的情况下，社会组织和政府如何通过整合社会资源破解社区居家养老服务发展困境，各方参与主体如何互动使社区居家养老服务运转起来，新乡积分养老模式对郑州市社区居家养老服务的发展以及社区居家长期护理服务的启示。

第二节　研究方法介绍

目前，在揭示社区居家养老服务在基层的运转情况以及运转过程中多元参与主体之间的互动状况上，很难借助于大规模的问卷调查进行定量研究，因此选择个案研究方法，深挖和剖析成功个案的逻辑和条件，解答多元主体如何互动进而推动社区居家养老服务发展，据此提出的对策建议更具针对性和操作性。自 2015 年 5 月至 2020 年 7 月，历时五年多时间，课题组围绕积分养老模式的实施状况、存在的问题、主要经验以及各方主体的互动情况等内容进行了长期跟踪调查。在实地研究中，主要采用无结构访谈法和参与式观察法收集一手资料，访谈对象主要包括河南省民政厅原老龄工作处和新乡市原老龄办主管领导；新乡市 12349 居家养老网络服务中心，新乡市 12349 居家养老管理服务中心，新乡市小保姆居家养老护理服务中心，新乡高新区老年大学，新乡市世纪村日间照料中心，新乡高新区居家养老服务中心，新乡市绿地康复服务中心，新乡市 12349 体检中心，新乡市 12349 健康管理中心，新乡市 12349 积分超市等网点的核心管理层、中心主任及副主任、服务人员及其服务对象（老年人）；新乡市第四人民医院医养病房科室护士长、养老护理员、入住的老年人及其家人；中国银行新乡分行相关部门领导、新乡市万德隆超市财务经理等。无结构访谈主要以面对面的个案访谈为主，在访谈之后，要求访谈员进入上述调查点观察基础设施建设情况，并在征得同意的情况下，参与观察工作人员的服务输送过程，以期从不同角度了解新乡积分养老模式的运行状况、各方参与主体的互动情况。此外，对新乡市原老龄办主管领导、新乡市 12349 居家养老管理服务中心负责人及其原总经理等当事人还进行了多次深度电话访谈。在全面、深入调研的基础上，形成了对新乡积分养老模式的具象认识，其成功经验和做法可以作为社区居家养老服务研究的有益借鉴。

第三节　积分养老模式实施的背景及其缘由

2012 年初，新乡市民政局开始采取"公办民营"方式，委托新乡市小保姆床业有限公司负责建设、管理和运营社区居家养老服务。新乡市小保姆床业有限公司的主要职责是建立健全各类居家社区养老服务设施与机构，满足老年人对多样化、个性化、专业化、便利化社区居家养老服务的需求。首先，建立 12349 居家养老网络服务中心。该中心主要负责老年人电子信息入库管理与建档工作，24 小时为老年人提供服务热线及便民资讯预订。其次，成立新乡市 12349 居家养老管理服务中心。该中心的主要职责有：一是负责新乡市 12349 居家养老管理服务中心下属的各个社区居家养老服务网点的管理与运营；二是负责落实政府有关居家养老服务政策，提供无偿、低偿、有偿服务与管理；三是负责对全市居家养老护理人员、社区志愿者等为老服务人员进行岗前培训；四是负责为其他的社区居家养老服务举办者提供指导与帮助，发挥示范作用。最后，建立多种类型的社区居家养老服务网点。新乡市 12349 居家养老管理服务中心建立的社区居家养老服务网点从功能上可分为三类：一是生活照料型网点，指为居家老人提供家政服务及社区日间照料服务的网点，这类网点包括新乡市红旗区宝龙日间照料中心、红旗区世纪村日间照料中心、高新区启明日间照料中心、高新区振兴社区日间照料中心、卫滨区翰林国际日间照料中心、牧野区东郡日间照料中心、新乡市 12349 家政服务中心等。二是文体娱乐型网点，主要是满足社区老年人的精神慰藉需求，这类网点包括新乡市高新区老年大学、新乡市红旗区老年大学、高新区居家养老服务中心和各个社区日间照料中心等。三是康复护理型网点，侧重为老年人提供康复、保健、护理、健康检查与管理等服务，包括新乡市小保姆居家养老护理服务中心、新乡市12349 体检中心、新乡市 12349 绿地康复服务中心、新乡市 12349 健康管理服务中心等。

上述社区居家养老服务设施与机构的建设、管理和运营责任由新乡市 12349 居家养老管理服务中心承担，场地属政府免费提供的社区养老服务用房，政府没有实施购买养老服务的制度，每年虽然也会以"以奖代补"方式发放少量财政补贴，但对于整个社区居家养老服务的运行而言仍是杯水车薪。在此情况下，新乡市 12349 居家养老管理服务中心唯有不断地加大自身的资金投入，这种投入使新乡市 12349 居家养老管理服务中心的资金压力与日俱增，社区居家养老服务运行资金不足问题愈发凸显。现实困境倒逼新乡市 12349 居家养老管理服务中心必须另辟蹊径，积分养老模式正是在此背景下被逐渐探索出来的。正如新乡市原老龄办主管领导所言："如果能像太原、西安、南京、上海、无锡、苏州等城市那样实现政府买单，那将会给老人提供更好的服务，服务更多老人，可是我们目前的条件还达不到，财政还实现不了。所以反过来也激励我们不走'等、靠'路，如果都等政府买单，这个积分养老模式根本出不来。（社区居家养老服务）如何搞？那就是，他（新乡市12349居家养老管理服务中心负责人）创建的积分养老，那是倒逼出来的。"

第四节　积分养老模式实施的状况

2014年5月，新乡市12349居家养老管理服务中心在新乡市老龄办的支持下，开始探索积分养老模式。其核心思想是将相关行业资源整合起来，与新乡市12349居家养老管理服务中心这一社会组织以及政府结成合作同盟，即所谓的"异业联盟"①，共同推动社区居家养老服务事业的发展，以破解社区居家养老服务运行资金不足和服务供给不足等困境，更好满足老年人的社区居家养老服务需求。概括来讲，这一模式主要包括获取积分和消费积分两个方面。

一、获取积分的途径

新乡积分养老模式中积分的类型很多，包括中国人寿积分、义工积分、考勤积分、新乡日报积分、医养联盟积分（第四人民医院、第二人民医院）、存款积分（中国银行）、康复积分、公益积分、好人好事积分、机构养老积分、养老学校积分、爱心传递积分、居家养老积分、社区服务积分、公益活动积分、优秀组织积分、季度考勤积分、话费积分（移动、联通、电信）、存款积分（中信银行）、员工积分、团队积分、家政积分、呼叫中心积分、体检积分、旅游积分、异业联盟积分、保险积分、洗衣积分、理发积分、团队爱心传递积分等33种类型。老年人能够获取积分的方式或途径主要有以下三种。

第一种：共享积分。"可通过下述方式取得：入网送积分、智慧存款送积分、缴费送积分、购保险送积分、娱乐送积分、订阅报纸送积分、上老年大学送积分等多种形式，具体送积分数量根据不同情况分别

---

① "异业联盟"是新乡市12349居家养老管理服务中心主任卢总的一个叫法，意指将金融、通信、医疗、保险、超市、媒体、旅游、家政、百货、电影等不同行业资源整合起来，结成合作同盟，共同推动社区居家养老服务事业的发展。

有较为详细规定。"①

（1）入网积分。新乡市 12349 居家养老管理服务中心与"异业联盟"成员单位共用一个软件系统——"12349 居家养老管理系统"，老年人在新乡市 12349 居家养老管理服务中心下辖的各个社区居家养老服务网点及"异业联盟"成员单位的任一网点均可入网。对于首次入网登记的老人，免费办理新乡市"12349 敬老积分卡"，并送 20 积分。老人入网时，需要在"新乡市居家养老管理系统"界面输入账号和密码方可进入"12349 会员卡信息管理系统"，然后在此界面输入老年人个人及其家庭的相关信息，包括姓名、性别、身份证号、出生日期、年龄、联系方式、住宅电话、民族、会员卡号、家庭住址、听力情况、居住情况、自理能力、现病史、常服药物、老人类别、经济来源、月收入、特长爱好、积分数量等。老年人在各个网点输入的信息可及时传输到"新乡市 12349 居家养老网络服务中心"平台，详细地登记信息，便于当老人寻求服务时，为其提供就近、便捷和富有针对性的服务。

（2）银行存款积分。新乡市 12349 居家养老管理服务中心联合中国银行新乡市分行、中信银行新乡市分行出台存款送积分享居家养老服务政策，这样不仅可以引导老年人远离非法集资，到国家正规金融机构存款，确保一生血汗钱能安全养老，而且可以获取养老积分以及享受由积分兑换的增值服务。55 岁以上老人在中国银行新乡分行、中信银行新乡分行的各网点存款一年期以上者，存款满 10000 元，可以积 300 分，存的钱越多获得的积分越多。子女在上述两家银行存钱，既可以为自己储备养老积分，也可以将积分转到自家老人名下。

（3）缴费积分。新乡市 12349 居家养老管理服务中心下辖的 30 多个社区居家养老服务网点可以帮助老年人代缴水费、电费、煤气费、电话费等，社区居民（包括老年人）到社区居家养老服务网点缴纳水费、电费、煤气费、电话费，可获送积分，缴费 10 元送 1 个积分，既便利居民缴费又可以送积分，进而享受由积分兑换的增值服务。

---

① 国家发改委社会发展司，民政部社会福利和慈善事业促进司，全国老龄办政策研究部.走进养老服务业发展新时代：养老服务业发展典型案例汇编［M］.北京：社会科学文献出版社，2018：208.

（4）通信积分。中国联通新乡市分公司推出了"敬老套餐"，无月租、免费开通悦铃业务，来电显示 6 元，4 元本地联通随意打，拨打新乡市全区联通手机与固话均免费，拨打其他手机、固话 0.1 元 / 分钟，本地直拨国内长途 0.15 元 / 分钟。入网费 20 元（含 20 元自由话费），每月向 60 岁以上老人赠送 5 元敬老补贴话费。儿女在中国移动、中国联通营业厅办理缴话费业务，按照 10 元折算 1 积分的标准赠送，这个积分可以算在子女账上，也可以算在父母账上，属于共享积分。首批已有 43138 名老年人获得了价值相当于 "30 元" 的套餐费用。让老年人随时随地幸福畅聊，外出时不必担心流量问题。老年人凭身份证到 12349 社区居家养老服务网点和移动营业厅登记本人相关信息即可办理。

（5）买保险积分。新乡市 12349 居家养老管理服务中心与中国人寿保险公司新乡分公司合作后，每位老年人每年在中国人寿保险公司新乡分公司购买 1 份老年意外伤害保险仅需缴费 10 元，保险金额为 6000 元，其中意外伤害死亡及残疾保险金额 5000 元，意外伤害医疗保险金额 1000 元（包括门诊和住院），并送 20 积分。投保对象为全市年满 50 周岁以上至 90 周岁的老年人以及入住各类养老机构的老年人（主要指自理、半自理老年人），其他年龄群体不能享受此保险待遇[①]。

（6）学习、订报、看电视积分。老年人可以凭借高新区的社区证明到高新区老年大学免费入学，入学即送 50 个共享积分。老年人在老年大学学习、唱歌、跳舞等，不收学费，去一次（半天时间）可得 5 个积分，义务讲课的老师可得 50 个积分。《咱爸咱妈》是新乡市电视台新闻频道开辟的一栏节目，每周一期，每期新闻频道 18：35 首播，重播 8 次。看新乡市电视台《咱爸咱妈》节目，拨打 12349 参加互动答题一次，送 10 个积分。微信参与《咱爸咱妈》节目互动可以为父母赢得 30 个养老储备积分。另外，在 12349 社区居家养老服务网点订阅《平原晚报》，送 156 个积分，老年人到社区居家养老服务网点阅览报刊半天送

---

① 资料来源于 2014 年新乡市老龄办印发的《新乡市老年人意外伤害保险实施方案》（新乡市老〔2014〕4 号），该方案实施 "敬老意外伤害保险" 政策。

5个积分。

第二种：公益积分。2014年5月，新乡市民政局与新乡市老龄办联合下发的《新乡市"志愿助老服务公益积分制"实施方案》（新乡市民〔2014〕147号）规定，对受聘于社区居家养老服务工作站的志愿助老服务者，每月参加公益活动或志愿服务在20天以上者，给予300分储备公益养老积分。对每周不少于2次开展上门为空巢、孤寡、失能、高龄、特困老人对口帮扶服务的志愿服务者，每月每人给予150分公益养老积分。除此之外，对积极参与新乡市12349居家养老管理服务中心组织的社会公益活动及义工活动者，每次奖励10分。这些活动包括到敬老院照顾老人，到农村和贫困户结对扶贫，创建文明城市时从事维持交通秩序的活动，组织老人看电影，维持秩序等公益活动，均可获取公益积分。

第三种：爱心传递积分。"可通过宣传养老政策、传递爱心来获得。如积极宣传新乡市为老助老优惠政策，并能帮助有需求的老人享受家政服务，入住医养病房或护理中心，主动宣传积极、健康、向上的养老理念，传递积分养老新理念等均可获得爱心传递积分。"[①]

二、消费积分

老年人通过上述途径获取的养老积分可在新乡市12349居家养老管理服务中心下辖的各个社区居家养老服务网点和"异业联盟"成员单位中兑换洗衣、理发、家政服务、康复护理、医疗补贴、日托全托、生日快照、生活用品、远程教育、老年大学、旅游、通信、保险、助餐、商超购物、居家养老等多项服务，1积分可按1元现金使用。

第一，生活照料方面。一是理发服务。理发人员每周用半天时间在各个社区居家养老服务网点轮流给老人提供理发服务，如星期四上午，理发人员在新乡市高新区老年大学这一网点提供理发服务。理发师是由新乡市12349家政服务中心从附近理发店聘请过来的，其报酬由新乡市12349家政服务中心按月给付。为积分养老的老年人理发报价是5元/

---

① 国家发改委社会发展司，民政部社会福利和慈善事业促进司，全国老龄办政策研究部.走进养老服务业发展新时代：养老服务业发展典型案例汇编［M］.北京：社会科学文献出版社，2018：209.

人次，其中可用 2 个积分顶替 2 元，理发师实际得到 3 元 / 人次。老人理发的费用先交给网点负责人，月底由网点负责人与理发师结算。这些理发服务可以满足老年人基本需要，对发型设计要求不高的男性老人消费得多一些。

二是洗衣服务。洗衣服务是新乡市 12349 家政服务中心专门为居家老人提供的一项服务。在新乡市高新区居家养老服务中心有两台大型洗衣机，接收和清洗各个网点的老年人衣物。老年人将待洗的衣物送到距离自己所在社区最近的居家养老服务网点，然后由网点工作人员将衣物运送到高新区居家养老服务中心进行清洗。清洗衣物有固定的价格，如衬衣、短裤、T 恤、牛仔裤、长裤，每件单价 3 元，使用 2.2 个积分，个人自付 0.8 元现金，即 20% 现金 +80% 积分。高新区居家养老服务中心工作人员负责清洗工作，相应网点的工作人员负责将洗好的衣物再运回对应的网点。

三是超市购物。新乡市万德隆超市是"异业联盟"的成员单位，老年人到万德隆超市购物可按比例使用积分，花费 100 元，只需付现金 98.5 元加 1.5 个积分。

四是兑换积分超市里的产品。卢总 2016 年从新乡市政府又争到一处在天鹅城的社区居家养老服务用房，现为新乡市 12349 居家养老管理服务中心下辖的老年人超市——12349 积分超市。超市一楼摆满了各种与普通老年人日常生活有关的产品，二楼陈列的主要是专门为失能半失能老年人提供的产品。超市里所有的产品无须使用现金，均用积分来兑换。有的产品以"爱心传递积分 + 共享积分"的方式兑换，如购买一个带轮助行器需要花费"27 个爱心传递积分 +15 个共享积分"；有的产品以"公益积分 + 共享积分"的方式兑换，如购买一个运动耳机需要花费"324 个公益积分 +36 个共享积分"。

第二，家政服务方面。老年人的家政服务需求可由新乡市 12349 家政服务中心或新乡市新奥燃气有限公司推出的生活服务手机 APP "e 城 e 家"提供，诸如维修电视电脑、打扫卫生、擦玻璃等家政服务的付费方式也是以"现金 + 积分"的方式支付，现金占付费总额的 80%，积分占 20%。

第三，康复护理方面。一是医院缴费。新乡市 12349 居家养老管理服务中心与新乡市第四人民医院合作设立医养病房科室，提供医养结合服务。双方就老年人消费积分达成一致意见：①住院患者消费积分。住院患者在出院结账时，除去医保报销部分，个人支付金额部分可按10%使用积分。②门诊患者消费积分。在门诊进行辅助检查、体检等诊疗项目时，个人支付金额可使用12349敬老积分卡，优惠10%（药品除外）。

二是康复保健。开始时，老人到12349绿地康复服务中心接受康复理疗服务同样以"现金＋积分"的方式支付。后来，为了减少老年人的经济成本，扩大积分消费，老人在12349绿地康复服务中心接受康复理疗服务可以全部使用积分，不用支付现金。

三是健康检查。老人到新乡市12349居家养老体检中心接受健康检查全部用积分支付。

第四，精神慰藉方面。一是观看电影。新乡市中影好莱坞国际影城也是新乡市12349居家养老管理服务中心的合作伙伴。根据双方签订的合约，老年人只需用12349敬老积分卡刷卡消费15积分（无须现金），即可观影一次；老年人用12349敬老积分卡刷卡消费15积分加上15元现金，即可观看最新影片一次；老年人带12周岁以下孙子、孙女看电影，孙子、孙女可以免费看电影，也无须使用积分；老年人的子女用其父母的12349敬老积分卡刷卡消费15积分加上15元现金，也可观看最新影片一次；子女储值影城会员卡，即可为父母挣积分，充值100元积10分，以此类推；家属持积分卡观影专享正价购票4折优惠。

二是休闲旅游。新乡市12349居家养老管理服务中心拥有两辆大巴，每年都会根据老年人的需要提供短途的旅游服务。新乡市12349居家养老管理服务中心往往会事先联系一些旅游景点，代替老年人和景点商谈，以最优惠的价格让老年人玩得开心。老年人可以使用积分兑换旅游服务，付费方式为"70%现金＋30%积分"。

此外，新乡市12349居家养老管理服务中心还携手河南有线新乡分公司、中国人寿、百年人寿等公司为老年人提供花积分兑换有线增值业务、宽带业务、保险业务（见表7-1、表7-2）。

表 7-1　　　　积分兑换有线电视、宽带、保险业务的方式

产品名称	原价	兑换方式
有线增值节目包：高清尊享包，高清增强包 A 或 B（任选其一）	144 元 / 年	1. 养老积分兑换：44 元 +100 积分； 2. 全额爱心传递 29 积分 +100 共享积分均可兑换两年
广电宽带（12M）	480 元 / 年	1. 养老积分兑换：180 元 +300 积分； 2. 全额爱心传递 36 积分 +300 共享积分均可兑换一年

资料来源：新乡市 12349 绿地康复服务中心。

表 7-2　　　　　　　享受的套餐服务

产品名称	套餐内容
高清尊享包	高清影视包 + 高清求索包 + 高清体育包 +36 高清互动 A 中的 10 套高清直播频道（文广高清影视、优朋高清影视）+36 高清互动 B 中的 10 套高清直播频道（华数高清影视、天华高清影视）+ 凤凰中文高清 + 凤凰咨询高清
高清增强包 A	36 高清互动 A+ 高清求索包 +36 高清互动 B 中的 10 套高清直播频道（华数高清影视、天华高清影视）
高清增强包 B	36 高清互动 B+ 高清体育包 +36 高清互动 A 中的 10 套高清直播频道（文广高清影视、优朋高清影视）

资料来源：新乡市 12349 绿地康复服务中心。

第五节　积分养老模式的具体运作及效果

一、积分养老模式的具体运作

新乡市 12349 居家养老管理服务中心主任卢总创新积分养老模式的灵感来源于超市购物送积分享赠品活动。2014 年 5 月，卢总开始尝试将积分养老引入社区居家养老服务领域，然而在初始阶段，由于积分养老在整个新乡市是一个新事物，无论是新乡市 12349 居家养老管理服务中心还是政府对其未来发展均没有成熟的规划，整个社会包括与新乡市 12349 居家养老管理服务中心将要合作的企事业单位和老年人对积分养老也并不了解，因此这项工作开展得并非一帆风顺。

最初，新乡市 12349 居家养老管理服务中心欲与中国邮政储蓄银行新乡分行合作，大体思路是老年人若在该银行存款，除了享受相应的利息待遇外，还可按照存款额的多少及存款期限的长短获取相应积分，这

个积分可在新乡市 12349 居家养老管理服务中心下辖的各个社区居家养老服务网点兑换服务和产品，这样既可以吸引老年人到银行理财，以免被一些非法机构骗取钱财，又可以提高合作银行的揽储量，还可以吸引老年人到各个社区居家养老服务网点享受免费或低收费的服务，可谓是一举多得。然而，基于各种顾虑，中国邮政储蓄银行新乡分行并未同意合作，新乡市 12349 居家养老管理服务中心不得不寻求新的合作伙伴。最早与新乡市 12349 居家养老管理服务中心合作的金融机构是中国银行新乡分行，正是与中国银行新乡分行的合作对积分养老模式发挥了实质性的推动作用。卢总将参与积分养老模式的各类企事业单位称为"异业联盟"的成员单位，"异业联盟"的规模越大，意味着参与积分养老模式的企事业单位越多，整合进社区居家养老服务的社会资源就越丰富，老年人多样化、个性化的社区居家养老服务需求就越容易得到满足。下面结合两个具体案例对此进行详细介绍。

案例 1：新乡市 12349 居家养老管理服务中心与中国银行新乡分行的合作

新乡市 12349 居家养老管理服务中心与中国银行新乡分行的合作始于一个特殊背景——抵御非法集资。2011 年以来，新乡市发生多起非法集资案件，豫鑫担保非法集资、全顺铜业非法集资、腾飞投资理财非法集资等案件接连爆发，群众财产受损严重，其中老年人是主要的受害群体。巨大的利息及便利的存取手续对老年人是巨大的诱惑，这些非法集资使许多老年人的养老钱血本无归，造成恶劣的社会影响。以何种方式避免老年人上当受骗，成为摆在政府面前的一道难题，这也构成了新乡市 12349 居家养老管理服务中心与中国银行新乡分行合作推行积分养老模式的一个重要推动力量。

正如中国银行新乡分行个人金融业务部主管领导所讲："背景就是这两年，不是非法集资很多嘛，大多数上当受骗的都是些老年人，好多老年人的血汗钱都被弄没了，好多人都去上访了，政府也很苦恼。那时候，这些老年人环境比较封闭，很容易上当受骗，子女不在家，没有人给他们进行正确的引导。正好政府有个系统工程（"敬老安康幸福工程"），但给政府带来的压力也很大。怎样能让这些老年人到正规的银行去储蓄？因为老年人分辨能力差，存款安全怎样解决，那肯定是要有一个引导。在这个背景下，我们银行怎样才能渗入到这个幸福工程[①]，是我们开始思考的问题。"

中国银行新乡市分行之所以参与积分养老，主要缘由有三个：一是防范非法集资，引导老人到正规银行储蓄。二是参与积分养老被视为一个很好的发展契机。在政府严厉打击非法集资的背景下，中国银行新乡分行参与积分养老以后，通过存款送积分享增值服务活动，既可以吸引更多的老年人到中国银行这样的正规金融机构存款，提高中国银行的揽储量，又可以在保障老年人存款安全的同时，让老年人享受到积分所带来的增值服务。据中国银行新乡分行个人金融业务部主管领导讲："也是一个偶然的机会，因为另外一件事情，我们坐在一起，一碰就碰出火花了。（回去）就跟银行行长汇报，行长第二天就让我去对接事情，因为行长一听，这是一个（发展）契机吧，也是一种社会责任，就赶快谈一谈，赶快合作，前期解释工作，做了很多……怎样结合一下老年人的存款？我们送他们积分，拿着积分能兑换服务，有附加的服务了，老年人才会感兴趣。存到哪个银行都是存，这是政府养老工程的一部分，我们是首家合作银行，能享受这种服务，该多少利息还是多少利息，这样对老人，有个引导。""近 3 年来，我们通过积分养老新增客户 3.5 万人，新增存款额 14.5 亿元。自引入 12349 平台以来，老年人群体约占新增储户的 1/10，该行个人存款增幅连续两年位居新乡市银行业第一名。"[②]中国银行新乡支行副行长韩啸介绍说。三是参与积分养老被企业视为履行社会责任的一种体现。老年人使用由中国银行出资制作的"12349 敬老积分卡"，无论是在其他银行取款还是异地取款均免收手续

---

① 2014 年 4 月 21 日，为了动员社会各方力量，增强老龄意识和敬老意识，在全社会弘扬中华民族敬老传统美德，提升老年人的生活和生命质量，新乡市老龄工作委员会下发了《关于印发〈新乡市敬老安康幸福工程实施方案〉的通知》（新乡市老〔2014〕6 号），决定实施敬老安康幸福工程。其中专门提到要创新养老服务机制，实现多元化养老服务形式，构筑"敬老安康幸福工程协作服务单位"网络，充分发挥市老龄委议事协调作用，整合金融、保险、通信、医疗、旅游、司法、交通、家政等行业资源，以市 12349 居家养老呼叫中心为平台，办好"虚拟养老院"服务工作，建立养老服务积分机制，对老年人实行优惠服务。

② 代娟. 新乡市积极探索积分养老［EB/OL］.［2017-06-08］. http://news.dahe.cn/2017-06-08/108436393.html.

费，还免收一个月 3 元钱短信提醒费。2014 年 5 月，为响应《新乡市敬老安康幸福工程实施方案》的号召，在政府协调下，中国银行新乡分行与新乡市 12349 居家养老管理服务中心签订了合约。双方合作的核心内容有四条：首先，老年人在中国银行新乡分行各个网点存款 1 万元人民币一年期者可以获得 300 个积分；其次，中国银行新乡分行各个自动存取款机网点的保洁服务交由新乡市 12349 居家养老管理服务中心下辖的 12349 家政服务中心提供，每个网点的保洁费是 300 元；再次，新乡市 12349 居家养老管理服务中心在一定程度上承担宣传引导老年人到中国银行存款的责任；最后，老年人到中国银行新乡分行各个网点办理业务时，网点工作人员要负责将老年人的个人及其家庭相关信息输入到"12349 居家养老管理系统"中，帮助老年人电子信息入库管理与建档工作。

自 2014 年 5 月到 2016 年 4 月，通过中国银行新乡分行各个网点入网的老年人有 1 万多人，帮助新乡市 12349 居家养老管理服务中心有效完善了老年人电子档案，此外，中国银行新乡分行还为 12349 积分超市赞助产品，承担"12349 敬老积分卡"的制作成本费以及关于积分养老的宣传费用，这些都大大降低了新乡市 12349 居家养老管理服务中心的运行成本。由此可见，新乡市 12349 居家养老管理服务中心与中国银行新乡分行合作以后，首先老年人从中受益，然后中国银行新乡分行也从中获利，获利以后，中国银行新乡分行反馈社会，帮助新乡市 12349 居家养老管理服务中心降低运行成本，开拓新的筹资渠道。

案例 2：新乡市 12349 居家养老管理服务中心与医院的合作

与新乡市第四人民医院合作发展医养结合服务，是新乡市 12349 居家养老管理服务中心的又一重要举措。新乡市第四人民医院创建于 1938 年，是一所集医疗、教学、科研、康复、预防、保健于一体的国家二级甲等综合性医院。医院占地面积 7294 平方米，医疗用房面积 22500 平方米。新乡市第四人民医院原本是隶属于郑州铁路局的职工医院，2005 年 4 月划归新乡市，成为市直属医院。现为新乡市城镇职工、城镇居民、城镇居民门诊慢性病、农民工、新型农村合作医疗及郑州铁路局职工家属医疗保险定点医院。改制以后，由于市场竞争激烈，医院的效益较差，医生和护士的工资发不下来，成为政府的一个包袱。

2014年7月，新乡市第四人民医院与新乡市12349居家养老管理服务中心联合筹建"医养病房"并正式投入使用，成为"新乡市敬老安康幸福工程协作服务单位"[①]。首批建设的医养病房科室设在六楼，共有医养病房11间、34张床。这样的医养结合养老模式具有以下几个特征：

一是配备精干的医务人员。配备医生、护士、护工25人，高级职称4人，中级职称11人，初级职称10人。

二是收住对象主要为失能半失能老人。对于失能半失能老人而言，除了基本生活照料需求外，医疗卫生和康复保健方面的需求也比较强烈。对于许多家庭而言，照顾者要么不具备医疗卫生方面的专业知识和技术，要么没有精力和时间陪护在老人身边；对于许多养老机构而言，要么没有卫生室，要么有卫生室也十分简陋、形同虚设，专业化的医疗卫生服务比较欠缺；对于许多三甲医院而言，提供的主要是医疗卫生方面的服务，不提供基本生活照料等养老服务。在此情况下，在具备治疗老年病条件的原本效益不好的医院里开设医养病房科室，便成了满足失能半失能老年人医疗卫生和养老服务需求的一个理想场所。

三是推行"医养一体"的服务模式。医养病房在为老年患者进行常规的医疗护理服务的同时，提供24小时全程生活照料服务。当老人病情稳定不需要住院时，可转入普通病房接受单纯的养老服务。如果老人家属具备照顾老人的条件，就由其家属照顾；如果条件不具备，就可以由医院提供护理服务。此时，老人不需要住院，他/她仅需支付院方提供的养老服务费用即可。即便如此，单纯养老的老年人同样可以享受与住院老人一样的医疗卫生服务。

不仅如此，单纯养老的老年人如果得了小病还可以获得从药房借药的便利。如医养病房科室护士长所说："病人（单纯养老的老人）这两天稍微有一点发烧，他就可以不办住院，我们去药房给人家借点退烧的药，要他吃吃。不是说，一点小病就赶紧给他办理住院。这个药就挂到

---

① 凡是与新乡市12349居家养老管理服务中心合作推进积分养老制的企事业单位均被视为参加了由新乡市老龄委实施的"敬老安康幸福工程"，并获得由新乡市老龄委颁发的"新乡市敬老安康幸福工程协作服务单位"牌子。

他账上，在药房显示，借了几片药或者是喝了糖浆，等到他下次真正病得比较重的时候，住院以后，我们再去给他开单，把药钱还上。这样（老年人的）经济负担就小了，我们不会做过度治疗这件事，非常的人性化，做到了以病人为中心，以病人的需求为中心，你要在其他大医院，他会给你去借几片药？你不住院，就不会，这就需要各个部门去配合，其他医院不会允许到药房借药。"

四是合作双方责任、利益划分明确。从合作双方的责任分担看，医院内部的装修是由新乡市 12349 居家养老管理服务中心投资完成的，医养病房的护理床也由新乡市 12349 居家养老管理服务中心负责人经营的小保姆床业有限公司免费提供，经营老年护理床是该公司的一项主要业务。此外，新乡市 12349 居家养老管理服务中心负责人还要利用新乡市 12349 居家养老网络服务中心协助开展医养结合服务的外围宣传工作，以吸引更多老年人入住医养病房。医养病房的医生、护士要按照医院的规章制度由院方管理，为老人提供专业化的医疗卫生服务。从合作双方的利益划分来看，关于医养病房的利润，新乡市 12349 居家养老管理服务中心占 60%，新乡市第四人民医院占 40%。当问及院方是否同意这样的分配方案时，新乡市 12349 居家养老管理服务中心负责人说："它（医院）同意，这是人家（医院）提出的要求。"与利润分配相对应，医养病房医生、护士、护工的工资发放也是由新乡市 12349 居家养老管理服务中心和医院按 6:4 比例分担。此外，新乡市第四人民医院还将其保洁服务和失能老人的护理服务交由新乡市 12349 居家养老管理服务中心下属的家政服务中心提供，这成了新乡市 12349 居家养老管理服务中心又一个筹措资金的渠道。

五是采用"医保＋现金＋养老积分"的费用支付方式。老人到新乡市第四人民医院医养病房住院治疗缴费时，可以先用医保报销，剩余费用通过现金加养老积分的方式支付（药品除外），最多可享用 3000 积分（1 积分＝1 元）。当然享受这一优惠待遇的前提是，老年人要加入新乡市 12349 居家养老网络服务系统，并积累一定的养老积分。此外，医养病房老人的护理费和餐饮费收费标准均不高（见表 7-3）。医养病房的上述措施大大减轻了老年人看病的经济负担。

表7-3　　　　　　新乡市第四人民医院医养病房科室的收费标准　　　　单位：元/月

类别	身体状况	护理费	餐饮费
A类	失能、卧床	2400	450
B类	半自理	2100	450
C类	全自理	1800	450

资料来源：新乡市第四人民医院医养病房科室工作人员的访谈资料。

实施医养结合服务几年来，新乡市第四人民医院六楼医养病房科室先后被新乡市老龄办授予"敬老模范先进单位""新乡市直机关老龄工作先进集体""敬老文明号"等称号。在此基础上，医院为了探索新的经济增长点，扩大"医养病房"在市场上的竞争力，2015年11月又增设了以"医养为主"的病房（有30张床位），"医"与"养"结合，共同发展，不仅提升了医院"医养"的整体水平，也为新乡市社区居家养老服务事业的发展探索了一条新路。

鉴于六楼医养病房科室取得的良好业绩，2016年2月，新乡市第四人民医院又在五楼开设医养结合病房11间，能容纳30名老年人入住。但是，由于处于初步探索阶段，这一模式也存在养老护理员少且专业化程度低、不同类型老人混住、康复护理和精神慰藉服务匮乏等问题，需要通过加强培训提高养老护理员的综合素养，对失能、半失能、能自理老人进行分区服务与管理，完善康复保健和文化娱乐设施建设，加强心理咨询服务来逐一加以解决。

总之，新乡市12349居家养老管理服务中心与新乡市第四人民医院合作开展医养结合服务，首先，盘活了新乡市第四人民医院这个二级甲等医院的资源，实现了扭亏为盈；其次，老年人可以享受医院提供的专业化医疗卫生服务和医养结合服务带来的便利以及用现金加积分支付费用的实惠；再次，双方按照6∶4的比例分配利润，新乡市第四人民医院的保洁服务和护理服务均由12349的家政服务中心提供，新乡市12349居家养老管理服务中心开辟了新的筹资渠道；最后，新乡市12349居家养老管理服务中心与新乡市第四人民医院合作推行的医养结合养老模式，为政府正在着力推进的医疗卫生和养老服务融合发展工作提供了有价值的探索。

二、积分养老模式的效果

1."异业联盟"规模不断壮大

到目前为止,参与积分养老模式的"异业联盟"成员单位已经扩展到新乡市民政局,新乡市老龄办,新乡市12349居家养老管理服务中心,中国移动新乡分公司,中国联通新乡分公司,中国银行新乡分行,中信银行新乡分行,中国人寿新乡分公司、中国人保财险(PICC)新乡分公司,新乡电视台,《平原晚报》,新乡市第一、第二、第四人民医院,河南省荣军医院,新乡市万德隆连锁超市,新乡市百货大楼,河南有线,新乡市中影好莱坞国际影城,上海嘉年乐老年商城,新奥 e 城 e 家家政服务公司等政府机关、社会组织和企事业单位,"异业联盟"成员单位已发展到 114 家[①],规模日益壮大。

2.积分和销分的规模日益庞大

积分养老模式主要包括积分和销分两大部分,积分和销分的规模是衡量积分养老模式实施效果的一个重要指标,积分和销分的规模越大,反映老年人得到的实惠越多,积分养老模式取得的成效越大。截至 2016 年 12 月 12 日,"已有近 15 万老年人通过各种方式和渠道储备自己的养老积分,有许多子女也纷纷主动通过银行存款等方式为父母储备幸福,目前,全市累计储备养老积分达 1200 多万分。各养老服务网点平均日开展为老人服务达 200 余人次,日均消费积分达 4000 余分,12349 呼叫中心平均日接话量由开通起初的 50 余次增加到现在的 300 余次,咨询各种积分养老服务的老年人络绎不绝。"[②] 截至 2017 年 6 月 8 日,"新乡市 76 万名老年人中,已有 42 万人参与到积分养老中,产生积分 1.4 亿分,消费积分 9400 万分。市区各养老服务网点累计服务老人 240 万人次,带动消费 4.13 亿元,小积分激活了大产业"。[③]

① 朱佩娴.新乡市探索新模式:养老小积分盘活大资源 [EB/OL].[2017-08-16].http://henan.people.com.cn/n2/2017/0816/c351638-30617492.html.

② 新乡市老龄工作委员会办公室.创新政策立规矩创新思路谋发展——2016 年新乡市老龄工作总结(新乡市老办〔2016〕16 号)[R].新乡市老龄工作委员会办公室文件,2016-12-12.

③ 代娟.新乡市积极探索积分养老 [EB/OL].[2017-06-08].http://news.dahe.cn/2017/06-08/108436393.html.

3. 在政界、业界和权威媒体的影响力越来越大

近几年来，新乡市创新实施的积分养老模式引起了各级领导的高度关注，国家发改委、民政部，河南省发改委、省财政厅、省委改革办、副省长、民政厅厅长、老龄处处长，新乡市委书记、市长、副市长、宣传部长、市政协、民政局等各级领导，以及"全国50多个地市民政、老龄系统前来调研考察新乡市的养老模式"[①]。新乡市的积分养老也引起了中央改革办的高度关注，并成功入选中央改革办《改革案例选编》[②]。2017年5月16日，中共河南省委全面深化改革领导小组办公室印发文件（豫改办发〔2017〕10号），通报2017年4月河南省改革亮点情况，新乡市创新探索的"积分养老"被列为省改革亮点创新内容[③]。2017年5月，国家发改委办公厅、民政部办公厅、全国老龄办综合部印发了《关于请报送养老服务业发展典型案例的通知》，目的是在全国范围内征集一批养老服务业发展典型案例，形成一批可复制可推广的成果，为全国养老服务业发展提供示范经验。经过初步评审和地方复核，共遴选出75个典型案例，河南省报送的"新乡市实施积分养老开辟养老服务可持续发展新路子"成功入选[④]，并于2018年1月以《走进养老服务业发展新时代：养老服务业发展典型案例汇编》为题由社会科学文献出版社正式出版。来自北京、上海、杭州、青岛等多个城市的业界同行也相继赴新乡市考察其创新的积分养老模式[⑤]。新乡市创新积分养老模式的做法还得到了中央电视台、河南电视台、新华网络电视、新华社、《光明日报》《河南日报》《中国社会报》《中国老年报》等多家权威新闻媒体的关注与报道，社会影响力迅速增加。新乡市民政局也因此荣获全国老龄系统最高荣誉奖"全国敬老文明号"。

---

① 国家发改委社会发展司，民政部社会福利和慈善事业促进司，全国老龄办政策研究部．走进养老服务业发展新时代：养老服务业发展典型案例汇编［M］．北京：社会科学文献出版社，2018：210．

②③ 河南省民政厅网站．新乡市养老创新机制入选中央改革办《改革案例选编》［EB/OL］．［2017-06-06］．http://www.henanmz.gov.cn/system/2017/06/010722877.shtml．

④ 国家发改委社会发展司，民政部社会福利和慈善事业促进司，全国老龄办政策研究部．关于养老服务业发展典型案例遴选结果的公示［EB/OL］．（2017-09-30）．中华人民共和国发展和改革委员会网站，http://www.ndrc.gov.cn/wsgs/201709/t20170930_862739.html．

⑤ 孙越．小积分撬动大经济——新乡市积分养老模式调研及借鉴建议［R］．新华社智库（特供分析报告），2016-10-31．

新乡市积分养老模式的核心思想是"将相关行业资源整合起来，和新乡市 12349 居家养老管理服务中心这一社会组织以及政府一道结成合作同盟，即所谓的'异业联盟'，共同推动社区居家养老服务事业的发展，以破解社区居家养老服务运行资金不足和服务供给不足等困境，更好地满足老年人的社区居家养老服务需求"。① 作为积分养老模式的提出者，新乡市 12349 居家养老管理服务中心负责人告诉笔者："2014 年'五一'开始实行积分，到现在我们花了 3000 多万分，就相当于一年之内为老人优惠了 3000 多万元，参与服务的人数是 120 多万人次，拉动 2.7 亿元的经济，这就是成果。"对积分养老模式给予大力支持的新乡市老龄办主管领导也告诉笔者："咱们新乡市呢，是走一条市场化运作道路，激活方方面面的资源，实现良性循环，通过一系列的举措、积分来撬动咱们社会上的各种为老年人服务的优势资源，维持 12349 正常的开支，就有个常态化了，这个就很不容易了。"

第六节 积分养老模式的主要功能

实施积分养老模式最主要的功能就是搭建了"异业联盟"，整合和盘活了社会资源。近几年来，政府在社区居家养老服务方面投入不少，包括直接财政投入和土地、税收、价格政策和信贷支持等间接投入。"但总体上说，老年照护服务的供给与不断增长的需求不相适应，尤其是与日益严峻的人口老龄化、高龄化趋势不相适应……这里的关键是，目前缺乏一套有效的动员机制，让更多的资源进入老年照护服务领域，特别是能够让民间资源进入这一领域的机制。"② 新乡市 12349 居家养老管理服务中心在政府支持下探索的积分养老模式，是以积分为纽带，以 12349 居家养老管理服务平台为依托，以互联网技术为支撑，将老年人视为重要的养老资源，发挥其主动性和参与性，与相关企事业单位合作，进而将不同行业资源整合进社区居家养老服务中，在为老年人提供多样化、个性化、专业化、便利化服务的同时，让各方参与主体也从中

---

① 李伟. 积分养老制推进社区居家养老服务研究——以河南新乡市积分养老制为例 [J]. 中共福建省委党校学报，2018（6）：94.

② 何文炯. 老年照护服务：扩大资源并优化配置 [J]. 学海，2015（1）：89.

受益，实现责任共担、互利共赢、多元共治的一种运作模式。

积分养老模式对社会资源的整合主要是通过市场手段来实现的。"要充分利用市场机制，撬动能够让更多社会资源进入老年照护服务领域的杠杆……在市场经济条件下，市场机制无时无刻不在起作用，调动社会资源必须尊重市场规律。然而，这几年我们在推动社会化老年照护服务事业发展的过程中，并没有充分注意到这一点，因而社会资源动员不够。"[①] 在积分养老模式的实施中，各类企事业单位的参与发挥了重要的推动作用。那么，像诸如中国银行新乡分行、中国移动新乡分公司、中国联通新乡分公司、中国人寿新乡分公司等全国知名企业，为什么愿意与新乡市12349居家养老管理服务中心合作呢？从根本上讲，主要看中的是参与积分养老的几十万老年人这一庞大的消费群体可能带来的巨大利润，因为新乡市12349居家养老管理服务中心是以老年人代言人的身份与各类企业谈判的，合作的企业首先要有诚意，真正给老年人让利，让利多少由双方商定，但肯定低于市场价。然后，新乡市12349居家养老管理服务中心会以适当的方式向老年人宣传，引导老年人办理合作企业的业务，当然这些业务也是老年人日常生活所需要的。老年人在合作企业办理业务，除了可以享受业务本身带来的收益外，还可以获赠积分，老年人可以用积分在合作的企业或12349的各个网点兑换所需的服务或产品，这种用积分兑换服务或产品的增值服务对老年人具有较大的吸引力。事实上，合作企业参与积分养老以后，不只是会增加老年人这一客户群体，年轻人办理合作企业的业务，除了享受业务本身带来的收益外，也可以获取积分，但是年轻人不能消费这些积分，需要将积分转给55周岁以上的老年人，老年人才有资格使用积分。这样庞大的年轻人群体很可能成为合作企业的消费群体，从而给合作的企业带来可观的利润。

对于参与积分养老的老年人而言，其获益主要体现在四个方面：一是老年人可以通过上述多种积分渠道储备养老积分，然后可以享受用积分兑换12349各个网点以及合作企事业单位提供的服务和产品，包括居家养老上门服务、社区日间照料、医疗保健、康复护理、文体娱乐、家政服务等，减轻了老年人及其家人的养老负担。二是诸如金融、通信、

---

① 何文炯.老年照护服务：扩大资源并优化配置［J］.学海，2015（1）：89.

保险、医院、超市、家政、媒体、旅游、百货、电影等企事业单位参与积分养老，大大丰富了养老服务的业态，加快了养老服务业的发展，实现了让专业的人和机构做专业的事，满足了老年人在不花钱或少花钱的情况下还能得到多样化、专业化、便利化社区居家养老服务的需求。三是新乡市12349居家养老管理服务中心下辖的30多个社区居家养老服务网点均可帮助老年人代缴水电费、天然气费、话费、数字电视费、物业费、有线电视费等，并送积分给老年人，在为老年人的生活带来便利的同时还可以享受积分所带来的增值服务。四是老年人在12349各个网点免费参与各种文化娱乐活动和由12349组织的各种公益活动和为老志愿服务活动，不仅可以锻炼身体、愉悦心情、提高社会参与能力，还可以获取积分以及享受用积分兑换所需服务或产品的实惠，这有助于提升老年人的获得感和幸福感。

对于参与积分养老的企事业单位而言，其获益主要体现在三个方面：一是有助于获得政府的认同，因为实施积分养老模式，发展社区居家养老服务，也是政府着力推行的一项重大民生工程，为此，政府专门出台了《新乡市敬老安康幸福工程实施方案》，所有参与积分养老的企事业单位均被授予"敬老安康幸福工程协作服务单位"。二是有助于企业树立履行社会责任的良好形象，获取良好社会效益。三是有助于企业获取相当可观的利润，参与积分养老对企业而言的确是一个巨大的商机，如前所述，中国银行新乡分行的揽储量在各大银行的排名由倒数第一变为正数第一，而且比第二名多出10亿元的揽储量；新乡市第四人民医院六楼医养病房科室试运营十分成功，第二年又在五楼开设医养病房科室，不仅帮助医院摆脱了扭亏为盈的局面，而且还获得了"敬老模范先进单位""新乡市直机关老龄工作先进集体""敬老文明号"等荣誉，赢得了经济效益和社会效益的双丰收。

对于新乡市12349居家养老管理服务中心这一社会组织而言，其获益主要表现在三个方面：一是有助于扩大新乡市12349居家养老管理服务中心的社会影响力，因为与中国银行新乡分行、中国移动新乡分公司、中国联通新乡分公司、中国人寿新乡分公司等国内知名企业合作，是对新乡市12349居家养老管理服务中心及其推行的积分养老模式最有力的一种宣传。二是有助于完成老年人电子信息入库管理与建档工作。

与中国银行新乡分行、中国联通新乡分公司、中国移动新乡分公司等合作以后，老年人在其各个网点办理业务时，可直接由网点工作人员进入"新乡市 12349 居家养老管理系统"，输入老年人的相关信息，迅速便捷地完成老年人电子信息的建档工作，这不仅确保了录入信息的真实可靠，而且为新乡市 12349 居家养老管理服务中心节省了大量的人力、财力、物力、时间，起到了事半功倍的效果。三是有助于增强社区居家养老服务的供给能力。老年人的养老服务需求几乎涵盖了社会生活的方方面面，诸多行业与此息息相关，但都不具备独立支撑养老服务业的条件，将新乡市的社区居家养老服务发展起来，增强社区居家养老服务的供给能力，是新乡市 12349 居家养老管理服务中心的主要职责。积分养老模式的实施，有效地动员了各类社会资源进入社区居家养老服务领域，丰富了社区居家养老服务的内容，形成了多样化、专业化的社区居家养老服务供给格局。四是有助于降低社区居家养老服务的运行成本，拓展社区居家养老服务的筹资渠道。合作企业获利以后要反馈社会，如中国联通、中国移动减免 12349 各个网点的宽带费；中国移动在各个公交站牌的广告牌中增加对新乡市积分养老模式的宣传内容；中国联通也在一些公交站牌免费为积分养老做广告；中国银行、中国移动、中国联通、中国人寿、中国人财等公司承担着新乡市 12349 积分超市里大部分产品的赞助责任；中国银行还承担"新乡市 12349 敬老积分卡"的制作成本……另外，中国银行新乡分行几十个 ATM 机处的保洁服务、新乡市第四人民医院的保洁服务和护理服务，均交由新乡市 12349 居家养老管理服务中心下辖的 12349 家政服务中心承担。新乡市 12349 居家养老管理服务中心还可以从组织老年人旅游中获取一部分利润……资金来源渠道的多元化有助于化解新乡市 12349 居家养老管理服务中心所遭遇的运行资金匮乏的困境，同时也增强了新乡市 12349 居家养老管理服务中心的自主性。

对于政府而言，积分养老模式在政府少量财政投入的情况下，调动社会力量参与积极性，破除了社区居家养老服务发展困境，探索出了一条不过度依赖政府也能推动社区居家养老服务事业发展的新模式。此外，将各类企事业单位整合进社区居家养老服务中，大大加快了养老服务产业的发展，在满足老年人社区居家养老服务需求的同时，还带动了当地经济的发展，取得了经济效益和社会效益双赢的效果。由此可见，参与的各方主体在积分养老模式中实现了责任共担、利益共赢，形成了一种良性互动的局面。

此外，积分养老模式还有助于实现为老志愿服务的常态化。在马丁·鲍威尔看来，志愿性福利也是福利混合经济的一个重要构成[①]。志愿者是发展社区居家养老服务的责任主体之一，"志愿服务是与政府服务、市场服务相衔接的社会服务的重要环节……志愿服务的领域比较宽，渠道比较广，能够广泛动员社会资源及有效弥补政府服务和市场服务的不足"[②]。为了弘扬志愿者精神，营造良好的养老氛围，新乡市民政局、老龄办又联合下发了《新乡市"志愿助老服务公益积分制"实施方案》，核心内容是年龄小一些、身体好的老年人志愿在社区中从事公益活动或者照顾那些空巢、失能、失独、高龄、特困、鳏寡老人达到一定时数的，均可获得相应的志愿助老服务公益积分，年轻人在社区中从事公益活动或者为上述老人提供志愿服务达到一定时数的，也可获得公益积分，只不过年轻人不能消费积分，年轻人可将积分转给自己的父母，这意味着志愿服务不是纯粹的奉献，还可以获得积分，积分可以在12349的各个网点和合作的企事业单位那里兑换服务和产品，这样有助于吸引更多的人加入为老志愿服务的行列，为更多的居家老人提供上门服务，实现为老志愿服务的常态化。

第七节　积分养老模式参与主体发挥的作用

一、政府尽力发挥主导作用

新乡市政府没有一味地强调机构养老服务的发展，而是将发展社区居家养老服务作为社会养老服务体系建设的核心与基础。与此同时，免费提供社区居家养老服务用房，设置少量公益岗位，以以奖代补方式发放少量财政补贴，以有限的投入尽可能地调动社会力量的积极参与；制

---

① ［英］马丁·鲍威尔. 理解福利混合经济［M］. 北京：北京大学出版社，2011：11.

② 汪鸿雁. 志愿服务能有效弥补政府服务和市场服务不足方面［EB/OL］. 人民网，（2013-12-02），http://politics.people.com.cn/n/2013/1202/c70731-23716005.html.

定富有针对性的政策文件，为积分养老模式的顺利推行发挥保驾护航的作用；筹建包括发展和改革委员会、住房和城乡建设委员会、城乡规划局、财政局、国土资源局、司法局、外事侨务旅游局、文化广电新闻出版局、市委宣传部等多个部门在内的老龄委成员单位，建立老龄委组织机制、老龄工作督查长效机制和老龄工作联席会议制度，以最大限度地发挥政府主导、成员单位通力协作的联动作用，为包括社区居家养老服务在内的整个老龄事业的发展提供制度和机制保障。此外，新乡市老龄办还在民办非企业单位登记注册方面给予了积极的指导与帮助；在新乡市12349居家养老管理服务中心与各类企事业单位合作受阻时积极发挥沟通、协调作用，以促成合作；在社区居家养老服务发展最艰难时期，能够与社会组织一起风雨同舟、共渡难关；鼓励和支持社会组织对社区居家养老服务运行机制进行大胆探索与创新；利用权威媒体的资源和工作汇报之机，积极宣传积分养老模式；在积分养老模式运行中，及时约谈社会组织，对企业的介入和社会组织的运行进行监督，确保社区居家养老服务的公益属性；在积分养老模式名声远扬、养老服务市场日益繁荣之时，没有故步自封，而是加强规范化管理，鼓励市场竞争，期望有更多更好的运行模式诞生，较好地诠释了政府对社区居家养老服务事业的忠诚和责任。可以讲，新乡积分养老模式的成功实施，离不开政府主导作用的发挥。

二、社会组织努力扮演着服务供给者和资源整合者的重要角色

作为社会组织，新乡市12349居家养老管理服务中心一方面承担着建设、管理和运营社区居家养老服务网点的责任，以使老年人在熟悉的社区环境中就能以无偿或者低偿的方式满足多层次、多样化、个性化的养老服务需求；另一方面在地方财政支持不足的情况下，没有消极地"等、靠、要"，而是大胆探索新的运行模式——积分养老模式，善用市场化运作的手段，将金融、通信、保险、媒体、医院、家政、旅游、百货、电影等诸多行业资源整合进社区居家养老服务中，通过加快发展养老服务产业带动养老服务事业的发展，为破解社区居家养老服务筹资渠道单一和供给能力不足等难题开辟了一条新路。此外，新乡市12349居家养老管理服务中心也会积极向政府部门申报各类专项补贴和参加优秀示范机构的评选，还会从自己经营的居家养老护理服务、家政服务和旅游服务中获取一部分利润，这些都有利于增强社会组织的筹资能力。

三、各类企业发挥着重要推动作用

新乡市老龄办和新乡市 12349 居家养老管理服务中心会对参与积分养老模式的企业严格把关，那些打着为老年人服务的幌子行卖保健品之实的企业是绝不允许参与积分养老的。新乡市 12349 居家养老管理服务中心主要是与中国银行、中国联通、中国移动、中国人寿、中国人保等知名的大型国有企业合作，因为它们值得信赖。企业要先为老年人提供优惠的产品与服务，同时根据企业经营产品的属性，或者为老年人赠送积分，或者允许老年人用"现金＋积分"的方式消费其产品，目的是要让老年人真正享受到实惠，进而吸引更多老年人消费其产品，通过"薄利多销"获取更多利润。企业获利以后要为新乡市 12349 居家养老管理服务中心提供形式多样的支持与帮助，有的企业减免了 12349 各个网点的宽带费，有的企业承担了广告宣传的费用，有的企业为 12349 积分超市提供产品赞助，有的企业将保洁服务交由 12349 家政服务中心提供，等等，这些有助于降低社区居家养老服务的运行成本，帮助社会组织开辟新的营利渠道，增强"造血"功能。此外，诸如金融、通信、保险、媒体、医院、家政、旅游、百货、电影等各类企业的参与，还有助于加快养老服务产业的发展，实现让专业的人或机构做专业的事，更好地满足老年人的养老服务需求。

四、老年人积极发挥参与主体作用

老年人的积极参与是新乡积分养老模式得以成功实施的一个重要原因。首先，新乡市 12349 居家养老管理服务中心是作为老年人代理人的身份与各类企业合作的，庞大的老年群体可能成为各类企业的潜在消费群体，这是各类企业参与积分养老的一个主要动机。其次，无论是积分还是销分，都离不开老年人的直接参与，老年人既是积分养老模式的受益对象又是责任主体。最后，老年人还是各类公益活动和为老志愿服务的重要力量。为了推动为老志愿服务事业的发展，新乡市民政局出台了《新乡市"志愿助老服务公益积分制"实施方案》（新市民〔2014〕147

号），"对受聘于社区居家养老服务工作站的志愿助老服务者，每月参加公益活动或志愿服务在 20 天以上者，给予 300 分储备公益养老积分；对每周不少于 2 次开展上门为空巢、孤寡、失能、高龄、特困老人对口帮扶服务的志愿服务者，每月每人给予 150 分储备公益养老积分"。老年人参加由 12349 组织的各类公益活动，每次可获得 30 ~ 100 分不等的奖励积分，年轻人也可以参加上述活动，并可以将获得的积分转给自己的父母。参加公益活动和志愿服务可以获送积分，有助于吸引更多的老年人加入到志愿服务的行列，实现志愿服务的常态化，为社区居家养老服务的发展注入新的内容与活力。由此可见，新乡积分养老模式的成功实施与老年人主动性和参与性的充分发挥密不可分。

第八节 积分养老模式带来的启示

基于新乡的经验研究，积分养老模式是一种在政府主导下，以积分为纽带，以社会组织为依托，以互联网技术为支撑，由新乡市 12349 居家养老管理服务中心作为老年人的代理人身份，与企事业单位展开合作，通过责任共担和互利共赢将不同行业资源整合到社区居家养老服务中，实现养老服务事业和养老服务产业融合发展的市场化运作模式。一般来讲，企业是以营利为目的的，而社会组织是不以营利为目的，两者的组织使命完全不同，在此情况下，社会组织若与企业合作就需要按照市场规则进行。从新乡的经验看，新乡市 12349 居家养老管理服务中心是将其拥有的大量老年人信息和各个社区居家养老服务网点便于接触老年人、取得老年人信任的组织特性，以及社区居家养老服务的政府主导特性作为与企业谈判的筹码或者资本，调动企业与其合作的积极性。社会组织往往会要求企业先为老年人让利，让老年人真正享受到实惠，并按照双方的商定为老年人赠送积分，老年人可以使用积分在 12349 的各个社区居家养老服务网点以及"异业联盟"成员单位兑换所需服务或产品。社会组织需要慎重选择合作的企业，那些有资质、有实力、有诚信、愿意为老年人让利的国有大型企业应当成为首选，坚决不与卖保健品骗取老年人钱财的企业合作，企业只有让老年人真正享受到实惠，才能吸引老年人消费其产品或服务，进而获取利润。企业获利以后，需要反馈给社会组织，各类企业的支持与帮助不仅有利于降低社会组织管理和运营社区居家养老服务的成本，而且有利于扩大社会组织的资金来源，破解运行资金匮乏的难题，还有利于丰富养老服务的业态，使养老服务和产品供给主体更加多元，内容更加丰富，服务更加专业，质量更加优良。

新乡的经验带来的启示是，社区居家养老服务的发展离不开一个有着事业心的政府和一个善用市场化运作整合资源的社会组织，二者密切配合，将政府主导的养老服务事业和市场化运作的养老服务产业有机结合，通过彼此的责任咬合和互利共赢，实现融合发展，为破解社区居家养老服务运行资金不足、资源动员能力不足和服务供给不足等难题开辟了一条新路。这样的发展道路对社会组织和政府均提出了更高的要求。从社会组织方面看，第一，既要用足用好国家的各种优惠扶持政策，又要转变"等、靠、要"的消极观念，培养创新、敬业、合作、学习、执着、诚信等企业家精神，善用市场化运作手段，提高整合资源的能力。第二，社会组织还要高度重视与老年人的合作，意识到老年人不仅是其服务的对象，而且是重要的养老资源，要以满足老年人的养老服务需求、确保老年人的生活质量为行动指南，善用自身容易赢得老年人信任的组织特性，用老年人喜欢的方式将其组织起来，尊重其平等参与主体地位，老年人既是社区居家养老服务的需求方，又和政府、企业、社会组织一样，都是社区居家养老服务的共同生产者。社会组织既要利用好老年人这一庞大群体的资源调动各类企业的参与积极性，又不能以牺牲组织的核心使命去赢得市场力量短期的支持与帮助，保护和体现组织的使命是社会组织在市场化运作中特别需要警惕的。第三，要建立适合自己的组织管理方式，实施有效的激励和惩罚机制，加强自律和自我监督，提高组织绩效和管理水平。第四，要加强自身能力建设，增强对组织使命的认同和责任担当意识，努力提升养老服务的供给能力，满足老年人对质优价廉养老服务的需求。同时还要在努力争取国家优惠政策的扶持，积极申报国家相关财政专项项目的基础上，通过提供优质的养老服务获取适当的利润，增强自身盈利能力。但是这个利润不能用来分配，可以用于组织的运行与发展。对"责任与道义""专业性服务水平""规范的组织管理制度"等理念的重视，使社会组织在独立性弱的情况下也能实现自主性发展[①]。第五，要善于借助主流媒体力量，加大宣传力度，提高社会认知度，扩大社会影响力，进而从政府和社会方面获取更多资源支持。第六，要在增强自主能力的基础上，善于与掌握重要资源的外部环境互动，处理好与外部环境之间的关系，做到左右逢源。最为关键的是要充分发挥自身的主体性，大胆探索与尝试，不断创新养老运营模式，提升养老服务的资源动员能力，在确保老年人利益优先原则的前提下，努力寻求各方主体的利益契合点，照顾到各方主体的"重大关切"，构建政府、企业、社会组织、老年人及其家庭共同参与、责任共担、互利共赢的利益共同体，调动多元主体参与养老服务的积极性，充分整合和盘活社会资源，拓展生存与发展空间。

从政府方面看，本书强调破解社区居家养老服务运行过程中遇到的困境和难题，满足老年人对质优价廉养老服务的需求，需要社会组织发挥自身的主体性作用，但并不意味着不需要政府支持或者政府可以袖手旁观。相反，社会组织的生存与发展依然离不开政府必要的支持与监管。一方面，政府要在公益岗位的设置、财政补贴、场地的免费供应、养老服务专业人才的培养和培训等方面给予适当支持；另一方面，要切实落实国家在用水、用电、用气、用地、税收、金融等方面的优惠扶持政策。尤其重要的是，政府要尊重社会组织的主体性，依据社会组织的需要提供相应的支持，为社会组织发挥社会活力和创造力，探索与创新养老运营模式，整合和盘活各类社会资源等给予充分的鼓励和必要的引导、支持与监管。当前，中国社区居家养老服务领域较为成熟、具有可持续性的养老运营模式还比较鲜见，政府也没有太多现成的经验值得推广，在此情况下，激发社会组织的活力和社会创造力，创新更多更好的养老运营模式，特别难能可贵，这既需要社会组织主体性的充分发挥，也需要政府营造有利于社会组织主体性发挥的政策环境。同时还要对社会组织主体性的发挥给予适度监管，确保其沿着正确轨道向前发展。既不能"一管就死"，也不能"一放就乱"，这对政府的责任和担当意识以及管理水平和管理能力均提出了更高要求。

---

① 曾琰. 超越"结构性自主"：中国社会组织发展的"内在性自主"导向及启示 [J]. 中南大学学报（社会科学版），2017（6）：136.

基于新乡市积分养老模式的经验研究可知，政府主导不等于政府加大财政投入，政府在地方经济不发达、财政支持乏力的情况下，积极营造有利于激发社会组织活力和社会创造力的政策环境，提高监管水平，给予一些必要的投入，加强与社会组织的合作，同样属于政府主导的范畴。此外，还需要注意的是，养老服务事业的发展不能一味地强调政府主导，因为这样可能会导致整个社会对政府的过度依赖，造成政府财政不堪重负，这不仅不利于政府主导职能的发挥，而且不利于家庭养老功能的发挥，也不利于社会组织主体性的发挥。

第 八 章

郑州市长期照护服务管理体系的框架与建设

　　国家发改委、国家卫健委和民政部等八部委根据《"健康中国2030"规划纲要》，发布了《关于建立完善老年健康服务体系的指导意见》，该意见把"加强长期照护服务"作为"主要任务"之一，要求"探索建立从居家、社区到专业机构的失能老年人长期照护服务模式。实施基本公共卫生服务项目，为失能老年人上门开展健康评估和健康服务。通过政府购买服务等方式，支持社区嵌入式为老服务机构发展。依托护理院（站）、护理中心、社区卫生服务中心、乡镇卫生院等医疗卫生机构以及具备提供长期照护服务能力的社区日间照料中心、乡镇敬老院等养老机构，为失能老年人提供长期照护服务"。建设长期照护服务管理体系，是落实国家有关"加强长期照护服务"政策要求的有效手段。

第一节　长期照护服务管理的三个环节与三个层次

　　长期照护服务管理主要由三个环节构成（见图8-1），一是"制度"，也就是长期照护服务管理制度的建设和日常实施；二是"过程"，也就是长期照护服务过程的管理；三是"效果"，也就是对长期照护服务效果的监测与信息反馈。目前，我国在长期照护服务领域，制度建设刚刚起步，对长期照护服务过程的管理以及对长期照护服务效果的监测与信息反馈还十分薄弱，甚至还没有形成概念。当前，各地开展的养老院服务质量建设专项行动的重点基本上集中在第一个环节，今后，应该引进长期照护服务管理的先进理念，针对长期照护服务的"过程"与"结果"这两个环节探索适合中国国情的长期照护服务管理模式。

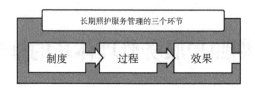

图8-1　长期照护服务管理的三个环节

长期照护服务管理体系分为三个层次：第一个层次是面向目标群体，即针对失能失智的老年人开展的照护服务管理，或针对有风险的老年人开展的预防失能失智的照护服务管理；第二个层次是面向社区或养老机构，即在某一社区或某个养老机构开展的长期照护服务管理；第三个层次是面向地区，也就是某一地区开展的长期照护服务管理。这三个层次形成了长期照护服务管理的框架。参考日本30分钟生活圈长期照护服务管理的成功模式，可以构想"郑州市长期照护服务管理的架构体系"。

在具体阐述郑州市长期照护服务管理体系的架构之前，首先回顾一下长期照护服务管理在发达国家形成和发展的主要历程。

第二节　美、英、日三国开展长期照护服务管理的经验

长期照护服务管理（Care Management）是20世纪80年代美国为管控养老院的服务质量而开发的养老服务质量管理方法，当时称为病例管理（Case Management）。在20世纪90年代初，英国从美国引进了照护管理的理念，并通过有关长期照护服务的立法正式建立长期照护管理的相关政策和制度，长期照护服务管理开始定型。日本在2000年开始实施《介护保险法》时把照护管理确定为实施该法律的核心要素。概言之，美国在养老院服务质量管理过程中创造了长期照护服务管理的科学方法，英国在社区长期照护服务中实现了长期照护管理的制度化，日本通过立法把长期照护管理应用到失能失智老年人的居家养老服务和预防失能失智服务，这就是发达国家长期照护服务管理走过的主要历程。

　　长期照护服务管理主要有四个流程：① 老年人身心状态的综合评估；② 根据评估结果制作照护服务计划书；③ 结合老年人和家属的需求，以及社区的服务资源制定个性化的服务套餐，提供照护服务；④ 对照护服务的效果进行监控和再评估。

一、美国的照护服务管理从开展养老院服务质量大检查开始

　　长期照护服务管理的理念和科学方法最早起源于美国。美国 65 岁以上的老年人大约有 5% 入住养老院养老，因为没有长期护理的社会保险制度，老年人入住养老院产生的费用大约 60% 是由 "美国贫困者医疗补助保险"（Medicaid）或 "联邦医疗护理保险"（Medicare）支付的。为此，养老院要从这两家政府的保险体系获得支付必须取得相关的认证。在 20 世纪 70 年代后期，美国养老院进入了数量大增长的时代，但随之而来的是，媒体有关养老院的服务质量差（诸如虐待老年人、严重违规和骗取保费等）的报道也在增多，引起了美国国会的高度关注。于是，美国政府委托美国医学研究院以及美国会计检察院对全美的养老院开展了 "服务质量大检查"。1986 年公布的 8298 家养老院服务质量大检查的结果表明，大约有 42% 的养老院存在严重违规、骗取保费、入住老人的安全和身体健康受到危害等的服务质量问题。1987 年，美国制定和发布了《养老院改革法》（Nursing Home Reform Act），依法加强对养老院运营的监管，同时开始导入照护管理的方式加强养老机构的服务质量管理。

　　美国在《养老院改革法》中明确规定，养老院每年必须对所有入院老年人定期开展综合性的身心状态评估，并根据评估结果制定照护服务计划。这就是美国在长期照护服务中为管控服务质量而开展照护服务管理的法律依据。1991 年，美国政府要求所有的养老院必须定期报告入院老年人综合评估的数据，老年人评估的数据被归纳编制成照护服务管理的 90 项质量指标（Quality Indicator, QI），全美各州的主管部门利用 QI 监督养老院的日常运行。2002 年，美国又将 QI 改良为 QM（Quality Measure）并在网上公布其数据内容，其中包括过去 90 天入院老人的跌倒人数／次数、褥疮发生率等，网上公开的数据包括单项评估结果，如褥疮发生率的全国平均数、州和市的平均数以及市内各个养老院的实际数等（见图 8-2），这项行政管理措施一方面公开透明地监督管理养老机构的服务质量，另一方面可

以为帮助老年人及其家属挑选服务质量信得过的养老机构。

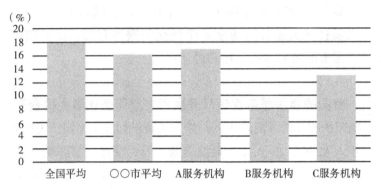

图 8-2　美国入院老年人定期评估结果公示的案例（过去 90 天褥疮发生率）

资料来源：根据美国 http://www.medicare.gov/NH Compare 资料绘制。

二、英国《社区法》与长期照护服务管理的制度化

美国为管控养老院服务质量而开发应用的长期照护管理，在英国得到了进一步的完善并被应用于"社区照护"上。20 世纪 90 年代初，英国制定公布了《国家健康与社区法》（*National Health and Community Act*，以下简称《社区法》），以立法的形式全面推广长期照护服务管理在社区养老照护服务领域的应用。《社区法》强调照护服务管理的重点在于掌握老年人的照护服务需求并且协调社区的医疗和照护服务提供方的服务资源与之相匹配。该法有关照护服务管理的主要内容有：①保证失能老年人能够在社区有尊严地、持续性地生活下去；②自立与提高养老生活的生活质量；③任命"照护经理"专业负责长期照护管理工作；④规定没有"照护经理"参与管理的机构禁止提供照护服务。

英国《社区法》以立法形式明确地规定了长期照护服务管理流程，包括提供照护服务的机构必须开展照护服务需求评估、制定照护服务计划书、根据计划书开展照护服务，以及对照护服务的效果的监测与再评估等，形成了长期照护服务管理的基本框架，建立了长期照护服务管理体制，明确了负责长期照护服务管理工作的专业人员（"照护经理"）的职责和权限。

三、日本居家养老与失能失智预防的照护服务管理

日本是在 20 世纪 80 年代开始引进长期照护服务管理理念的。1994

年，为应对人口老龄化，日本政府发布了题为《构建新的高龄者长期照护服务体系》的白皮书，明确提出建设社会保障式的长期照护保险制度和引进长期照护服务管理的政策目标。该白皮书界定了长期照护服务管理的含义：把老年人及其家属对照护服务的需求与地区的医疗、照护、保健以及志愿者等社会资源结合起来；强调"通过照护服务需求的评估，根据老年人的身心状况和照护需求，提供有针对性的、确切的照护服务"。

2000 年，日本正式实施《介护保险法》，该法律规定在长期照护保险制度的建设中采用科学方法进行照护服务质量管理，同时对承担照护管理工作的专业人员"照护经理"的配备提出了具体的要求。例如，该法律文件规定，在社区居家养老的服务单位，每 35 位服务对象必须配备 1 位照护经理；在各类养老服务机构，每 100 位服务对象必须配备 1 位照护经理（见图 8-3）。

图 8-3　日本的长期照护保险制度与照护管理体制

资料来源：根据日本《介护保险法》等相关文件绘制。

日本的长期照护服务管理主要有：一是面向社区居家养老的照护管理；二是突出失能失智预防的照护管理。

1. 社区居家养老的照护管理

日本构建社会养老服务体系的基本国策是"要让老年人即便是处于

重度失能失智的状态都能够在自己生活习惯了的社区居家养老，在自己的家里走完人生最后的历程"。所以，日本的长期照护管理以及照护经理的最大使命是"把老年人及其家属的各种需求与地区的医疗、护理、保健、志愿者等社会资源相结合"，为居家养老打造安心、可靠、有效的保障体系。这个保障体系就是地区的照护服务管理。

日本的地区照护服务管理有"两道关口"：一是在30分钟生活圈（老年人步行可及）内设置地区综合照护中心，配备主任护理经理，负责协调地区内的医疗护理、保健、生活支援和志愿者等社会资源；二是在长期照护保险的定点服务机构或服务单位按法定比例配备护理经理，负责居家养老的老年人享受长期护理服务的服务质量管理（见图8-4）。

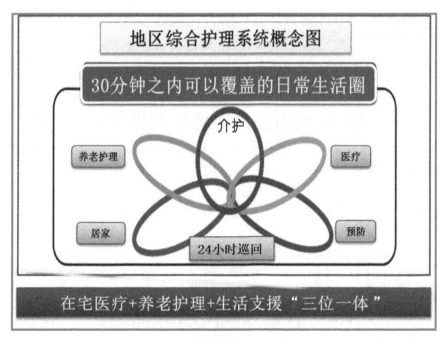

图8-4 日本居家养老的护理管理体系

资料来源：根据日本《介护保险法》等相关文件绘制。

2. 失能失智预防的照护管理

美英两国长期照护服务管理的最初目的是对养老院和社区的长期照护服务进行质量管理，此外还有一个目的，就是对长期照护服务支付的费用总额以及政府的财政投入进行"控费管理"。换句话说，长期照护服务管理也是"控费管理"的重要手段。根据老年人的实际需求制作服务计划书、按照计划书提供确切的照护服务并进行服务效果的监控，可防止低效并且减少浪费，杜绝"违纪骗费"的现象，而且还可以做好医疗费和照护服务费用的预测和预算管理，因为美英两国都十分重视在预算内提供照护服务的实际效果。所以，20世纪90年代后期，美英两国开始在长期照护管理的实践中引进预防的理念，对在老年人照护需求的评估中所发现的身心状态等各种风险，及时提供科学干预，防止状态恶化或减缓病态的重度化，从而实现了对医疗和护理相关费用总额的"控费"目的。

日本吸收并接纳了上述理念。2005年，日本对《介护保险法》进行了修订，把"介护预防"（预防老年人失能失智）指定为日本长期照护保险的主要任务和工作内容，建立了一套"介护预防护理管理"（预防失能失智的照护管理）制度。由此，日本的长期照护保险的服务重心开始向预防失能失智倾斜（见图8-5）。这是发达国家首次通过立法的形式把预防失能失智的照护管理当作长期照护服务管理主要任务的实例。

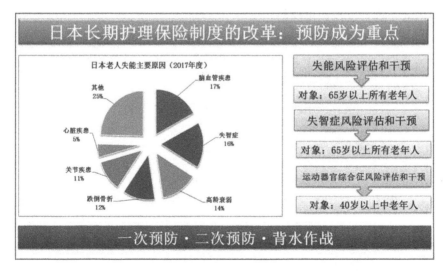

图8-5 日本长期照护服务管理制度向预防老年人失能失智倾斜

资料来源：根据日本《介护保险法》等相关文件绘制。

第三节 郑州市长期照护服务管理体系的架构设计

一、第一层次：失能失智老人的照护服务管理

长期照护服务管理的理念是"把老年人及其家属的实际需求与所在地区的医疗卫生、护理服务等社会资源相结合，提升居家养老服务的精准化水平、改善老年人养老生活的品质"。日本等发达国家在养老服务制度建设中形成的理念和成功经验，值得我们借鉴。

1. 长期照护服务管理的主要流程

长期照护服务管理的流程包括五个步骤（见图8-6）：①根据失能护理等级评定、认定失能等级并确定可以享受的待遇，面向可享受失能失智护理待遇的对象进行照护服务需求的综合评估；②制作照护服务计划书，结合老年人和家属的需求，以及社区的医疗卫生、照护服务的资源，组合个性化的服务套餐；③向老年人及其家属说明照护服务计划内容；④向照护服务管理主管机构（如照护服务管理中心）申请审核照护服务计划；⑤按照服务计划书提供照护服务；⑥定期对照护服务的效果进行监控和再评估。

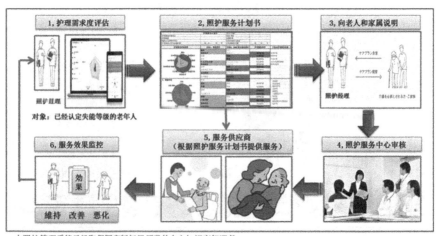

本照护管理系统已经取得国家版权局颁发的自主知识产权证书

图8-6 郑州长期照护服务管理体系的流程

资料来源：笔者制作。

目前，长期照护服务管理仍是养老服务质量建设中的一个薄弱环节。以我国开展长期护理保险制度试点的 15 个城市为例，其长期照护服务提供流程是：① 对老年人进行失能护理等级的评定，认定失能的等级和可以享受的待遇；② 对享受待遇的对象提供养老服务套餐；③ 开展养老服务。这些城市出台的长期护理保险制度内容和政策文件中既没有照护管理的理念，也没有把照护管理作为养老服务管理方法的规定。与实施长期照护服务管理的流程相比（见图 8-7），服务提供过于简单，缺乏规划。

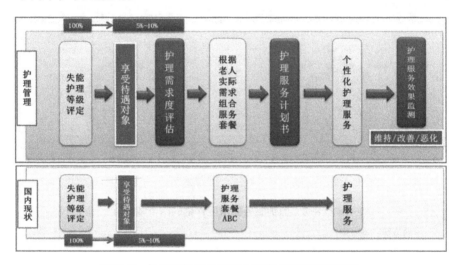

图 8-7　长期照护服务提供与服务管理的流程对比

资料来源：笔者整理并绘制。

2. 长期照护服务管理中的需求度评估

照护管理中的照护服务需求度评估由 ADL（日常生活能力）、健康状况、精神状况、认知能力、IADL（工具性日常生活能力）四大领域共 36 个评估小项目构成，不但涵盖了 "Barthel 指数评估量表" 的 10 个项目，而且弥补了该评估量表没有精神状况和认知能力等评估内容的不足。采用 "互联网 +" 形式的照护服务管理，实现照护服务需求评估结果的可视化；采用定量和可视化技术手段，让老年人和家属以及护理服务人员一目了然地掌握老年人身心状况的评估结果以及动态的变化情况（见图 8-8）。

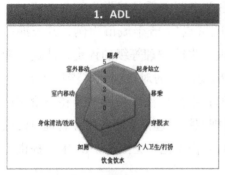
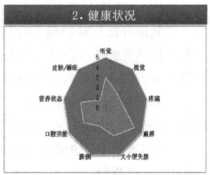
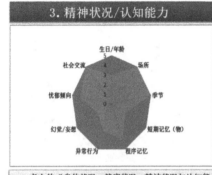
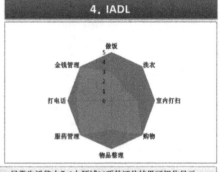

老人的"身体状况、健康状况、精神状况与认知能力、日常生活能力"4大领域36项的评估结果可视化显示

图8-8 照护服务需求度评估的四个领域

资料来源：笔者制作。

3. 制定照护服务计划书：设定"维持"与"改善"的照护服务目标

护理需求评估与护理计划书（见图8-9）的制作是长期照护服务管理中的核心内容。计划书可以根据评估结果把以上四大领域的36个评估项目按照"维持""改善"两个指标进行分类，自动地找出护理服务中应该"维持"的目标和应该"改善"的项目，并且根据老人及家属的需求，结合所在地区的护理服务和医疗卫生资源，半自动地生成护理服务计划书或护理辅助器具服务计划书。

4. 预防失能的照护服务管理

预防失能的照护服务管理是指通过评估发现失能风险，采用科学的干预方案防止或延缓中老年人从虚弱状态陷入失能半失能的状态，并尽可能地防止已失能半失能的状态进一步恶化。美国老年医学研究为失能预防提供了科学的依据，即在健康状态与失能半失能

评估项目	照护服务目标：①维持	照护服务目标：②改善	照护服务种类	个性化照护服务套餐
1.ADL 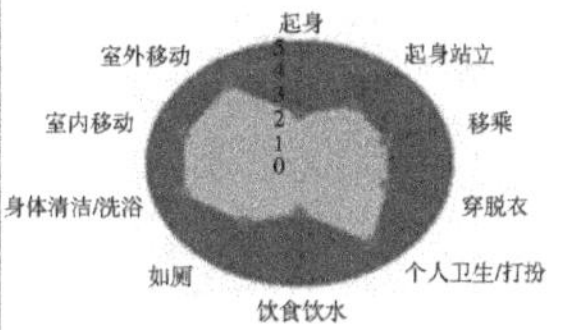 	翻身 起身站立 移乘 穿脱衣 个人卫生/打扮 饮食饮水 如厕 身体清洁/洗浴 室内移动 室外移动	翻身 起身站立 移乘 穿脱衣 个人卫生/打扮 饮食饮水 如厕 身体清洁/洗浴 室内移动 室外移动	身体护理 生活照料 饮食管理 精神慰藉 文化娱乐 医疗护理 康复服务 辅具服务	1.体位移动 2.理发 3.清洁耳朵、耳垢 4.修剪指甲 5.修剪脚趾甲 6.洗发 7.协助泡脚 8.洁面/剃须 9.排泄护理 10.洗澡 11.行走护理
2.健康状况 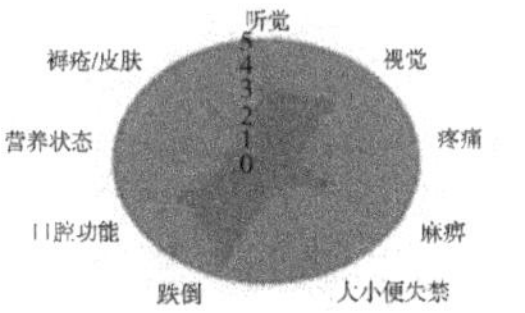 	听觉 视觉 疼痛 麻痹 大小便失禁 跌倒 口腔功能 营养状态 褥疮/皮肤	听觉 视觉 疼痛 麻痹 大小便失禁 跌倒 口腔功能 营养状态 褥疮/皮肤	身体护理 身体照料 健康管理 精神慰藉 文化娱乐 医疗护理 康复服务 辅具服务	1.陪伴外出 2.测量记录血压、脉搏、呼吸、体温 3.口腔护理 4.语言能力康复 5.跌倒预防
3.精神状况/认知能力 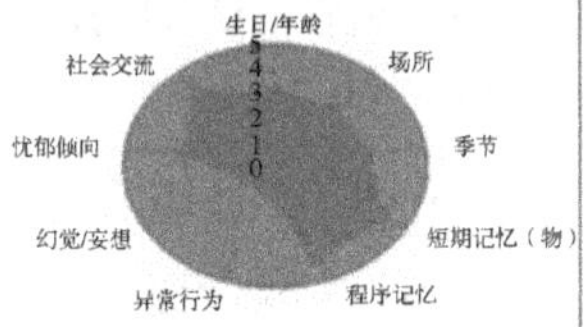 	生日/年龄 场所 季节 短期记忆（物） 程序记忆 异常行为 幻觉/妄想 忧郁倾向 社会交流	生日/年龄 场所 季节 短期记忆（物） 程序记忆 异常行为 幻觉/妄想 忧郁倾向 社会交流	身体护理 生活照料 健康管理 精神慰藉 文化娱乐 医疗护理 康复服务 辅具服务	1.陪伴聊天 2.陪同散步 3.陪同参加社交活动 4.心理咨询 5.不良情绪预防及干预 6.情感交流 7.生活陪伴

图 8-9　照护服务计划书

资料来源：根据“yunjiehu.com”相关资料绘制。

状态之间有一个“虚弱”的中间状态（在采用常规的生物化学检测和物理光学检查的平时体检中往往难以发现），对通过预防评估发现的那些可能由“虚弱”状态“恶化”为失能半失能状态的高风险群体，进行科学的干预，可以实现“改善”的效果，防止虚弱状态“恶化”为失能半失能状态，预防失能半失能状态进一步恶化或重度化（见图 8-10）。

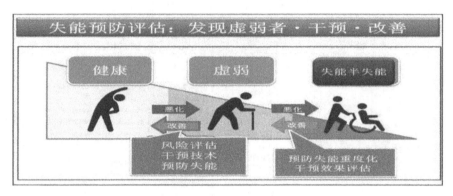

图 8-10　预防失能照护服务管理：发现"虚弱者，及时进行科学干预"
资料来源：笔者制作。

京大"人工智能护理经理"是在借鉴美国和日本有关失能预防评估的原理、引进日本官方公布的失能预防评估指南的基础上，根据中国国情进行调整研制的我国首套"失能预防的护理管理"工具。这套工具包括日常生活功能、运动器官功能、营养状况、口腔功能、认知功能、自闭状况和忧郁状况的七个领域 25 个具体评估项目。

失能预防护理管理的第一步是通过评估发现以上七个领域存在的风险；第二步是制定干预和预防的服务计划书，针对这些风险提供科学的干预和预防服务；第三步是按照"维持、改善、恶化"三个指标对干预和预防的效果进行监测，调整干预和预防服务计划书，进而实现预防失能半失能的大目标。

5. 预防失智的照护服务管理

根据世界卫生组织（WHO）公布的有关认知症患者的数据，中国认知症患者已达到 1000 万人，居全世界之首，而且正以每年新增 100 万人的速度增长，开展失智预防的护理管理对于这个国情来说刻不容缓。美、英、日的大量科学研究成果表明，失智预防完全可行且效果是可期待的。因为认知症不是突发性的，它一般有 10 年以上的潜伏期，但早期往往会被忽视，所以通过认知症风险评估可以发现高风险者、早期认知症患者，而对这类群体进行科学的干预和预防服务，则可预防高风险者发病和延缓其发病进程，甚至可帮助早期患者部分地恢复认知功能。

在日本，四个 65 岁以上老年人中就有一个认知症患者或"认知症预备军"，认知症患者的医疗费已占到全国民医疗费的 1/4，且认知症老年患者的长期护理保险费的年支付额度是其他失能老年人的 2 倍以上，认知症已成为日本长期护理保险支付的第三大原因。为此，日本政府在2015 年制定了《认知症对策推进综合战略》（又称《新橙色计划》）把认知症预防作为长期护理保险的重要任务，在社区和居家养老领域大范围地开展失智预防的护理管理工作，并取得了成效。京大"人工智能护理经理"根据中国的国情引进日本成功的失智预防的护理管理方法，探索在我国开展失智预防的护理管理工作。

二、第二层次：社区和养老机构的照护服务管理

社区和养老机构层次上的长期照护服务管理，在我国几乎是个"空白"。在这里值得瞩目的是国内的有益尝试。京大"人工智能照护服务管理"借鉴美、英、日三国针对服务机构的长期照护服务管理经验，结合我国国情开发了以下养老服务机构的长期照护服务管理体系，这个体系由运营管理、人力资源管理、服务管理、服务信息管理、环境与设备管理和事故预防风险管理六大评估领域 32 个项目群共计 320 个评估点构成（见图 8-11）。

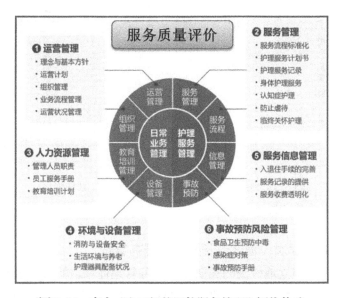

图 8-11 京大"人工智能照护服务管理"评价体系

资料来源：笔者制作。

京大"人工智能照护服务管理"体系的宗旨是，"以评促建"，通过评估促进长期照护服务运营管理体系的标准化建设，促进养老服务机构服务质量的提升。该评估系统采用定量、可视化的技术手段，将六大评估领域32个项目群共计320个评估点的评估结果以雷达图标的形式展示出来，养老服务机构的管理人员和骨干员工既可通过可视化的评估结果一目了然地了解到自己有哪些"强项"，也可清晰地看到自己的"弱项"和问题所在。评估系统还会根据评估结果自动生成"养老服务质量评估报告书"。养老服务质量评估报告书由六个领域的定量和可视化评估结果、应该维持的项目、必须改善的项目、改善措施、效果监测共五个部分构成。它不但可以帮助养老服务机构有针对性地进行整改，发挥现有的强项和弥补弱项，而且还可以通过定期评估对六大领域的各个项目是否达到维持和改善的效果进行监测，从而真正起到"以评促建"的作用，帮助长期护理保险的定点服务机构提高养老服务运营管理的能力，改善养老服务质量（见图8-12）。

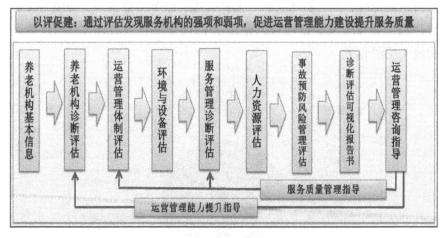

图8-12 京大"人工智能照护服务管理"评估内容

资料来源：笔者制作。

三、第三层次：地区的长期照护服务管理

郑州市可建立地区级的长期照护服务管理体系。就郑州市的实际情况而言，可以在12个区分别设置"地区级长期照护服务管理中心"，在中心下面，设立30分钟生活圈的"社区综合照护服务站"和主任照护经理

之职，在主任照护经理的专业指导下，协调辖区范围内照护服务、医疗服务、生活照料服务等资源，全力支援失能失智老年人居家养老或机构养老（见图8-13）。依托"30分钟生活圈长期照护服务管理平台"，可在社区层面集结医疗机构的医疗服务、养老机构的照护服务和生活照料服务，引入社工、志愿者和社会组织，共建一个综合性的长期护理服务体系。

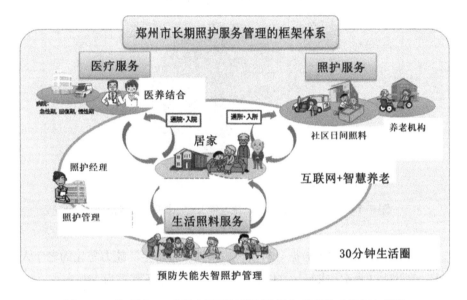

图 8-13　郑州市 30 分钟生活圈长期照护服务管理体系的框架设计
资料来源：笔者制作。

发挥地区级长期照护服务管理的功能，关键是要应用大数据解析技术，对从第一层次和第二层次的长期照护服务管理所得到的信息进行大数据分析，全面、客观地把握本地区老年人失能失智的实际情况，并且预测今后 3~5 年本地区老年人的失能发生率以及老年期痴呆患病率，以此作为开展预防保健工作提供科学依据。

1. 根据照护服务需求度评估的结果协调本地区的服务资源

如图 8-14、图 8-15 和图 8-16 所示，地区级的长期照护服务管理中心可以根据第一层次和第二层次的长期照护服务管理所得到的统计数据，通过大数据分析判断本地区失能失智老人对主要服务资源的需求量，由此来调节服务资源的科学供给，有针对性地发展本地区的服务资源，从而满足本地区老年人对照护服务的需求。

例如，通过大数据分析，我们可以发现，某地区"健康状况恶化"的老年人对"健康管理"和"康复训练"的服务项目的需求分别达到32%和28%，对"医疗护理"的需求达到20%，三者相加高达80%。

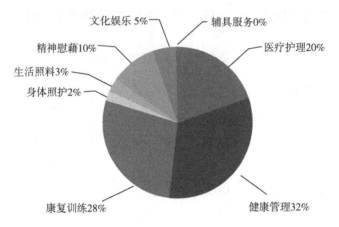

图 8-14　本地区健康状况恶化老年人对照护服务的需求情况

我们还可以通过大数据分析发现，某地区日常生活能力恶化的老年人对生活照料的服务需求高达74%，对康复训练的服务需求为13%。

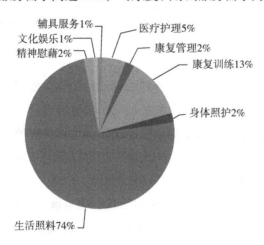

图 8-15　本地区日常生活能力恶化的老年人对照护服务的需求情况

同时，通过大数据分析我们还可以进一步发现，某地区精神状况/认知功能恶化的老年人对"精神慰藉"的服务需求高达73%。这些数据成为地区级长期照护管理中心因地制宜合理安排和发展本地区养老服务产业的科学依据。

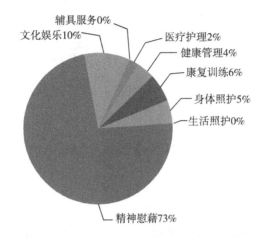

图8-16　本地精神状况和认知能力恶化老年人对照护服务的需求情况

资料来源：笔者制作。

2. 根据预防失能风险评估掌握本地区有失能风险老年人的分布情况

这里以上述系统在徐阳区的应用为例。如图8-17和图8-18所示，地区级的长期照护服务管理中心可以根据第一层次和第二层次开展预防失能失智风险评估所得到统计数据，通过大数据分析，从性别、年龄，不同的年龄阶层以及不同街道/社区的维度，全面客观地掌握本地区有失能失智风险的老年人的分布情况和主要特点。为开展预防失能失智的照护服务管理提供科学依据。

地区长期照护服务管理：徐阳区老年人失能风险可视化

	整体风险	运动器官功能	口腔功能	营养状态	社会参与	认知功能	抑郁状态	跌倒风险
男性								
女性								
60~65岁								
66~70岁								
71~75岁								
76~80岁								
80~85岁								

暂无风险　　有风险　　高风险

图8-17　地区长期照护服务管理的可视化展示（按年龄分组）

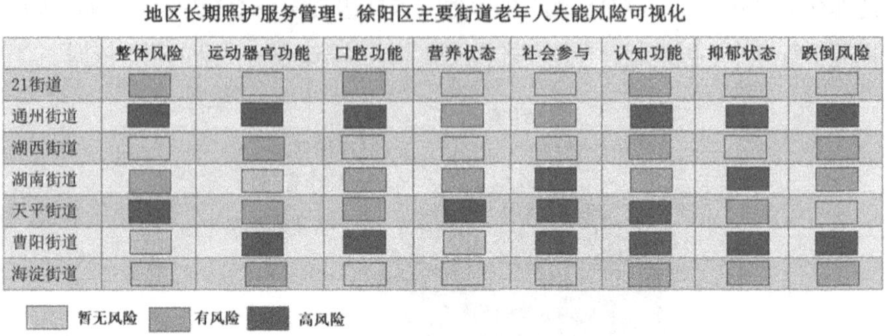

地区长期照护服务管理：徐阳区主要街道老年人失能风险可视化

	整体风险	运动器官功能	口腔功能	营养状态	社会参与	认知功能	抑郁状态	跌倒风险
21街道								
通州街道								
湖西街道								
湖南街道								
天平街道								
曹阳街道								
海淀街道								

暂无风险　　有风险　　高风险

图 8-18　地区长期照护服务管理的可视化展示（按街道分组）

资料来源：笔者制作。

3. 本地区老年期痴呆患病率的预测

国务院在 2019 年 7 月发布的《关于实施健康中国行动的意见》"老年健康促进行动"中要求降低老年人失能发生率和老年期痴呆患病率，长期照护服务管理正是实现这一战略目标的有效手段。地区级的照护服务管理中心应该肩负降低本地区老年人失能发生率和老年期痴呆患病率的重任，采用科学的预测工具和大数据分析的方法全面客观地掌握本地区未来 3~5 年失能发生率和老年期痴呆患病率的预测情况，为降低本地区的失能发生率和老年期痴呆患病率制定科学而可行的政策和实施方案。图 8-16 展示了某地区在大数据分析基础上预测辖区内老年痴呆患病率情况。美国和日本的大学和科研机构利用长期以来积累的长期照护服务数据，针对 10 万人规模的老年人群体进行 3~5 年的跟踪性实证研究，设计开发了"老年期痴呆患病率的预测模型"，图 8-19 是笔者利用这个模型对某地区的数据进行模拟的结果，预测模型中的横轴为"预测评估分数线"，竖轴为"患病率的风险度"，预测评估由 25 个项目构成，再加上性别与年龄阶层的权重得出评分结果，当评分为 60 分左右时，患病率达到 80%。按照日本的经验，评分结果每上升 5 分，老年人在 3 年之内的医疗费和照护服务费将上升 4.5 万日元（约 2700 元 / 月）和 3.5 万日元（约 2100 元 / 月）。发达国家就是通过这样的长期照护服务管理中的预测，把控本地区的医保费用，同时老年人家庭的费用也会增加，这个数据又称为激励老年人积极参与预防认知症康复训练的有效的"说服依据"。

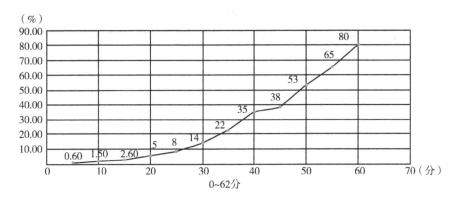

图8-19　采用科学的预测工具预测地区内的老年期痴呆患病率（以徐阳区为例）

资料来源：徐阳区提供数据，笔者绘制。

四、总结

综上所述，长期照护服务管理并非仅限于对失能失智老年人的照护服务管理这一层次，而是由"地区级的长期照护服务管理""社区和养老机构级的长期照护服务管理"和"失能失智老年人长期照护服务管理"的三个层级构成的（见图8-20）。

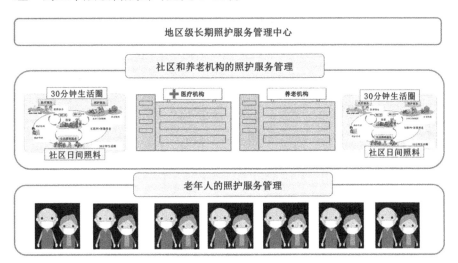

图8-20　郑州市长期照护服务管理体系的框架

我们建议郑州市先于国内其他城市，首先构建这种架构的长期照护服务管理的三级体系，分工明确、制定综合性的管理制度以及对应与各个层次的管理方法，通过试点为形成中国特色的长期照护服务管理体系提供有意义的经验。

第 九 章

郑州市长期护理服务中老年人能力评估与信息化系统建设

养老问题日渐突出，随着失能半失能老年人的增加，长期护理服务的需求越来越强烈，因长期护理老年人而引发的家庭矛盾纠纷、养老机构服务纠纷案例也越来越多，长期护理服务体系的建立，能够通过社会资源和服务机制来减轻家庭、机构的长期照护负担和风险，是时代发展的必然选择。然而长期护理服务体系的建立与保险制度、专业人才、老年人能力评估水平、信息化工具使用能力密切相关，直接影响长期护理服务体系的健康、可持续发展，本章重点阐述长期护理服务中老年人能力评估与信息化系统建设的相关内容。

第一节 老年人能力评估与信息化建设的基本概念及重要性

随着我国老龄化、高龄化快速发展，养老产业越来越重要。习总书记在党的十九大报告中指出，"积极应对人口老龄化，构建养老、孝老、敬老政策体系和社会环境，推进医养结合，加快老龄事业和产业发展"。为贯彻落实国家关于健康养老服务相关政策，加快老年人养老服务保障体系建立，不断提升公共卫生服务机构的能力和水平，促进基本公共卫生服务标准化、规范健康评估服务的行为，保障老年人健康权益，建立完善的评估体系是实现长期照护服务按需供给，合理分配养老服务资源的必然需求。

2009 年，中华人民共和国民政部将《老年人能力评估》列入行业标准项目。2012 年 5 月，新的编写组对标准的框架及内容进行了重新编制，形成了《老年人能力评估》行业标准。标准在制定过程中综合国外各个国家的评估方式并结合我国养老机构的实际情况，本着全面、实用和可操作的原则，确定日常生活活动、精神状态、感知觉与沟通、社会参与四个方面的评估内容。评估指标包括四个一级指标和 22 个二级指标，标准的制订为老年人能力评估提供统一、规范和可操作的评估工具。

一、老年人能力评估

1. 评估定义及内容

老年人能力评估是指经医疗行业管理部门培训并获得有关机构的资格认定，可从事健康评估服务工作的专业服务人员，利用科学、规范、可操作的评估工具，科学划分老年人的能力等级，作为提供养老服务的依据。

老年人能力评估的内容比较广泛，主要包括一般医学评估、身体功能评估、精神心理评估、感知觉与沟通能力评估、社会评估等，具体如下：

（1）一般医学评估就是传统意义上的医学诊断，它是一种以疾病为中心的诊疗模式，评估的目的在于确定患者有何疾病以及疾病的严重程度。

（2）身体功能评估通常是评估老年人的日常生活能力。比如对老人进食、洗澡、修饰（洗脸、刷牙等）、穿脱衣服、大小便控制、如厕、床椅转移、平地行走、上下楼梯等能力的评估。

（3）精神心理评估主要是对老年人进行认知功能和情绪状态等的评估，比如画钟实验等。

（4）感知觉与沟通的评估主要包括对老年人进行意识水平、视力、听力、沟通交流能力的评估。

（5）社会评估主要是对老年人进行社会参与能力的评估，比如生活能力、工作能力、时间 / 空间定向力、人物定向力和社会交往能力等方面的评估。

2. 评估目的

评估等级划分标准分为能力完好、轻度受损、中度受损、重度受损四个等级。

评估结果仅作为老年人现有健康状况、生活能力的说明，而非疾病的诊断。提供老年人健康管理的主要内容和要求，提供入院、转介、出院以及制订老年人照顾计划的依据。提供老年人生活照料服务和医疗护理服务定性的、定量的要求。提供老年人照顾服务中意外风险发生的概率，采取规避风险措施的依据。

3. 评估分类

（1）初次评估。对老年人进行初次评估，事前应向老年人和家属解释评估的目的和要求，并取得老年人合作。评估可以分阶段、分次进行，也可以由不同评估员完成。全面的评估应在14天内完成，所有健康资料由完成评估的评估员确认，并建立健康档案。

（2）定期评估。主要回顾和总结老年人目前面临的主要健康问题，评估结束后应在健康档案中做阶段小结。定期评估每年应不少于一次。

（3）及时评估。当老年人健康出现重大变化或危急状况时进行的评估。评估时应首先回顾老年人既往健康情况、目前出现的健康问题和严重程度并说明已采取的处理措施和下一步照顾计划，如请医生会诊应在健康档案中同时记录会诊情况。

4. 评估的重要性

民政部最新出台的《养老机构等级划分与评定细则》将开展老年人能力评估作为应满足的基本要求与条件，在运营管理和服务上明确要求按照老年人的能力进行入院评估、即时评估、定期评估，制定或修订照护计划、护理等级。不仅在硬件上对评估室及配套设备设施有规范，在评估工具上有"软件"和"纸质"的区别，在评估内容上以国标为依据，还提出了评估人员的资质要求，即"入院评估由评估员提供服务，评估员应具有医学或护理学学历背景，或获得社会工作者资格证书，或获得高级养老护理员资格证书"，更要求根据评估结果和老年人服务需求，制定照护服务计划，包括服务项目、膳食要求、照护注意事项等，不管是从国家政策面还是实际需求层面，老年人的能力评估都显得极其重要。

（1）量化服务需求，合理配置服务资源。在推进长期护理服务健康发展的过程中，为准确量化老年人真正需求与合理配置养老服务资源提供依据，是实现合理化、规范化提供养老服务的基础。通过老年人能力评估，才能真正掌握老年人各方面的照护需求，才能合理分配有限的资源，科学地规划市场供给，如照护计划的制定与服务提供、养老服务机构的建设、养老专业人才的培养等；通过评估，才能真正明确养老服务市场的供需情况，进而为指导建立长效的养老服务监督机制提供支撑，实现科学管理的有序进行，改善医疗服务质量，保障老年人的权益。在医养结合的模式中，信息系统，除录入入住老年人的基本信息外，第一步就是进行老年人身体状况评估，然后确定护理等级、建立健康档案、制定营养餐管理、制定护理工作流程，每个节点只要依据评估结果进行，就能达到改善老年人健康状况、延缓衰老、提高老年人生活质量的目的。

（2）科学防范风险，照护与收费相匹配。没有评估就没有风险防控，通过评估，使我们在制定照护计划、确定收费标准、防范风险发生等方面有了依据。老年人能力评估能够暴露出各类风险因素，提示照护者重点关注的问题，帮助建立安全防范和应急预案。另外，老年人能力评估作为养老机构标准化建设的重要组成部分，为指导建立长效的养老服务监督机制提供支撑，优化养老服务机构的运营管理，提升养老服务质量，为处理与老年人及其家属间因服务项目引起的纠纷等问题提供依据。

（3）提高管理效率，提升养老服务质量。量化管理对于养老服务机构而言，关系着运营效率、资源分配等关键方面。每个老年人都是一个不同的案例，评估所呈现的老年人实际情况是细致而个性化的。有时表面看起来，一个护工服务一位老年人，所有护工的工作量都是相同的，而经过评估之后，护工服务一位重度失能老年人和服务一位轻度失能老年人，绩效是完全不同的。如果没有评估，护工所付出的时间和精力无法得到客观且具象的表现，养老机构的管理者也无法真正了解实际资源分配。长效地开展动态评估机制不仅能够准确地为需求匹配服务资源，避免服务资源浪费，更重要的是能够将护理员的工作进行量化，达到可考核绩效的目的，提升管理效率，也为养老专业人才提供了一个良好的职业发展环境，有助于吸引和留住更多优秀的人才，服务质量的提升便进入一个良性循环。

（4）服务接纳度增加，促进商业服务发展。老年人能力评估有效地推动长期护理体系的建立，为长期护理服务提供单位对服务内容、服务项目的制定和开发提供了科学的、权威的依据，同时也让老年人通过科学评估，全面地了解自己，提升对自己的认知水平，更容易接纳养老服务，愿意为养老服务消费买单，积极开展老年人能力评估，可以有效指导养老服务机构科学地制订照护服务计划，为老年人提供个性化、差异化的养老服务，同时吸引更多的消费者，从而促进商业照护服务科学可持续地发展，推动和实现长期照护服务体系的形成。从每位老年人的个体需求出发，合理配置符合老年人能力的生活服务人员，为老年人提供更好的服务，不断地促进护理服务标准化、规范化、多元化、个性化发展。除此之外，对于老年人及其家属来说增大老年人的自主选择权。

二、老年人能力评估系统

1. 定义及内容

老年人能力评估系统是通过信息化手段，建立用于老年人能力评估工作全流程的一套工具，实现老年人能力评估数据的采集、录入和共享，提高老年人能力评估工作的效率，为相关部门实施老年人照护和优待政策提供依据。

老年人能力评估系统主要包括评估指标管理、评估对象管理、评估过程管理、评估档案管理以及数据统计分析。能够实现添加和导入评估指标（国家标准评估指标、行业标准评估指标、企业自定义评估指标）；手动录入评估对象信息、批量导入评估对象信息，评估对象可预约评估时间，针对形成的评估报告，若评估对象对评估结果有异议可申请再次评估，评估结果汇总后形成老年人能力评估档案，可供查询利用以及相关信息发布，最后信息化系统能够生成各类统计报表，供领导决策及相关信息发布。

2. 系统建设的重要性

对于长期护理体系建设来讲，运用信息化管理系统，可以加深对业务的认知，推动业务的不断循环发展，全面了解老年人能力的现状，为专业队伍建设提供信息支撑，同时为行业管理、质量监控、督导提供基础依据，促进体系建设标准化水平提升。因此，老年人能力评估系统的建设和运营将产生巨大的社会效益和经济效益，具体如下：

（1）掌握一手数据，服务政府决策。对于政府层面来讲，可以掌握动态信息，增强监管和指导效能，政府业务主管部门通过信息系统产生的数据报告进行研究和分析，加强对体系建设的整体规划性，避免规划不合理和浪费资源的现象。

（2）利用智慧评估，不断提高效率。现今是一个用数据说话的时代，数据具有客观性、有效性，信息技术的出现促进了各行各业的快速发展，信息化、互联网已深入人心。评估工作牵涉人员多、项目多、数据量大、情形复杂、统计难度大等诸多因素，单纯靠人工评估和统计分析效率低，而且难把握，易出错。采用信息技术，大力推广老年人能力评估软件的开发与应用，将养老与信息化有效地进行了结合，使之前烦琐的人力评估转变成了软件评估，很大程度上减轻了评估人员的工作负担，同时加强了评估的准确性，避免了人的主观性思维（主要是来源于评估员），实现智慧评估，从而减少失误，省时省力，提高效率，最终达到提升养老服务品质的目的。

（3）助力企业管理，节约管理成本。对于服务机构来讲，信息化手段的运用可以提高业务管理效率，规范业务执行流程，达到无纸化办公的目的。使用老年人能力评估系统，可对国家标准、行业标准、地方标准、企业自定义标准等评估工具进行灵活选择，开展评估过程记录，自动生成评估结果，记录评估人员，评估对象签字确认，从整个业务流程上达到全流程可追溯，大大节省企业的行政成本、时间成本、档案记录等成本。

第二节　信息系统的建设环境及使用条件

信息系统的建设需具有计算资源、存储资源、网络资源、场地资源。提供的环境应能满足本项目的场地、供电、散热等土建需求。所有用电设备通过自带接地端与设备机柜或接地装置连接，确保每台设备的接地稳定可靠。机房接地采用综合接地，即工作接地、保护接地和防雷接地采用统一引接的方式，接地电阻要求不应大于 1Ω。

郑州市老年人能力评估信息系统建设首先是遵循国家金民工程、河南省郑州市民政信息化建设标准的要求，建立和完善老年人能力评估总体标准、数据类技术标准、系统应用支撑类技术标准、网络与安全类标准、养老服务类标准、业务系统规范、养老服务质量标准等。

需以国家和河南省郑州市现行养老标准为依据，结合郑州市养老现状，构建郑州市养老评估体系，涵盖护理、医疗、康复、心理慰藉等老年人生活的各个方面。

需实现在老年人及家属享受各种服务后，对服务内容和服务质量均可以提供反馈评价。为客观评价与管理、有针对性地改善养老机构及其他服务质量、制订相关标准等提供依据。

（1）制定并实施郑州市老年人能力评估数据、交换和服务等一系列技术标准。

（2）制定养老信息系统功能、性能和风险测评规范和技术准入规章，建立养老信息化技术标准制度。

（3）结合业务应用系统的开发需求，参考国内相关部门的信息标准，制定业务应用系统建设的相关行业标准，为各类业务应用系统建设提供技术规范。

第三节　对长期护理服务发展的作用

在推进长期护理服务健康可持续发展的过程中，老年人能力评估是重要的一步，为准确量化老年人真正需求和合理配置养老服务资源提供了依据，是实现合理化、规范化提供养老服务的基础。只有通过老年人能力评估，才能掌握老年人需求、合理分配资源、明确养老市场供需以及建立长效的监督机制，对养老服务供需匹配、提升质量、决策依据、权益保障几个方面具有重要的推动作用。

一、提供精准服务的基础

身体健康情况、生活自理能力是老年人保证独立生活的最基本能力。一旦健康有变、自理能力丧失，老年人的生活就需要有外力的介入，这会给家庭乃至社会带来负担。为此，评估老年人的身体健康和生活自理能力，有助于提前发现并避免或者延缓生活能力的丧失（早发现、早干预、早治疗），不仅可以提高老年人晚年生活质量，对于国家和社会也具有重要的康养经济学意义。

二、提升养老服务质量的助推器

提升养老服务质量离不开标准化建设，只有对老年人的生理、心理方面进行全面的评估，才能够了解老年人的需求，制定科学的照护计划，推动建设一系列配套的标准化的、规范化的养老服务制度，保障老年人养老服务需求，提升养老服务水平。

三、为政策制定提供依据

有了深入基层的评估、筛查、调研，各有关部门就可摸清底数，建立经济困难的失能和高龄等老年人补贴制度，保障困难老年人居家养老服务需求，为政府制定支持政策、扶持服务项目、分配资金等提供分区域、分人群、分项目等方面的精准数据支持，使政府制定老年人需求规则及运营补贴政策方面有据可依，从而保障社会服务的有限供给，实现资源的合理配置。

四、完善长期护理服务体系建设

通过评估，发现不足和缺点，为政府制定政策以及购买老年人服务提供依据，为养老机构长远的发展获得更多的资源，有利于从战略和全局高度推动长期护理服务发展，有效应对人口老龄化，使更多的老年人受益。

第四节　信息系统建设瓶颈

各地不断深入开展老年人能力评估信息化建设，包括建立老年人能力评估系统平台，实现将国家标准的信息化转化，拟提供更好的能力评估服务，目前仍面临着诸多技术或非技术问题。如评估结果有争议、评估信息不准确、与医疗系统数据无法实现互联互通、医保系统因数据安全问题而不愿接入平台等问题，具体如下：

一、与医保系统数据的互联互通难

国家层面，金民工程一期建设全国养老服务系统，有老人能力评估系统建设，该系统从国家层面建设，抓取关键数据信息存档，但是无法做到与其他业务相连通，例如，与医保业务系统无法连通，就无法获取老年人享受长期护理险信息，无法实现依据评估结果匹配相应照护服务（由保险公司买单），总的来说，老年人能力评估体系与长期护理险的关联对接较弱，老年人的服务体验较差。

二、系统用户体验效果差

我国的老年人能力评估系统评估过程较为烦琐，需要填写很多问题和指标情况。较多文字的评估内容还不能被老年人所接受，老年人在评估中容易出现烦躁和焦虑等情绪，导致评估过程不顺利。老年人在服务人员的辅助下登录系统，面对陌生的评估系统，会对评估目的、评估过程以及评估界面等产生疑问；接下来在填写个人信息时由于内容填写较多，对专业名词不了解，使老年人产生更多困惑，对接下来的评估造成影响；开始评估之后，在自主选择和身体测试两种方式下评估四类指标，老年人看到繁多的评估内容，在长时间的阅读中容易产生焦躁情绪，从而失去对评估的兴趣，降低完成的信心；最后提交的评估结果容易造成偏差，在老年人悲观情绪的影响下，评估结果直接分级容易造成其心理落差，无法准确地进行评估，从而使老年人不认可出具的评估结果，导致投诉事件等。

三、新技术与评估业务的契合度低

信息化新技术的不断发展能够为老年人能力评估提供更广阔的发展空间，但采用的新技术需要贴近老年人能力评估的需求。如利用物联网技术可以对老年人的日常活动数据进行采集并远程传送，不需要填报复杂的评估表格，通过智能设备进行分析，能够实现对相关数据信息的抓取，达到实时动态评估，但由于该领域成熟的智能化设备较少，并且未能获得广泛认可，对需求的提出也不清晰，为新技术找到合适的切入点造成困难。

第五节　信息系统建设经验

一、传统老年人能力评估系统介绍

传统的老年人能力评估系统具有评估机构管理、评估题库管理、评估客户端、评估结果、接口几个部分构成（见图9-1）。能够实现服务人员通过手机端开展上门服务评估，并记录评估结果，生成评估报告，实现对评估报告的批量导出。评估人员可通过手机端查收评估任务信息，并接收完成评估任务，得到相应的报酬或奖励。评估机构可通过平台实现评估量表的设定，评估人员的信息管理、评估进度的实施查看。

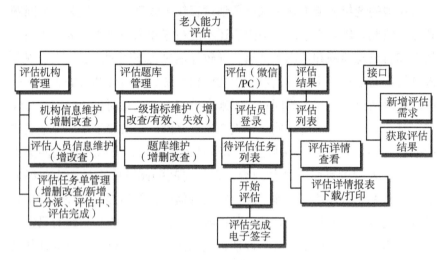

图9-1　模块业务拓扑图

老年人能力评估系统用户角色有：系统运营管理员、系统运营人员、政府操作员、评估机构管理员、评估员。

系统管理员可操作系统所有功能，包括新增系统运营人员账号。

系统运营人员维护评估机构信息，开设评估机构管理员和评估员账号，维护评估一级指标及各指标下的题库。

政府操作员发起评估要求，新增评估任务单并下发给评估机构。

评估机构管理员维护机构信息，维护评估员账号，指派评估任务单的评估员。

评估员通过微信或 PC 开展评估工作。

二、建设经验总结

1. 无法对评估结果进行申诉

在以往老年人能力评估系统建设经验中缺少对评估结果的申诉，因实际业务开展，有些老年人对评估结果并不认可，认为评估过程不够专业，但苦于没有申诉的环节或者渠道，老年人通过官方投诉渠道，直接投诉至政府，造成不良的社会影响。在如何增加评估结果的权威性，让更多老年人认可评估结果之前，可通过系统设计缓解这个问题，在评定结果出来后，老年人除了签字确认外，还可以进行申诉，并可以查看申诉处理结果，方便及时解决矛盾和问题。

2. 评估过程操作复杂，需手工录入大量的信息

系统界面设计大多采用表格形式，填报问题较多、页面设计不美观、交互体验感较差、评估员主要精力用于填报信息，或者由老年人自己填报信息，造成信息录入准确性不高、从而影响评估结果的准确性。

3. 缺少评估对象身份确认环节，影响结果的准确性

在开展评估之前，需对老年人的身份进行认证，传统的是通过老年人提供的身份证信息进行手动录入，开展评估，不关注身份证信息的准确性，更有现象是家属提供身份证进行评估信息的录入，导致评估的专业度不高，评估结果权威性较差、影响力较低。

第六节　长期护理评估系统建设措施及规划

一、加大数据信息的互联互通力度

促进信息网络的互联互通，包括各级卫健系统（实现对评估结果的比对和老年人健康档案的实时调用）、保险系统（实现保险信息查询，为养老服务设计提供合理规划）、公安（进行人员信息比对，确认身份信息）。数据互联互通能够让老年群体获得更多的信息服务，而且不需要老年人花费时间去了解学习系统使用、政策内容、准备健康档案等相关材料，只需要出具身份证，即可实现相关档案资料的提取和调用，用于科学开展评估工作，整个过程无感化，可以提升老年人的获得感。

平台建设对接相关机构系统（民政、人社、卫健、公安等），需考虑到未来与征信平台、志愿者管理、智慧社区等平台的对接与扩展。需通过智慧养老信息集成及互联互通，实现与民政及其他部门异构数据之间的转换、抽取、预处理等能力。需包括与民政其他业务（如社会救

助、殡葬等）等异构数据之间的数据采集、共享交换服务等，需要明确以下内容，方可开展系统设计：

比如，与社保系统的接口。

接口类型：单向数据交换。

接口实现方式：采用接口函数调用、传输数据接口文件的形式完成，或采用 webservice 方式实现。

接口频次与接口时机：对于数据文件采用定时传输，对于调用接口函数和 webservice 方式根据事件触发实时自动导入。

二、转变系统建设理念

从目前全国开展的老年人能力评估系统来看，信息系统建设多以政府角度出发，强调政府作为监管方在数据获取、服务过程监管方面的重要性，而忽略了用户的体验感，对于一款用户是老年人群体的系统，人机交互的设计非常重要，包括文字、图片、文字排版、音量、按钮大小等都有其特殊性，需要从原来的以"政府为中心"转变为以"用户为中心"开展系统建设。

老年人能力评估关系到老年人切身的经济利益，老年人及其家庭对此的关注度较高，政府应加大力度促进老年人信息科技产品研发规范，建设信息系统，借助信息化技术为老年人这一特殊群体提供更好的养老服务，让信息化成为老年人能力评估的有力支撑。

三、系统规划及功能介绍

1. 总体架构

老年人能力评估系统采用云平台进行承载，该云平台应采用开放的云架构，具有松耦合、资源池化、高可扩展等特性，具备满足业务发展快速迭代升级的能力，采用微服务架构方式实现。平台的存储、计算、网络能力可适配省域内所有政企及个人业务的接入需求。平台基于多租户的管理机制与技术手段，实现不同网络、不同业务之间的云主机隔离和安全控制；根据不同用户、不同业务的计算、存储、网络负载情况，实现资源的动态分配、弹性伸缩。平台应具备系统容灾能力和数据备份手段。安全保障体系包括物理安全、网络安全、主机安全、应用安全、数据安全、云安全、安全监测等。

云平台基础资源可提供 IT 设施支撑，平台可实现资源池化的计算、网络、存储三大 IT 基础设施领域的灵活调度，具备各类云数据库、云监控等服务。平台的存储、计算、网络能力可满足适配本次老年人能力评估整体业务的 IT 基础设施需求。

因考虑到业务应用具有数据处理和传输量大，实时性强，对数据安全性、可靠性、一致性要求高的特点。项目建设设计和软、硬件配置应遵循的原则：适用性、稳定性与可靠性、标准性、先进性、开放性、扩展性与可升级性、安全性。

在产品选型时，应根据国家有关法律法规要求和国家标准、政策等强制性的要求进行。需要厂家提供个性化的定制产品，采用可提供本地化服务厂家的产品。产品在使用上应具有友好的用户界面，并且可以进行定制化，使用户在管理、使用、维护上尽量简单、直观。

根据项目整体业务要求，系统平台架构整体分为 IaaS、PaaS、SaaS 三层（见图 9-2）。

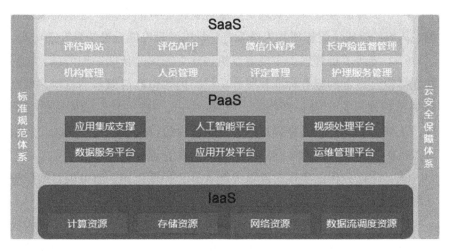

图 9-2　系统平台架构

IaaS 层主要实现物理资源等基础设施的构建，为长期护理服务相关各个业务应用系统提供可弹性伸缩的计算资源、存储资源和网络资源。

PaaS 层是位于 IaaS 层之上的开放服务层，可通过标准数据接口为长期护理服务业务应用系统提供公共基础的能力服务，如大数据分析、音视频处理、云安全、信息多渠道发布、身份认证鉴权、AI人工智能等。

SaaS层主要部署长期照护业务应用系统，如评估机构管理、人员管理、评定管理、护理服务管理等应用系统。

2. 功能介绍

（1）定点机构管理。实现对符合政府准入标准的定点机构（含医疗机构）、有评估能力的定点机构等服务组织的管理，还可以对服务机构签署的协议进行管理。

（2）参保人员管理。提供参保人基本信息管理、长期护理保险参保人员基本信息，对基本信息进行统一管理。长期护理险参保关系与基本医疗保险绑定关系，业务不单独申报，纳入与医疗、工伤、生育保险一体化的经办管理。功能包括参保基本信息管理、基金征缴管理、个人档案管理、终止参保、注销等业务。

（3）评估认定管理。实现老年人能力评定流程包含评定量表管理、评估申请、评估申请审核。

（4）护理服务管理。实现定点服务机构服务的管理，提供对服务计划、内容的管理，设置机构人员配置、机构受理失能人员信息管理功能。

（5）待遇信息管理。实现定点机构建立完善的长期护理信息，执行并提供符合规定的服务标准和服务项目。内容包括待遇申请材料、审核结果及护理日常记录护理档案，按照"一人一次一档"的原则进行管理，长期保存，并及时准确录入长期护理保险待遇管理信息系统，包括定点机构服务人员待遇标准管理、费用结算管理等功能。

（6）统计分析。实现对参保失能人员、护理机构、服务项目维护等功能。

（7）系统接口。长期护理保险业务管理系统将开发配置护理机构接口，以实现各项基础信息、业务信息的交互共享，支持长期护理保险业务的办理以及服务的提供。

第 十 章

郑州市"三社联动"参与长期护理服务的路径

"三社联动"是一种结合"社区、社会组织和社会工作者"三方的力量，突破了以往社区治理的瓶颈，助力社区发展的新路径。与此同时，社区也是养老服务开展的重要阵地，伴随着老龄化程度的加深，以居家为基础、社区为依托、上门服务和社区日托为主要形式的社区养老服务也如火如荼地开展起来。郑州市通过购买社区养老服务项目、助力专业人才队伍建设等方式，以"三社联动"的方式推动社会力量参与提供养老服务，本章梳理了"三社联动"的内涵、背景和实践经验，从社区、社会组织、社会工作者、三社联动角度整理了郑州市"三社联动"参与养老服务的经验，最后，提出了目前郑州市"三社联动"参与养老服务的成就和挑战。

第一节 "三社联动"是促进社区养老服务
发展的重要力量

2013 年，民政部、财政部联合印发《关于加快推进社区社会工作服务意见》，首次提出"三社联动"，要求建立"以社区为平台、以社会组织为载体、以社会工作专业人才为支撑"的新型社区服务管理机制。本节结合已有研究，梳理了"三社联动"的内涵、发展背景与运作机制。

"三社联动"的定义并没有明确界定三个主体的具体内涵，对此，学界提出了不同的看法：叶南客、陈金城（2010）认为，"三社联动"[①]是"社区建设、社会组织培育和社会工作现代化体制建立"这三大系统的联动；王思斌（2016）认为，"三社联动"是"社区、社会组织以及社会工作者"这三个主体的联动[②]；顾东辉（2016）认为，"三社"可以指"三个工作主体"，也可以指"三个实务要素"；樊红敏等（2018）认为，"三社联动"中的"社区"既是一个空间概念，又是一个主体概念，同时还是一个平台概念，"社会组织"既包括在民政部门登记的、具有法人资格的社区服务型社会组织，又包括数量庞大的在民政部门备案的社区社会组织，"社会工作者"指社会工作专业人才，既包括社区专职工作队伍中的社会工作者，也包括社会组织中的社会工作者[③]。这里采用樊红敏（2016）的观点，对"三社"不限制具体内涵。

一、缘起背景：基层社会从"单位制"转变为"社区制"

我国的城市基层社会经历了从"单位制"到"社区制"的转变。在改革开放前，我国的基层社会是"单位制"，单位不仅是社会成员谋生的经济组织，也是获得社会保障、社会关怀的基本社会载体[④]，此时的人们对自己的单位有很强的归属感，但对于居住的地区并没有什么归属感，更没有居民意识[⑤]。改革开放后政企分离，"单位制"社会逐渐解体，"单位制"社区里原有的一些行政和社会职能与单位解绑，向街道和居委会转移，形成了"街居制"城市基层社会建设、管理和服务的基本组织架构[⑥]。1987年，民政部在大连的民政工作会议上首次提出"社区服务"的概念，但彼时的"社区服务"仍然停留在互助服务和商业服务的阶段，并没有涉及福利性社会服务，也没有涉及社区建设和社区治理等

---

① 叶南客，陈金城.我国三社联动的模式选择与策略研究［J］.南京社会科学，2010（12）：75–76.

② 王思斌."三社联动"的逻辑与类型［J］.中国社会工作，2016（2）：61.

③ 樊红敏，钱花花，岳磊.社区"三社联动"体制机制研究（上）［J］.中国社会工作，2018（1）：42–44.

④ 徐永祥，曹国慧."三社联动"的历史实践与概念辨析［J］.云南师范大学学报（哲学社会科学版），2016，48（2）：54–62.

⑤ 徐永祥.社区发展论［M］.上海：华东理工大学出版社，2002：145.

⑥ 曹海军."三社联动"的社区治理与服务创新——基于治理结构与运行机制的探索［J］.行政论坛，2017，24（2）：74–79.

体制问题[①];1991 年,民政部提出国家和社会力量相结合、"社会福利社会办"的新思路,倡导在城市基层开展社区建设;1998 年,民政部设立了基层政权和社区建设司;2000 年 11 月,国务院转发了民政部关于在全国推进城市社区建设的意见,全国各地自此进入了如火如荼的社区建设阶段[②],社区逐渐成为我国城市基层社会管理和社会整合的重要组织。

但是经过几十年的发展,社区治理仍然存在自治性不足的问题,因此需要"三社联动"来促进社会力量参与到社区治理当中。徐永祥等(2016)认为基层治理自治性相对不足,这种体制是"政府行政体制内部的行政权力和职能的重新调整"[③],社区建设目前的工作重点是解决社会问题和稳定基层社会,但"只见政府、不见社会",并没有调动各类主体的积极性[④]。

综上所述,我国的基层社会治理经历了从单位制向社区制转变的过程,但这只是"体制内部的重新调整",目前我国基层社会的治理需要解决新问题,因此,出现了"三社联动"这一新的发展路径。

二、运行机制:各主体间的联动方式

"三社联动"的核心在于"联"和"动",在具体实践中,"联"与"动"是通过三种方式实现的,这就是"三社联动"的运行机制。

第一种是政府部门与社会组织、社会工作者进行的"政社联动",这种模式通常表现为项目制和联合培育新组织两种形式。政府以项目的形式购买社会组织服务。与常规的服务相比,这种模式具有更强的灵活度和专业性[⑤],在这一过程中,政府部门处于主导地位,支持、协调、监督社会组织提供服务,同时为社会组织和社会工作者让渡了空间,实现了权力分享,弥补了政府供给不足的短板[⑥]。政社合作培育新的社区

---

①②④ 徐永祥,曹国慧."三社联动"的历史实践与概念辨析[J].云南师范大学学报(哲学社会科学版),2016,48(2):54-62.

③ 张华林.加快推进社区、社会组织、社工"三社联动"的对策思考[J].中国民政,2011(6):41-42.

⑤ 李文静,时立荣."社会自主联动":"三社联动"社区治理机制的完善路径[J].探索,2016(3):135-141.

⑥ 曹海军,吴兆飞.社区治理和服务视野下的三社联动:生成逻辑、运行机制与路径优化[J].华南师范大学学报(社会科学版),2017(6):30-37+189.

治理组织一般由基层政府部门与社会组织联合完成，其中基层政府部门履行组织、支持、评估和监督的职能，社会组织履行规划、孵化、评估、督导的功能，在社区培育新的治理组织，由治理组织链接各方资源，直接为社区居民提供服务，例如，北京市由街道办与支持型社会工作机构成立了联动办公室[①]。

第二种是社会组织之间，以及社会组织与社会工作者之间的"社社联动"。社会组织之间的联动培育了社会资本，推动了社会组织之间的网络建设，在这一过程中，"合作机制"改变了社区服务的分散以及不良竞争，从而更好地满足了居民需求[②]；同时，社会组织与社会工作者之间的关系密不可分，社会组织培养、吸纳、组织和认同社会工作者，社会工作者提供服务，推动社会组织以及行业发展[③]。

第三种是政府部门间的合作，即"政政联动"，以往科层制下的政府部门是自上而下的垂直式管理，但这也造成了部门间的分割，阻碍了资源交换，部门间的协调是破除科层制弊端的关键。在"三社联动"中，居委会和社区工作站之间的关系及协调是社区运作中的重点。

三、"三社联动"在养老服务领域的应用

社区养老是养老服务领域的重要模式，使用"三社联动"的机制尤为重要：童星（2015）认为，社区是将家庭和机构衔接起来的平台，通过社区这一纽带，居家养老和机构照料都可以转变成社会化的养老服务，这种"社区居家养老"模式是以居家为基础、社区为依托、上门服务和社区日托为主要形式，并且引入了养老机构专业服务的社会化养老模式，虽然发生在社区，但可以利用的资源并不局限于狭小的社区内部，而是要充分利用社会力量，"三社联动"的重要性和必要性不言而喻[④]。童星（2017）提出，社区服务是社会化养老的应然选择，这是因

---

① 李金清. 朝阳区"三社联动"提升基层社会治理水平 [J]. 中国社会组织，2015（5）：10-12.

② 曹海军，吴兆飞. 社区治理和服务视野下的三社联动：生成逻辑、运行机制与路径优化 [J]. 华南师范大学学报（社会科学版），2017（6）：30-37+189.

③ 王学梦，李敏. 接纳、嵌入与融合："三社联动"的内在机理与关系建构 [J]. 治理研究，2018，34（6）：93-102.

④ 童星. 发展社区居家养老服务以应对老龄化 [J]. 探索与争鸣，2015（8）：69-72.

为养老服务要由"补缺型"向"普惠型"转变，"三社联动"促进政府、市场、社会与家庭的多元互动与协作，以社区服务为纽带，连接家庭和机构，实现养老服务社会化的目标①。

"三社联动"在养老服务的实践过程中也遇到了一些困境，学者们对其进行了分析且提出了一些应对的手段，首先是政府部门，政府角色由传统的福利生产者转向了福利的规划者、购买者和监督者，由于角色转变，政府部门遇到了权威性低、可执行性低、资金使用效率低、缺乏监督机制等难题；市场遇到了难以发挥在资源配置中的决定性作用；社会组织数量少、发展空间有限，还未成为自主性的供给主体；而且多元主体间的互动、合作不成熟，未形成合作网络和良性的伙伴关系，面对这些困境，要界定好主体角色及职能，积极构建主体间的良性伙伴关系，形成多元主体良性治理的新局面②。

第二节　"三社联动"参与长期护理服务的实践经验

使用信息技术、引进品牌机构运营以及工作人员上门提供护理服务是"三社联动"参与长期护理服务的三条重要经验。信息技术的运用包括微信公众平台、智能护理服务以及信息服务平台，品牌化运营是指引进专业的品牌机构为老人提供服务，上门提供服务的主体包括社会工作者、志愿者以及专业护理人员。

一、信息技术的运用

微信公众平台、智能护理服务以及信息服务平台等信息技术都可以运用在长期护理服务当中，"互联网＋居家养老"的智慧居家养老服务模式改变了信息交流的传递方式，强化了资源配置整合力度、提升了服务管理效率，为居家养老服务带来了新的机遇③。

---

① 童星，高钏翔．社区服务：社会化养老的末梢神经［J］．中共浙江省委党校学报，2017，33（1）：59–65.

② 姜玉贞．社区居家养老服务多元供给主体治理困境及其应对［J］．东岳论丛，2017，38（10）：45–53.

③ 睢党臣，彭庆超．"互联网＋居家养老"：智慧居家养老服务模式［J］．新疆师范大学学报（哲学社会科学版），2016，37（5）：128–135.

1. 微信公众平台在长期护理中的应用

成都市二仙桥街道西北路社区的"西北路社区直通车"微信公众平台链接了社区内的群众资源和商企资源，社区依托该平台，将各种资源整合在一起，形成了多方联动的格局。该平台于2018年12月上线，功能窗口设定清晰简洁，在"微官方"一栏，覆盖了"社区概况、报名系统、党建内容、政策通知、便民服务信息、风采展示"等内容，且以图标的形式展示，更方便老年人点击查看。另外，信息平台还有会员签到制度，每天登录即可获得积分，累积积分可以兑换辖区内商家的礼品[①]。

2. 智能护理服务在长期护理中的应用

北京市丰台区利用信息技术为老年人提供智能护理服务。丰台区于2016年提出"三社联动聚宝盆"项目，该项目以东铁营、方庄、西罗园街道下属社区为平台，老年人的信息被录入居家养老支持系统中，每人还配备一张健康档案IC卡，老年人在社区服务中心的数据读取器上刷卡，即可参与智能测量血压、血糖、心率等项目，专业医务人员可以实时监测老人们的身体变化状况，并依托养老照料中心的医疗资源，为社区老人提供上门出诊、双向转诊、紧急救助等附加服务[②]。

3. 信息服务平台在长期护理中的应用

河南洛阳涧西区建立了"三社联动"便民信息服务平台，以APP的形式为需要服务的老年人提供上门的优质服务。服务内容包括社工类、养老类、教育类和咨询类等，老年人可通过登录APP或拨打电话的方式，快捷选择自己需要的服务，还能打分评价服务质量。在方便群众的同时，平台内入驻的社会组织和商家也可通过平台提供的需求数据确定工作导向，及时了解社区居民的特点和需求，整合资源和数据，实现供给与需求的有效对接[③]。

---

① 四川新闻网. 社区微信公众号助力"三社联动"老年居民纷纷来"签到"［EB/OL］. ［2020–07–21］. http://local.newssc.org/system/20181215/002576024.htm? from=message&isappinstalled=0.

② 网易财经. 丰台推三社联动借助科技为居家养老服务［EB/OL］. https://money.163. com/16/1201/02/C75SAU1D002580S6.html.

③ 河南省人民政府. 洛阳涧西区"三社联动"便民信息服务平台正式启动［EB/OL］. ［2020–07–21］. http://www.henan.gov.cn/2017/07–17/634212.html.

二、品牌化运作

引入品牌机构可以为服务对象提供优质、专业的长期护理服务。江苏省新北区春江镇中央厨房引进了"江苏枝秀"这一本土为老服务品牌来运营管理，借助品牌组织的力量，为老年人提供了优质的助餐服务。该项目自 2018 年 6 月 4 日起投入运营，位于百馨西苑三期商铺，一层建筑面积约 500 平方米，覆盖了 4 个社区和 1 个残疾人圆梦工作室的老年助餐服务，每个社区都配备一名服务人员，由服务人员到中央厨房领取餐食，送至社区，订餐的老人到社区领取即可。老年助餐的标准是每餐 8 元，由政府补贴 3 元，老人自己出 5 元，用餐标准是一大荤一小荤和两素一汤。此外，和其他地方的中央厨房模式不同，在老年助餐服务稳定后，春江镇中央厨房还将进行市场化运作，向周边所有居民提供常规的午餐和晚餐，单个菜品价位从 1 元至 15 元不等[①]。

三、工作人员上门服务失能老人

失能老人没有完全的生活自理能力，若没有子女照护，就需要工作人员上门为老人提供服务，以满足失能老人的生活和照护需求。"三社联动"激活了社会力量，社会工作者、志愿者以及专业的照护人员都参与其中，为失能、孤寡老人提供上门服务。

1. 社会工作者提供上门服务

社会工作者能为服务对象提供资源链接，具备一定的照护和咨询常识，在上门服务的过程中，社会工作者可以发挥自己的专业性，评估服务对象的需求，一方面可以帮助老人解决日常生活中的小麻烦，另一方面也可以为老人链接资源，提供支持，帮助困境中的失能人员走出困境。

长春市长山社区为有需求的老年人提供了"居家养老入户专职社工服务"，为社区的孤寡、失能老人提供日常生活上的帮助，长山社区有60 余名失能或独居老人，有的行动不便，有的卧床不起，社区成立了"康乐之家老年服务中心"，安排了 6 名专职社工，开展居家养老入户服务，帮助有需求的老人们完成购买煤气罐和炉盘，买菜、买药、配餐、

---

① 中国江苏网．引进品牌组织，新北春江镇养老"三社联动"［EB/OL］．［2020—07—21］． https：//baijiahao.baidu.com/s?id=1602394796038994336&wfr=spider&for=pc．

洗澡、代办缴费等日常生活需求，另外，这些专职社工还会每天到这些老人家中陪老人聊天，陪伴孤寡老人[①]。

2. 志愿者提供上门服务

志愿者热情高且人力成本低，失能老人不具备完全的生活自理能力，一些日常生活中的小事都可能对他们造成负担，因此可以利用志愿者的力量上门为失能老人提供服务。

湘潭市雨湖区建设社区组建了一支"老伙伴"志愿者服务队伍，建设社区整合了辖区资源，引进了专业社工机构，在"低龄老人服务老龄老人"的倡导下，由低龄的"老伙伴"们组成的，若高龄、失能、独居的老人有需求，就会反映给"老伙伴"志愿队，再分派给这些"老伙伴"志愿者们，这里的需求一般都是上门维修、购买米油面等日常生活需求，对提供服务人员的专业程度要求低。另外，该社区也在组建单元楼"敲门人"的志愿者队伍，计划在每个单元设置一名"敲门人"，每天到空巢、失独老人家"敲敲门，问声好"，避免发生突发事件[②]。

3. 专业照护人员提供上门服务

社会工作者和志愿者可以帮助老人解决日常生活中的困难，但失能老人失去了基本的生活能力，还需要有专业的照护人员提供专业照护服务，这就需要养老机构等社会组织参与到"三社联动"提供长期护理的工作中来。

天津市在2018年发起了"社区居家老人帮扶项目"，由南开静雅老人院执行，天津市和众社会工作服务中心负责项目指导，项目覆盖老人院周边多个社区，通过专业工作人员入户评估，充分了解社区贫困、高龄、失能、空巢、独居老年人的需求，为社区有需求的老年人提供助浴、助洁、助餐、助困等专业服务。另外，南开静雅老人院与社区签署了"志愿服务协议"，要为社区培训一支专业的志愿服务队伍，建设"无围墙"的养老院，将养老机构专业服务延伸常态化[③]。

① 中国日报网."生人社会"转为"熟人社区"长山社区"三社联动"闯出养老新路［EB/OL］.［2020-07-21］. http://cnews.chinadaily.com.cn/baiduMip/2017-02/27/cd_28364393.html.

② 网易新闻.雨湖区建设社区：三社联动，社区居家养老更暖心［EB/OL］.［2020-07-21］. https://3g.163.com/news/article/FFSGHGJB0530QK9D.html.

③ 天津城市快报."三社联动"治理服务模式 老人在家可享专业服务［EB/OL］.［2020-07-21］. https://tj.jjj.qq.com/a/20180328/006945.htm.

第三节 "三社联动"参与长期护理服务的现状

一、"三社联动"参与长期护理服务现状概述

近年来,郑州市积极开展"三社联动"参与长期护理服务的实践,本节从社区、社会组织以及社会工作者层面分别阐述了目前提供长期护理服务的现状和特点,然后以购买社区为老服务项目和推动社会工作专业人才队伍建设为例,介绍了郑州市"三社联动"参与长期护理服务的具体模式。

1. 社区提供物质基础和政策保障

社区是"三社联动"的基础,在"三社联动"参与养老服务的过程中,社区一般处于主导层面,为社会组织和社会工作者发挥作用提供平台。

郑州市拟将更多优质资源引向社区,以卫生服务体系建设为例,郑州市委办公厅、郑州市人民政府办公厅结合国家相关部门的要求与实际情况,于2020年5月16日全市卫生健康大会上下发了《郑州市社区卫生服务体系建设三年行动计划(2020—2022)》,根据该行动计划的要求,郑州市每个街道办事处或每3万~10万居民中,应当至少有一所政府主导且符合国家标准的社区卫生服务中心,2020年完成60%的建设任务,2021年全部完成建设任务;2022年全面规范提升,普遍达到国家基本标准。同时,要按照每万名居民7名(其中3名全科医师、1名公共卫生医师、3名护士)专业技术人员的标准为社区卫生服务中心核定专业技术人员岗位数量,并配备相应管理人员。除此之外,社区卫生服务中心也将纳入医保,社区卫生服务机构还将开展信息化建设,开展远程心电、远程会诊、网上转诊等服务,推进信息互联互通,实现居民健康信息、检查检验结果互认等服务[①]。

2. 社会组织整合资源

社会组织是联结社区和社会工作者的中间环节,一方面依托社区提

---

① 新华网.郑州:社区卫生服务体系建设 三年行动计划启动[EB/OL].[2020-07-21].http://m.xinhuanet.com/ha/2020-05/17/c_1125995301.htm.

供养老服务，另一方面组织社会工作者发挥专业为老服务的力量。

郑州市社会组织的筹资方式是自筹与政府补贴相结合，运行方式为嵌入式社区养老和日间照料结合，从业人员包括工作人员、社工和志愿者，比例约为100：3：15，在筛选人员时，持有专业护理资格证者优先，若无证，则进行为期三个月的岗前培训再上岗，对养老服务业的评估标准按照国家标准执行。目前，郑州市社会组织在提供养老服务发展的过程中遇到了租金高、房源难找、专业护理人员难招等问题，在从业人员的比例分配上，社会工作者占比严重不足，志愿者多为参加社会实践活动的大学生，流动性和非专业性较大。

3. 社会工作者是提供服务的主体

社会工作者是提供服务的主体，他们依托社区平台，由社会组织集结在一起，提供专业的长期护理服务，反过来，社会工作者提供的服务能够集结社区和社会组织，形成多元主体的社会力量，助力社区养老。

郑州市社会工作发展已有十年历史，目前全市共有1500余人从事社会工作行业，社工机构107家，目前郑州市社会工作发展具备一系列自身特色：第一，制度完善，郑州市出台了一系列政策文件，基本形成了社会工作政策体系；第二，多元主体购买社工服务，政府部门可以购买，需要社工服务的非政府部门也可以购买，一方面推动民政和社工的联合，另一方面推动社会组织、专业机构等和社工的联合；第三，重视人才建设，区级建立了人才培育基地，另外，督导制度也推动了社会工作的职业化发展。

二、长期护理服务的实践案例

1. 依托社区的"三社联动"：以购买社区为老服务项目为例

2019年，郑州市民政局以公开招标、投入资金90万元，配备12名社工的方式，购买了五个为老服务项目，其中有三个是社区为老服务社工服务项目，包括二七区淮河路街道绿云社区为老服务项目、天下路社区为老服务社工服务项目和陇海社区为老社工服务项目，第四个是社区困境老人关爱社工服务项目，最后一个是机构养老社工服务项目。

社区为老服务社工服务项目的目的是为社区有需要的老年人提供关爱照护服务，帮助老年人适应角色转变，扩大社会交往范围，协助老年人处理好与子女、配偶之间的关系，保障老年人合法权益，通过个人增能、家庭照顾支持、志愿者链接等方式强化老年人社会支持网络；社区困境老人关爱社工服务项目主要是为社区困境老人建立服务档案，协助符合条件的老人申请政府最低生活保障等社会救助，为有需要的老年人提供心理疏导、能力提升、资源链接、权益保护、社会融入等服务，提高老年人晚年生活质量；机构养老社工服务项目是为老年公寓内有需要的老人提供各种服务，帮助其进行心理疏导、情绪疏解、认知调节等，使其适应角色转变，开展各种活动，鼓励老年人扩大社会交往范围，协助老年人扩大其社会支持网络。

总的来说，购买社区为老服务是"三社联动"的典例，是由民政部门牵头，依托社区或老年公寓，借助社会组织和社会工作者的力量，为老人提供服务的项目。区别在于第一个项目依托社区，服务对象是普通老年人；第二个项目依托社区，服务对象是困境中的老年人；第三个项目依托老年公寓，服务对象是公寓内的老年人。

以绿云社区为老服务项目为例，该项目于2019年12月4日在二七区淮河路街道绿云社区文明实践站举行了揭牌仪式，该项目由民政局出资购买，由郑州市管城回族区信望爱社工服务中心负责执行，项目包含的服务内容包括针对服务对象的心理疏导、情绪疏解、认知调节、学习娱乐等服务，保障老年人合法权益，强化老年人社会支持网络等，该项目的服务模式为"党建引领＋社工助推＋志愿服务＋服务对象参与"相结合，结合了社区、社会组织、社会工作者等多方力量，是"三社联动"的典型代表。

2. 社会组织与社会工作者的互相促进：专业化人才队伍建设

社会组织是社会工作者提供服务的基地，社会工作者是推动社会组织发展的人力资源，二者的关系密不可分。以推动专业化人才队伍建设为例，郑州市社会组织培育专业的社会工作督导，专业的社会工作督导又促进了社会组织专业化发展，由此形成了双方共同发展的良性循环，社会工作是一项专业程度很高的职业，因此初级社会工作者需要专业社会工作者对其进行专业指导，这就是社会工作的督导制度，是社会工作专业化的重要体现。

截至2019年底，郑州市入选了64名社工督导，选拔督导需要按照

"机构选拔推荐、各县（市、区）民政局审核、市民政局备案"的程序开展，各机构按照单位内部持证社工 6 ∶ 1 的比例进行选拔推荐，被推荐者需要符合下列条件之一：取得助理社会工作师职业资格证书，并有不少于三年的社会工作实务经验；取得社会工作师职业资格证书，并有不少于两年的社会工作实务经验；经各县（市、区）民政局选拔出的督导人才，可直接入选；具有普通高等学校社工及相关专业博士研究生学历的高校教师可直接入选。督导培养对象资格有效期为两年，两年内没有入选市级社会工作督导人才库的，在第三年需要重新参与选拔推荐。

郑州市市级社工督导人才培养坚持"理论与实务相结合""培养与考核相结合"的原则，邀请社会工作发达地区督导授课，进行三个阶段 72 学时的培养和三次阶段考核。第一阶段的重点是基础知识，通过集中授课和工作坊的形式开展共 24 学时的课程，考核采用"服务案例＋闭卷考试"的形式开展，通过者进入第二阶段的培养，未通过者则被淘汰；第二阶段的重点是基础知识、实务技巧以及督导模拟工作坊，采取的培养形式是授课、督导模拟工作坊和督导实习，共计六次课程，每次四学时，共计 24 学时，考核采用"督导模拟＋闭卷考试"的形式，通过者进入第三阶段的培养，未通过者则被淘汰；第三阶段的重点是专业治疗方法和督导的技巧，培养方式是集中授课和工作坊，共计 24 学时，考核采用"督导案例＋闭卷考试＋专家面试"的形式开展，通过考核者入选郑州市社会工作督导人才库，未通过考核者则被淘汰，经申请可进入下一年度培养。经过三个阶段的集中培训与考核，通过考核的社工将进入市级社会工作督导人才库，由郑州市民政局统一管理并组织继续教育，对入库满两年的市级社工督导进行考核评估，未通过评估的将退出市级社工督导人才库。

第四节 "三社联动"参与长期护理服务的展望

本节结合已有文献的经验和郑州市的实践，提出了郑州市"三社联动"参与养老服务的成就和挑战，成就包括社区日间照料中心建设初步完成、政府顺利购买实施养老服务项目、持续规范居家社区老年健康与医养结合服务项目；挑战包括社区养老照料设施推进缓慢以及依托社区开展健康服务活动仍需推进。

一、目前取得的成就

1. 社区老年人日间照料中心建设初步完成

社区老年人日间照料中心是社区开展"三社联动"养老服务的基地之一，养老照料设施建设初步完成意味着开展养老服务的物质可能性增强。2018 年，郑州市民政局大力推进社区日间照料中心的建设工作，出台了《郑州市城乡养老照料设施建设资助和运营管理暂行办法》，规定养老照料中心的建设补贴标准为面积 200 平方米及以上补贴 10 万元，面积每增加 100 平方米增加补贴 5 万元，最高不超过 100 万元。2019年，郑州市民政局以开展居家和社区养老服务改革试点城市为契机，继续加大奖补扶持力度，大力推进养老照料设施建设。

2. 政府购买服务项目顺利实施

政府购买服务是"三社联动"的具体实施形式。2018 年 11 月，郑州市老龄办多次组织相关单位人员召开座谈会，同年 11 月 22 日，民政局委托河南招标采购服务有限公司，完成了郑州市政府购买居家和社区养老照护服务承接主体招标工作。2019 年，民政部门继续大力开展政府购买养老服务项目的工作，按照"政策引导、社会参与、市场运作、老人受益"的原则，在主城区及四个开发区开展居家养老服务试点。各县（市、区）结合实际，为老年人开展助餐、助浴、助急、助医、护理等服务。2019 年，政府购买服务的总投入 4500 多万元，购买公共服务站点数量 160 多个，购买特殊困难老人服务数量近 6000 人，第一批购买公共助餐服务老人数近 7000 人。

3. 持续规范居家社区老年健康与医养结合服务项目

老年健康和医养结合是养老服务的又一工作重点，依托社会力量为老年人提供健康服务是"三社联动"参与养老服务的又一重要实践。郑州市二七区、惠济区、上街区、新密市、中牟县和高新区均开展了老年健康与医养结合服务试点。内容包括：第一，为 65 周岁及以上老年人提供上门健康评估服务；第二，为 65 周岁及以上失能老年人提供每年至少一次的康复护理指导，心理支持等健康服务；第三，每年为 65 周岁及以上居家老年人提供血压测量、血糖检测、康复指导、护理技能指导、保健咨询、营养改善指导六个方面的医养结合服务。

二、对未来的展望

1. 运用信息技术

信息社会的技术革新改变了信息交流的传递方式，强化了资源配置整合力度，提升了服务管理效率。在长期护理服务中可以利用信息技术解决现存困难，首先，可以建立信息服务平台整合资源，链接供需双方，一键解决资源配置不公或不够高效的问题；其次，可以使用信息手段为老年人提供智能护理服务，提高服务效率。

2. 引进品牌机构提供专业长期护理服务

专业的长期护理服务需要专业机构提供。社区有需求、有资源，但无法为服务对象提供专业的服务，此时就需要引进专业的社会组织或养老机构，激发多元主题活力，发挥专业力量提供长期护理服务，弥补政府部门供给不足的问题，"让专业人员做专业的事"，是"三社联动"的重要意义之一。

3. 发展居家养老上门服务

失能人员不具备完全的生活自理能力，因此需要机构或社会组织提供上门服务，这类服务需求可以分为两种：一是对日常生活照顾的需求，包括购买生活用品、上门维修、缴纳费用等，这类服务对专业性的要求低，但十分重要和烦琐，可以由社区内的志愿者提供；第二类需求是对照护服务的需求，需要提供服务的主体具备一定的专业性，可以由社工或专门的护理人员完成。

第十一章

国际经验：日本老龄化应对中的地区综合照护体系

在应对人口老龄化的各项议题中，如何针对处于失能、半失能、失智老年人提供综合、连续性的服务正在逐步成为世界经历人口老龄化国家的核心议题。在这方面，日本近些年不断完善的地区综合照护体系提供了有价值的参考。本章将对这一体系展开详细分析，以期为中国相关领域的工作推动提供借鉴。

第一节　日本人口老龄化的演进及应对政策体系的变化

当前，日本是世界上人均预期寿命最高的国家，也是人口老龄化程度最深的国家。2018 年的《世界卫生统计》显示，日本居民平均预期寿命 84.2 岁，远高于全球平均的 72 岁[①]。2018 年 10 月时，日本 1.26 亿总人口中，65 岁及以上人口占比达 28.1%，总量达到 3558 万人[②]。自 20世纪 80 年代起，人口老龄化带来的各类影响开始逐步显现，至今已经成为影响日本经济社会中长期发展最为关键的因素。

---

① 资料来源：世界卫生组织。
② 资料来源：日本国立社会保障与人口问题研究所。

一、日本人口老龄化的演进历程

1970 年，65 岁及以上人口在日本总人口中所占比例超过 7%，标志着日本进入老龄化社会（Aging Society）。1994 年，65 岁及以上人口比例达到 14%，标志着日本进入老龄社会（Aged Society）。2007 年，65 岁以上人口比例达到 21%，标志着日本进入超老龄社会（Hyper-aged Society）。2013 年，65 岁以上老年人口在日本总人口中所占比例达到 25.1%，意味着每四个人当中有一个是老年人。同年，日本人口的平均年龄为 45.8 岁，中位数达到 46.0 岁。到 2018 年末，日本老年人口比重进一步上升，65 岁及以上人口在总人口中所占比例达到 28.1%（见图 11-1）。

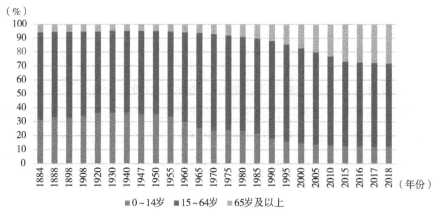

图 11-1　日本人口年龄结构的变化

近些年，日本的总和生育率一直保持在较低水平，新生人口数量也持续下降。2019 年，日本总和生育率为 1.36，出生人口 86.5 万人，为有人口普查以来的出生人口最低数。少子化的持续，使未来日本的人口老龄化变得更为严重。第二次世界大战后至今，日本先后经历了两次婴儿潮。第一次是 1947~1949 年，第二次是 1971~1974 年。2025 年，第一次婴儿潮的出生人口将达到 75 岁及以上的阶段，日本老年人口将达到 3677 万人；2042 年，日本 65 岁以上老年人口将达到顶峰，约为 3900 万人。受此影响，日本社会老年人抚养比例将由 1965 年的 9.1 位劳动者供养 1 位老年人，到 2012 年的 2.4 位劳动者供养 1 位老年人，再到 2050 年的 1.2 位劳动者供养 1 位老年人[①]。

二、日本人口政策体系的整体变化

从政策层面看，影响人口老龄化发生的是围绕人口的相关政策。1948 年，日本制定了《优生保护法》和《母子（健康）手账》，以此为依托开始开展母子保健服务事业。1950 年之后，日本在全国范围内逐步推行"新生活运动"[②]。这两项活动的展开，直接促进了家庭计划的普及，并最终导致了日本出生率的迅速下降。1957 年，日本总和生育率降至 2.04 的更替水平，实现了 10 年中从 4 以上减半至 2 的更替水平的变化，这在当时国际人口学界被称为"日本的奇迹"，并以其对经济社会发展的有利性[③]被誉为"适于发展的人口模型"（日本老龄综合研究中心，2014）[④]。

1967 年 7 月末，日本总人口突破 1 亿人。1970 年，日本正式进入老龄化社会之际，少子化问题并未出现[⑤]。同年，日本男性的人均预期寿命为 69.3 岁，女性人口的人均预期寿命增至 74.7 岁。在当时，对于人均预期寿命的增加，社会中普遍给予了正面评价，认为人均预期寿命和老年人口的增加是社会进步的表现，并没有被看作问题。在国际范围内，由于经济发展所带来的巨大成就，日本实现的人口转换，会同日本企业的经营方式，也被普遍作为成功的典型，向世界的发展中国家进行推广（日本老龄综合研究中心，2015）。

在上述背景下，日本并未开展对老龄化的应对，而是在 20 世纪 70 年代提出了"安定人口"的概念，即人口总量既不增加也不减少的状态。要实现这一状态，需要总和生育率维系在 2.1 的更替水平上。在这一理念指导下，日本在这一时期先后参加了 1972 年的联合国人类环境

---

① 日本厚生劳动省 . 未来老龄人口发展预测［EB/OL］. https：//www.mhlw.go.jp/seisakunitsuite/bunya/hukushi_kaigo/kaigo_koureisha/chiiki-houkatsu/dl/link1-1.pdf.

② 新生活运动，是由地方政府和企业合力进行推广的国民运动，通过引入家庭计划和家庭记账等方式，倡导更为合理、更有效率的生活方式。这项运动持续了十几年，使日本国民的生活行动中的计划性大大增强。

③ 这种有利性主要考虑被抚养的儿童人口数量的减少，但却造成了之后老龄化的迅速发生和这一时期劳动年龄人口的相应不足。

④ 日本老龄综合研究中心 . 大转换期日本的人口情况［Z］.2014.

⑤ 日本 1970 年的总和生育率（TFR）依然维持在 2.1 的更替水平上。

会议、1974年的世界人口会议和1984年的国际人口会议，对如何消解发展中国家的"人口爆发"提出了自己的想法。这一时期，日本人的生活意识也逐步发生变化，从"重视物质丰富"开始逐步转为"重视精神丰富"。这一变化为之后女性针对个人价值和就业问题的看法转变埋下了伏笔。

1973年，日本出台了一系列针对老年人口的福祉政策，包括养老金随物价调整机制、对老年人的日常生活提供政府支持等。其中，最引人注目的是针对70岁以上的老年人口实行免费医疗的制度（这一制度在之后做了调整）。基于此，日本的一些学者将1973年看作"福祉元年"。

自1975年开始，日本的总和生育率首次跌破2.1的更替水平，降至1.91。其后，这种下降趋势一直持续，日本的总和生育率总体进入了下降轨道。虽然1982~1984年，日本总和生育率出现了短时期的小幅反弹[①]，但在1985年后，这种反弹未再持续。

20世纪80年代后期，日本老龄化出现了进一步加剧的势头。在这一背景下，如何应对老龄化带来的冲击，越来越多地引起政策决策者和研究人员的关注。1986年，日本正式出台了"长寿社会对策大纲"，首次确定了在总理直接领导下，全面推进老龄化社会的应对策略。政策制定初期，讨论的都是同老年人相关的内容，而对造成老龄化最大原因的少子化，基本上没有做任何讨论。之后，针对老龄化日益蔓延的经济社会影响，日本不断加大应对力度，所出台的主要措施包括：1989年制定了"老年人保健福祉推进十年战略"（通常所说的"黄金计划"）；1990年对既有的《老年人福祉法》进行了修订，确定了服务主体向市町村转移的策略；1994年成立了老年人护理对策本部，探索如何构建老年护理体系；1994年制定了"新黄金计划"，对旧有数值做了上调；1999年通过"黄金计划21"，对基础数值目标做了再度调整，并准备实施护理保险制度；2000年正式实施了老年人护理保险制度；等等。近些年，针对如何为老年人提供全方位照料，日本开始探索如何进一步完善其既有的社区综合护理体系和护理保险制度。

---

① 1981年降至1.74后，1982年、1983年和1984年的水平分别为1.77、1.80和1.81，但在1985年时又开始下降，跌至1.76。

2003 年，在既有老龄社会对策的基础上，日本政府制定了"少子化社会对策基本法"，公布了"少子化社会对策大纲"，明确政府从女性生育、育儿和就业等多个方面提供支持，以扭转出生率继续下降的势头。之后，在应对少子化方面，日本政府不断出台新的措施，以强化对这一政策的支持。至此，将老龄化应对同少子化应对紧密结合，成为日本人口政策领域中最核心的部分。

三、老年人护理政策的变化轨迹

第二次世界大战后，日本于 1946 年开始发展社会保障制度。1962 年，日本开始着手推进访问护理事业，1963 年，颁布《老年人福利法》，以法律形式维护老年人权益，设立特别养护老人院，并将访问护理制度化。1978 年，日本开始推进短期入住护理事业，在第二年增加日托护理事业。进入到 20 世纪 80 年代，随着老年人口的不断增加，老年人住院与瘫痪老人的问题日趋严重。1982 年，日本出台了《老年人保健法》，1987 年，对《老年人保健法》进行修改，开设老年人保健机构。1989 年后，由于经济陷入长期停滞，为解决财政透支，弥补社会保障支出所需资金不足的问题，日本政府开始征收 3% 的消费税，并发布《老年人保健福利推进十年战略》（俗称"黄金计划"），推进养老机构整备与居家福利事业发展。

进入 20 世纪 90 年代，随着老龄化程度加剧，日本开始对老年法律大规模修改。1990 年，日本政府修改了八部福利法规，1992 年，再次对《老年人保健法》进行修改，设立了老年人访问看护制度。1994 年，厚生省设立老年人护理对策总部探讨护理保险制度，并发布"新黄金计划"。1997 年，日本将消费税率由 3% 调至 5%，同年《护理保险法》颁布。

自 2000 年开始，日本政府正式实施《护理保险法》，并于同年发布《社会福利事业法》，定义了"地区福利"的概念。日本老健局下辖的老年照护研究会于 2003 年 6 月发表了题为《2015 年老年人照护——确保维护老年人尊严的照护》的报告，对为实现长期照护保险与医疗和社保制度间的连接，建立全社会共同参与的"地区照护体系"的设想做了解释。2005 年，日本修改了《护理保险法》，"地区综合照护体系"一词首次被提出。同时，日本设立了地区居民养老和医疗相关的咨询窗口，命名为"地区综合支援中心"。2011 年，日本再次修改了《护理保险法》，并于 2012 年 4 月开始施行新法。新法条文中明确提出"自治体（地方政府）承担着推进地区综合照护系统的义务"，系统推进这一体系被义务化。在 2013 年和 2014 年的《地区综合照护研究会议报告书》基础上，日本厚生劳动省又将地区综合照护系统的构成要素做了更新，提出了相关理念。2015 年，《护理保险法》再次修改，对推进地区综合照护体系做了更为详细的阐释。

第二节　地区综合照护体系的具体内容

对于绝大多数老年人而言，在所熟悉的家中度过老年生活是一种理想状态。地区综合照顾体系，简言之就是针对进入失能状态的老年人，使他们在自己所熟悉的地方以自己喜欢的方式一直生活到生命的最后阶段，为此在地区内构建的相互支持体系。这一体系的建设，避免了老年人在失能和生命后期，单纯依靠护理服务和护理设施的问题。

一、地区综合照护体系的概览

近些年，日本正在将提供护理服务的责任主体从中央政府转移到地方政府。地区综合照护体系，从某种意义上也被看作是为配合上述转型进行的制度构建。同时，随着全国护理机构的不足，也使日本政府逐步将提供照护的场所从机构向居家进行转移，这成为地区综合照护体系实施的另一背景。当前，面向 2025 年，日本厚生劳动省以能够完成地区综合性的支持和服务提供体制的构建为目的，正在积极推进各种措施的完善。

从要点上看，地区综合照护体系是解决如何能在自己所熟悉的地区持续生活的制度。从另一个角度看，地区综合照护体系也是基于地区整合各种力量为老年人提供支持服务的制度体系。对于生活在社区中的老年人，要在该地区以自己喜欢的方式生活到生命最后，所需要的服务内容包括护理、医疗、居住和生活支持等各个方面。因此，地区综合照护体系是一套将上述各种服务进行有效整合的制度安排和服务模式。

为构建这套体系，需要包含护理人员和医务人员在内的多种职业类型人员的共同协作。作为衔接角色，地区综合支持中心和照护管理人发挥着重要作用。需要说明的是，这里所指的地区，是指距离自己住家步行 30 分钟以内的区域。

二、地区综合照护体系的历史

地区综合照护体系这一概念，源于 20 世纪 80 年代日本广岛县御调町的尝试。当时的御调町（现在的尾道市），负责医疗和福利的部门进行合作，以实现老年人的失能清零为目标首次实施了富有意义的尝试，这种尝试被称为地区综合照护体系。自 2000 年开始，随着护理保险制度的正式实施，人们逐步认识到，要为老年人提供充分支持，除需要医疗、护理和福利的合作外，还需要生活支持。在这一背景下，地区综合照护体系作为整合医疗服务和护理服务，再加上生活支持等在内的制度越来越引起重视。2014 年，日本实施了《医疗护理综合确保推进法》，在全国范围内开始推进地区综合照护体系的构建。

日本社会引入地区综合照护体系的背景，是少子老龄化的快速发展中失能、半失能老年人数量的迅速增加。2016 年 4 月，日本全国需要护理 / 需要支持的人数超过了 622 万人。随着老年人口的增加，被认定需要提供护理的人数一直在增加，但提供护理服务的人员数量严重不足，日本面临着只依靠现有的护理保险服务无法为老年人提供充分支持的问题。

鉴于上述情况，在使用公共服务的同时，充分利用社区的力量，构建对老年人提供支持的地区综合照护体系日渐重要。同时，随着家庭规模的小型化，无法从家庭获得支持的单身老年人也在增加。这也成为发展依托社区进行照护的另一个原因。

三、地区综合照护体系强调干预预防

地区综合照护体系中的一项重要内容，是通过积极进行干预减少需要护理的发生。老年人需要护理的主要原因，是身体机能的衰退。根据身体状态，具体可分为衰弱、肌肉减少、运动障碍综合征三类情况。从表现上看，衰弱是以体重减少或活动量的降低为主要症状，属于要护理的前期。肌肉减少是已经进入了衰弱状态，由于消耗能量的减少导致食

欲降低、营养不良。运动障碍综合征则是随着年龄的增加运动功能受损导致活动量下降的情况，这也导致衰弱的产生。为了避免上述状态的发生，让老年人进行社会参与、承担社会角色，充实身心使其感到生活的意义十分必要。

四、地区综合照护体系的要点

1. 地区综合支持中心是体系运营的中心

在 2005 年对护理保险法进行修订时，日本提出了设立地区综合支持中心的要求，作为用于支持地区综合照护体系运营的核心机构。地区综合支持中心是由居家护理支持中心的运营法人、社会福祉法人、公益法人、医疗法人、非营利组织等接受市町村委托形式进行运营，配备保健师、社会福祉士、主任照护经理人等人员的机构。在业务内容方面，分为护理预防支持事业和综合性支持事业。

护理预防支持事业是指为作为指定的护理预防支持事业所对需要提供支持的人员进行照护管理的工作。综合性支持事业的内容则相对广泛，包括：①护理预防照护管理，对旨在预防变为需要护理状态提供支持的护理预防照护管理；②使老年人能够在自己所在的社区持续居住进行制度构建的综合持续护理管理支持；③倾听社区老年人需求、作为地区综合支持中心业务的综合交流支持；④对缺乏完全行为能力对象进行协商支持和财务管理的权益保护。

2. 地区综合照护体系的五大构成要素

从大的方面划分，地区综合照护体系由以下五方面要素构成：医疗 /看护、护理 /康复、预防 /保健、生活支持 /福利服务、居住和居住方式。在日本，学界和业界一般会使用"盆栽结构"来描述上述五种要素之间的关系。

在这一盆栽中，医疗和护理等专业性较强的服务被比作盆栽中培育植物的叶子，蕴含面对未来不断增加的护理服务，这片"叶子"需要不断生长才能加以应对。但是，如果仅仅发展其中的护理服务，作为生活基础的居住如果得不到保障，老年人将无法安定地生活。因此，将居住和居住方式比作这个盆栽的花盆。此外，社区老年人开展的护理预防、社区内护理保险之外的服务以及依托居民帮助开展的生活支持也十分必要。如果缺乏这些支持，专业人员将无法在各自的专业岗位发挥其专业性服务的优势。鉴于此，护理预防和生活支持被比作盆栽中的土壤。

除上述因素外，作为接受服务的最重要前提——老年人的自我选择、本人和家庭的心理准备也至关重要。因此，老年人个人选择和本人及家庭的心理准备被比作这一盆栽的花盆。

3. 自助、互助、共助、公助的"四助"原则

地区综合照护体系中，各种生活问题的解决，主要依托四种"帮助"的作用。一是自助，即依靠自身的力量帮助自己。要在已经熟悉的社区持续居住，需要老年人自我重视健康，积极采取措施开展各类护理预防活动。此外，地区综合照护体系中由个人自我付费承担护理保险外服务的行为，也被认为是自助行为的一种。二是共助，即制度化的相互扶助行为。医疗保险、养老保险、护理保险等这些基于被保险者的相互负担成立的社会保险制度，属于共助的范畴。三是互助，即基于个体之间的人际关系彼此相互帮助，共同解决生活中各类问题的行为。如果说共助更多强调基于制度规定进行的相互扶持，互助则更多属于自发性的行为。换言之，互助和共助都有相互协助的意思，但如果是基于非正式的社会资源进行的活动，多归为互助类型。四是公助，即面对依托上述三种类型的帮助无法解决的问题，提供生活保障制度或社会福利制度的行为。公助行为往往由税收支持，除生活保护外，对老年人的权益保障等也多归为公助范畴。

要充分发挥地区综合照护体系的功能，上述四种类型的帮助需要协同发挥作用。其中，通过个人自我努力使自己生活变得更加丰富的自助，是基础；考虑到个人能力相对有限，对自助提供支持的互助，也很重要；当遇到仅靠互助无法解决的问题，需要依托共助加以应对，对共助的充分应用，将减少互助的负担；当出现依托上述三种类型的帮助都无法解决的贫困或家庭关系恶化甚至虐待等问题时，需要借助公助的力量。

五、地区综合照护体系的益处

当地区综合照护体系功能充分发挥时，将给老年人及其家庭带来一系列的益处。

一是即使需要医疗护理时也可以进行居家养老。在地区综合照护体

系实施之前，社区内的医疗领域和护理领域之间并不存在协作机制。一般情况下，各类服务由不同的提供者分别提供。在此情况下，对于需要医疗护理的重度护理人员，一般很难提供适宜的服务。随着地区综合照护体系的引入，提供上门医疗的机构和提供护理服务的提供主体开始建立联合机制，在需要时通过相互协作提供一体化的服务。

二是失智老年人及其家属能更加便捷地生活。随着地区综合照护体系的建立，得益于地区支持网络的充分利用，地区内对失智老年人进行帮助的支持者人数也逐渐增多。所谓认知症支持者，是指对认知症具备正确知识，在社区内对认知症患者及其家庭进行支持的人。随着地区内对认知症进行支持体系的建立，老年人即便出现精神障碍也能在自己所熟悉的社区和家中持续生活。自2018年开始，随着各地认知症初期集中支持小组的设立，社区内的认知症患者能够获得更多支持。

三是基于需求出现了多样化的服务。随着地区综合照护体系的建立，老年人在家中生活，以此为基础所需要的各种服务能够以更为精细的方式进行提供。这包括辅助购物帮助看护等在内的生活支持类服务、针对提供居住和护理预防的措施、24小时不间断地定期巡访随时对应的护理服务等。与此同时，服务类别也在不断细化。

四是老年人的社会参与更为丰富。在地区综合照护体系中，让活力老人积极参与各类社会活动、对需要帮助的老年人进行支持，也是一个重要方面。鉴于此，以护理预防为主题的各类文娱活动、志愿者活动、老年人俱乐部等不断发展。在实践中，老年人由于承担了社会角色，更能感受到自己生活的意义，起到了护理预防的作用。

六、地区综合照护体系的构建流程

在实践中，地区综合照护体系并非由国家统一制定，而是各地根据自己的情况独自制定自己的照护体系。在操作上，由市、区、町、村地方政府每三年更新《护理保险事业计划》，依托该计划加以实施。但需要指出的是，在各地制定自己的体系时，需要遵循国家提出的以下三个流程。

1. 掌握当地面临的问题，发掘可用的社会资源

首先，各市/区/町/村对日常生活中的需求进行调查，了解当地

的老年人都面临什么样的问题，针对这些问题考虑需要的具体服务内容及模式。其次，召开的地区照护会议中，对本地已在开展的各种照护方案进行讨论，对地区内面临的问题做深入分析。经过这一流程，对本地能够成为医疗和护理服务承担者的志愿者团体、NPO 组织，以及商店、町内会等组织的状况进行详细把握。

2. 当地各利益相关方讨论对策

同第一阶段针对各个事例分别召开地区照护会议讨论不同，这一阶段的讨论，是以市、区、町、村为单位进行的，需要本地所有利益相关方参加对问题进行合议。一般做法，是包括政府各部门人员在内的本地各类相关人员共同参加，通过达成共识选出本地面临的问题，从政策上对如何解决讨论具体措施。从所发挥的功能看，这一阶段的核心任务是对地区面临的问题展开综合分析，发掘能够利用的各类社会资源，并以构建照护体系为目的进行地区建设。

3. 确定对策及实施

地区综合照护体系构建的最终阶段，是针对地区照护会议中讨论的问题确定具体的政策措施，并将它们纳入护理保险事业计划中。基于需求准备各项支持服务的内容，必要时政府会出台具体措施推动各项服务的落地。这一阶段也被称为是在地方政府层面确定政策及付诸实施的阶段。经过这一阶段的工作，适宜各地情况的地区综合照护体系被最终付诸实施。

需要指出的是，经过上述三个阶段制定的地区综合照护体系并非一成不变，后期需要根据老年人的需求变化、出现的新情况等因素进行不断改善。改善的具体手法，是采用“PDCA 循环”模式。P 为“Plan”，即计划；D 为“Do”，即实行；C 为“Check”，即评价；A 为“Action”，即改善。依托上述流程，所制定的地区综合照护体系不断更新改进。对于改善而言，上述这些环节中的评价十分重要，其具体内容包括：所实施的服务内容是否合适，当地面临问题的对应中是否存在问题，服务是否取得了预期效果等。此外，通过定期召开的地区照护会议等机制，对需求的调查也会进行持续更新。

七、地区照护会议

制定地区综合照护体系的前提，是通过地区照护会议准确把握地区的现状。通常情况下，地区照护会议多由地区综合支持中心主持召开。参会人员包括政府相关部门的工作人员、照护经理人、护理服务提供人员、医疗机构和社会福利协会的相关人员、町内会以及志愿者团体代表，以及各地的民生委员等。由于大家表达的意见分别代表不同的立场，这种多主体交流往往更容易使地区面临的问题被逐渐明确。另外，这种讨论模式，对于地区建设以及发掘当地可使用的资源也起到了积极作用。

通常情况下，地区照护会议的召开分为两个阶段。第一阶段，相近的几个市町村构成一个被称为"圈域"的行政组织，以每个圈域为单位，对老年人所面临的具体问题展开讨论。这一阶段也被称为圈域层面的地区照护会议。第二阶段，召开地区照护会议，对各圈域讨论确定的问题汇总讨论，基于此确定当地所面临的共同问题。此外，这一阶段也围绕就所确定的共同问题，提供什么样的服务以及如何做好相应的公共服务基础等展开讨论。

通过上述两阶段会议的召开，将在各圈域召开的地区照护会议确定的相对微观的问题同在市、区、町、村层面地区照护会议所确定的相对宏观层面的社会政策进行结合，实现了微观同宏观的有效统一。

在实际操作中，地区照护会议发挥着五方面的功能。一是解决个别问题。对当地生活的老年人所面临的个别问题以及所需要的服务进行精准把握，提供解决方案。这是圈域层面的地区照护会议所发挥的核心功能。二是构建相关人员的网络。要解决老年人面临的问题，需要政府、医疗机构、护理机构、住居服务人员、预防人员等多方面主体的通力合作。在推动相关人员进行网络构建方面，圈域层面召开的会议和市、区、町、村层面召开的会议，都有此类功能。三是发现地区面临的问题。在圈域地区照护会议讨论中逐步明确问题，在市、区、町、村层面的地区照护会议讨论中确定所需要的具体措施。四是开发地区的社会资源。老龄友好型地区的创建，需要各类社会资源共同发挥作用。通过召开地区照护会议，聚集当地的行政、服务提供主体、志愿者团队等多方力量，能够形成适宜本地的解决方案。五是形成政策。确定地区内所需要的支持内容，将其纳入当地的政策体系。在这方面，各圈域会议选出的问题在市、区、町、村层面的地区照护会议上被集中讨论形成政策。

案例

（1）松户市推动医疗和护理相结合的措施。近些年，松户市开展上门医疗的有关机构正在推进多种职业之间的相互协作。召开的集中照护负责人会议的参会人员，包括医生、护士、照护经理人、社工等。会上，照护经理人会就老年人生活状况和提供的服务所面临的问题做出说明；医生会对病情、治疗方案进行解释，并对护理服务提出建议；护士对访问看护情况、医疗机构内部的情况等进行解释。通过这种会议的召开，各相关人员对患者情况形成统一认识，照护经理人和医疗之间的协作得到强化，医疗和护理相结合的团队照护得以实现。

（2）神户市针对失智老年人进行照护的相关措施。在神户市东滩区，由地区居民、医疗领域和护理领域的专业人员形成的协作机制，对老年人形成了较好的看护。在当地居民所熟悉的玫瑰公园附近的十字路口和商店，居民会经常聚集，定期就地区中老年人的情况进行信息交流。如果大家发现异常情况，会即刻同医疗和护理的专业人员进行协商寻求支持。通常情况下，主要是地区综合支持中心负责同专业人员进行联络。通过这种守望体制的建设，强化了对老年人的支持，对有效防止老年人遭受金融诈骗也起到了积极作用。由于这套机制以玫瑰公园为中心建立，当地居民也习惯性地称为玫瑰公园网络体系。

（3）札幌市开展除雪支持。在北海道的札幌市，政府和居民志愿者组织协作，对老年人的除雪进行支持。该活动由市政府策划，由接受市政府委托的社会福利协会等中间支持组织作为中间协调机构，招收居民志愿者开展。住在本地的老年人如果需要，向中间支持组织提出申请，随时可以接受志愿者提供的服务。受市政府组织的这一活动启发，当地的企业和大学等机构也纷纷开展除雪志愿活动。

八、地区综合照护体系面临的问题

经过这些年的不断探索，日本的地区综合照护体系不断走向完善，为支持老年人特别是失能、半失能、失智老年人的生活和照护发挥了关键作用，但依然面临一些关键问题需要解决。

1. 地区综合照护体系的重点是医疗和护理的协作

通常情况下，老年人同时患有多种疾病。针对这样的特点，要使老年人能够安心地在社区持续生活，医疗服务和护理服务之间的协作十分重要。但医疗领域的从业人员和护理领域从业人员之间，存在着相互认识上的"精神隔阂"。要破除这两者之间的隔阂，需要通过充分的沟通交流，强化相互理解，让医务人员和护理人员之间建立起密切协作的机制。

2. 地区发展存在差异

地区综合照护体系的特征之一，是对老年人提供服务的责任主体从国家层面转移到了地方政府层面。由于各地在财力和人力等方面存在大的差距，所提供的服务品质和数量也不可避免地出现差异。基于这种差距，居民开始出现向能够提供更加丰富的照护服务地方流动的倾向，这使地区间差距被进一步放大。因此，如何克服地区差距也成为发展地区综合照护体系中不可回避的另一问题。

3. 服务人员不足

地区综合照护体系中，当地居民间相互帮助提供的"互助"十分重要，但随着少子高龄化的推进，不少地区在这方面面临着力量不足的问题。一方面，家庭规模持续缩小，亲戚间的联系也在日渐减少；另一方面，邻居间的关系也没有之前那么紧密。在此背景下，很多人对旨在充分利用地方社区力量的理想能够在多大程度上得到实施存在疑虑。同时，政府在发掘志愿者等主体的相互帮助作用方面所实施的政策是否有效，也面临不少质疑。

第三节 对中国养老体系构建的启示

近些年，随着人口老龄化的深化和家庭规模的缩小，中国也面临着一些和日本类似的问题：家庭对老年成员提供养老照料的功能在逐步弱化、传统的家庭养老模式难以为继、需要大力发展社会化和专业化的养老服务等。基于中国国情，尽快发展适合中国国情的养老服务体系十分重要。

中华人民共和国成立至今，尤其是改革开放以来，中国的养老服务体系随着经济社会发展和人口结构的变化不断发展。从计划经济时期以政府主导，以保障"三无""五保"为主，福利色彩强烈的一元化福利体系，经过20世纪80年代中期提出"社会福利社会化"设想，到21世纪初期提出构建"以居家为基础、社区为依托、机构为支撑"养老服务体系的思路，再到党的十八届五中全会调整为"以居家为基础、社区为依托、机构为补充、医养相结合"养老服务体系的新模式。2019年，国务院办公厅印发《关于推进养老服务发展的意见》，进一步要求从深化放管服改革、拓宽养老服务投融资渠道、扩大养老服务就业创业和消费、促进养老服务高质量发展和基础设施建设等方面完善养老服务机制。同年11月，党的十九届四中全会进一步提出"加快建设居家社区机构相协调，医养康养相结合的养老服务体系"的要求，中国养老服务体系的构建逐步走向完善。

随着对养老服务认识的不断深化，进入"十三五"规则后，中国对养老服务模式构建做了两方面的大调整。一是加大了对发展居家社区养老的重视。经过不断探索，中国逐步认识到发展机构无法解决绝大多数人的养老问题，必须夯实居家和社区在提供养老服务中的主体地位。二是在养老服务方面加大了对医养结合的重视。近些年的实践表明，老年人的核心诉求，是解决因健康恶化带来的医疗服务和医疗护理问题，要做好养老服务，同医疗进行结合，发展老年健康服务体系十分重要。鉴于此，自2015年以来，中国逐步推进了医养结合和长期护理保险的试点。

这些努力，同日本推进地区综合照护体系建设的总体方向是一致的。从这个角度看，日本综合照护体系建设的具体做法、相关尝试以及经验教训，对于进一步完善中国未来的养老服务体系构建有着重要的参考价值。除具体操作办法外，以下方面的启示也十分重要。

一、强调多体系整合

日本在构建地区综合照护体系的过程中，进行了多方面的整合，从最直接的临床治疗护理上的整合，到整个体系运营的整合。

临床整合是以人为中心的微观层面的整合，是指在同一医院内各领域专科医生和专业人员协作治疗患者的情况，也被看作最小范围的整合。在此之上是涉及组织的中观层面的整合，意味着不同组织间的护理整合，这些组织包括医院、养老院、地区综合支持中心、上门护理站、保健中心、志愿者小组等。在往上涉及系统的整合属于宏观层面的整合。这些包括在国家和地方政府等层面，制定统一战略性计划、政府和地方政府间不同部门的政策协调等。需要指出的是，在这些整合中，机构、专业团体和个人之间的共通"价值观""态度"的形成非常重要，这是推进整合的基础。

二、政策中的人文关怀

人文关怀是日本地区综合照护体系的重点之一。在日本提出的"四助"理念中，最为引人注目的便是自助与互助。自助是基于自己的选择，是为了自己活出自己风格的最大前提。互助是通过与家人、亲人及社区的居民、朋友之间的互助来实现的。因此，自助和互助并非单纯补充护理保险服务，而是丰富人生提高生活质量，充分利用老年人及其家人等力量的做法，这不仅可以尊重老年人的意愿来实现养老服务，还最大化地节省了公共资源。

参考文献

［1］Ben-Ner A. and Van Hoomissent. Nonprofit Organizations in the Mixed Economy［J］. Annals of Public and Cooperative Economics，1991，62（4）：519 - 550.

［2］World Health Organization（WHO）. Current and Future Long-term Care Needs［M］. Geneva：WHO，2002.

［3］World Health Organization. Healthy Life Expectancy（HALE）at Birth. In：Global Health Observatory（GHO）. Geneva：WHO［EB/OL］.［2015-04-20］. http：//www.who.int/gho/mortality_burden_disease/life_tables/hale/en.

［4］Xenia Scheil-Adlung, Long-term Care Protection for Older Persons：A Review of Coverage Deficits in 46 Countries International Labor ESS［EB/OL］. Working Paper No. 50. http：//www.ilo.org/secsoc/information-resources/publications-and-tools/Workingpapers/WCMS_407620/lang--en/index.htm.

［5］曹海军."三社联动"的社区治理与服务创新——基于治理结构与运行机制的探索［J］.行政论坛，2017，24（2）：74-79.

［6］曹海军，吴兆飞.社区治理和服务视野下的三社联动：生成逻辑、运行机制与路径优化［J］.华南师范大学学报（社会科学版），2017（6）：30-37+189.

［7］陈海平.郑州加快发展康养产业对策研究［J］.中共郑州市委党校学报，2019（4）：99-101.

［8］大河报.郑州市将新增 120 个城乡养老服务中心 引导提供"上菜式"上门服务［EB/OL］.［2020-04-28］. https：//www.henan100.com/news/2020/929447.shtml.

［9］大河报.郑州老年人日间照料中心：家门口的"养老院"［EB/

OL］.［2019-10-09］. http：//mzj.zhengzhou.gov.cn/mtgz/2623628.jhtml.

［10］大河网－河南日报.新乡市积极探索积分养老［EB/OL］.
［2017-06-08］. http：//news.dahe.cn/2017/06-08/108436393.html.

［11］杜鹏，孙鹃娟，张文娟，王雪辉.中国老年人的养老需求及家庭
和社会养老资源现状——基于 2014 年中国老年社会追踪调查的分析［J］.
人口研究，2016，40（6）：49-61.

［12］杜鹏，王永梅.乡村振兴战略背景下农村养老服务体系建设的
机遇、挑战及应对［J］.河北学刊，2019，39（4）：172-178+184.

［13］樊红敏，钱花花，岳磊.社区"三社联动"体制机制研究
（上）［J］.中国社会工作，2018（1）：42-44.

［14］高庆波.长期护理保险制度规模的影响因素分析：以郑州市为
例［J］.残疾人研究，2019（3）：3-9.

［15］郭德奎.浅谈农村家庭养老模式的完善与重构［J］.中共太原
市委党校学报，2012（1）：47-49.

［16］国家发改委社会发展司，民政部社会福利和慈善事业促进司，
全国老龄办政策研究部.走进养老服务业发展新时代：养老服务业发展
典型案例汇编［M］.北京：社会科学文献出版社，2018.

［17］国家发改委社会发展司，民政部社会福利和慈善事业促进司，
全国老龄办政策研究部.走进养老服务业发展新时代：养老服务业发展
典型案例汇编［M］.北京：社会科学文献出版社，2018：210.

［18］国家统计局.中国统计年鉴［M］.北京：中国统计出版社，
2017.

［19］国家应对人口老龄化战略研究课题组.中国应对人口老龄化能
力分析.国家应对人口老龄化战略研究子课题总报告集［M］.北京：华
龄出版社，2014.

［20］河南省民政厅.河南社会工作服务机构"牵手计划"结出累
累硕果［EB/OL］.［2020-01-13］. http：//www.henanmz.gov.cn/2020/01-
13/1245654.html.

［21］河南日报.郑州老年人日间照料中心：家门口的"养老
院"［EB/OL］.［2019-10-09］. http：//www.henanmz.gov.cn/2019/10-
09/959545.html.

［22］河南商报.郑州人口最新数据出炉：常住人口 988 万 人口增量最大的区竟然是它……［EB/OL］.［2018-04-26］.https：//www.sohu.com/a/229607147_99965877.

［23］河南省统计局.河南统计年鉴［M］.北京：中国统计出版社，1978-2019.

［24］河南省统计局.2018 年河南人口发展报告［EB/OL］.［2019-06-20］.https：//www.hebi.gov.cn/zghb/436404/436593/3125046/index.html.

［25］何文炯.老年照护服务：扩大资源并优化配置［J］.学海，2015（1）：89.

［26］何文炯、杨一心.失能老人照护服务补助制度研究［J］.社会政策研究，2020（2）：26-39.

［27］厚生労働省.『介護分野の最近の動向』［R］.［2019-06-25］.

［28］黄俊辉.农村养老服务供给变迁：70 年回顾与展望［J］.中国农业大学学报（社会科学版），2019，36（5）：100-110.

［29］黄少宽.国外城市社区居家养老服务的特点［J］.城市问题，2013（8）：83-88.

［30］姜玉贞.社区居家养老服务多元供给主体治理困境及其应对［J］.东岳论丛，2017，38（10）：45-53.

［31］睢党臣，彭庆超."互联网＋居家养老"：智慧居家养老服务模式［J］.新疆师范大学学报（哲学社会科学版），2016，37（5）：128-135.

［32］九三学社上海市委网站.郝勇委员：创设"家庭照护床位"让养老服务走进家门［EB/OL］.［2019-01-28］.http：//www.sh93.gov.cn/node933/node934/snxw/snyw/u1ai1905675.html.

［33］李兵，杜鹏.老龄社会学理论：研究现状和政策意义［J］.人口研究，2005（5）：66-72.

［34］李金清.朝阳区"三社联动"提升基层社会治理水平［J］.中国社会组织，2015（5）：10 — 12.

［35］李文静，时立荣."社会自主联动"："三社联动"社区治理机制的完善路径［J］.探索，2016（3）：135-141.

［36］刘慧敏等.德国与日本长期照护服务分级制度及启示［J］.护理管理杂志，2018（4）：229-232.

［37］罗巧锋.郑州市中原区社区养老服务问题研究［D］.郑州：郑州大学，2016.

［38］刘亚晓.郑州市养老机构调研报告［R］.［2020-04-14］.https：//wenku.baidu.com/view/4af7edd4a200a6c30c225901020220740bf-1ecd39.html.

［39］吕蕾，于吉海.山东省健康养老产业发展思路研究［J］.山东经济战略研究，2020（5）：9-13+2.

［40］民政部.民政部关于进一步扩大养老服务供给 促进养老服务消费的实施意见［EB/OL］.［2019-09-23］.http：//www.gov.cn/xinwen/2019-09/23/content_5432462.htm.

［41］倪鹏飞等.国家中心城市视角下的郑州指数［M］.北京：中国社会科学出版社，2018.

［42］齐鹏.论农村养老服务体系的完善［J］.西北人口，2019，40（6）：114-124.

［43］全国老龄委办公室等部门.关于全面推进居家养老服务工作的意见［EB/OL］.［2008-02-25］.http：//www.gov.cn/zwgk/2008-02/25/content_899738.htm.

［44］日本厚生劳动省.平成27年度 老人保健事业进费等辅助金老人保健健康增进等事业［R］.［2019-06-25］.

［45］日本厚生劳动省.未来老龄人口发展预测［EB/OL］.https：//www.mhlw.go.jp/seisakunitsuite/bunya/hukushi_kaigo/kaigo_koureisha/chii-ki-houkatsu/dl/link1-1.pdf.

［46］日本老龄综合研究中心.大转换期日本的人口情况［Z］.2014.

［47］四川新闻网.社区微信公众号助力"三社联动"老年居民纷纷来"签到"［EB/OL］.［2020-07-21］.http：//local.newssc.org/system/20181215/002576024.htm? from=message&isappinstalled=0.

［48］搜狐网.2020年上海市社会工作行业发展报告［EB/OL］.［2020-06-23］.https：//www.sohu.com/a/403770612_120055063.

［49］搜狐网.历史首次，中国人的健康预期寿命超过美国［EB/OL］.［2018-09-13］.https：//www.sohu.com/a/253717098_100120288.

［50］搜狐网.养老用地政策频发，用地问题迎破解之道［EB/OL］.

［2019-07-23］. https：//www.sohu.com/a/329061938_715936.

［51］苏群等. 我国失能老人长期照料现状及影响因素———基于城乡差异的视角［J］. 人口与经济，2015（4）：69-76.

［52］天津城市快报. "三社联动"治理服务模式 老人在家可享专业服务［EB/OL］.［2020-07-21］. https：//tj.jjj.qq.com/a/20180328/006945.htm.

［53］童星. 发展社区居家养老服务以应对老龄化［J］. 探索与争鸣，2015（8）：69-72.

［54］童星，高钏翔. 社区服务：社会化养老的末梢神经［J］. 中共浙江省委党校学报，2017，33（1）：59-65.

［55］王蓓. 农村人口老龄化背景下农村社会养老发展路径研究［J］. 农业经济，2020（1）：87-88.

［56］王思斌. "三社联动"的逻辑与类型［J］. 中国社会工作，2016（2）：61.

［57］王维、刘燕丽. 农村养老服务体系的整合与构建［J］. 华南农业大学学报（社会科学版），2020（1）.

［58］王学梦，李敏. 接纳、嵌入与融合："三社联动"的内在机理与关系建构［J］. 治理研究，2018，34（6）：93-102.

［59］网易财经. 丰台推三社联动借助科技为居家养老服务［EB/OL］.［2016-12-01］. https：//money.163.com/16/1201/02/C75SAU1D002580S6.html.

［60］网易新闻. 雨湖区建设社区：三社联动，社区居家养老更暖心［EB/OL］.［2020-07-21］. https：//3g.163.com/news/article/FFSGHG-JB0530QK9D.html.

［61］吴玉韶，王莉莉，孔伟，董彭滔，杨晓奇. 中国养老机构发展研究［J］. 老年科学研究，2015，3（08）：13-24.

［62］新华网. 郑州：社区卫生服务体系建设 三年行动计划启动［EB/OL］.［2020-07-21］. http：//m.xinhuanet.com/ha/2020-05/17/c_1125995301.htm.

［63］新乡市老龄工作委员会办公室. 创新政策立规矩创新思路谋发展——2016年新乡市老龄工作总结（新乡市老办〔2016〕16号）［R］.［2016-12-12］.

［64］河南省民政厅网站．新乡市养老创新机制入选中央改革办《改革案例选编》［EB/OL］．［2017-06-06］．http：//www.henanmz.gov.cn/system/2017/06/06/010722877.shtml.

［65］河南省人民政府．洛阳涧西区"三社联动"便民信息服务平台正式启动［EB/OL］．［2020-07-21］．http：//www.henan.gov.cn/2017/07-17/634212.html.

［66］徐永祥，曹国慧．"三社联动"的历史实践与概念辨析［J］．云南师范大学学报（哲学社会科学版），2016，48（2）：54-62.

［67］徐永祥．社区发展论［M］．上海：华东理工大学出版社，2002.

［68］养老信息网．关于印发《上海市开展家庭照护床位试点方案》的通知［EB/OL］．［2019-12-10］．http：//www.yanglaocn.com/sht-ml/20191210/1575980328121824.html.

［69］杨秀凌，黄可，康佳宁．农村养老服务体系建设中的政府责任［J］．经济与社会发展，2014，12（4）：74-77.

［70］叶南客，陈金城．我国三社联动的模式选择与策略研究［J］．南京社会科学，2010（12）：75-76.

［71］曾琰．超越"结构性自主"：中国社会组织发展的"内在性自主"导向及启示［J］．中南大学学报（社会科学版），2017（6）：136.

［72］翟清岩，朱光明．新型城镇化背景下农村养老服务体系构建［J］．邢台学院学报，2018，33（2）：23-26.

［73］张华林．加快推进社区、社会组织、社工"三社联动"的对策思考［J］．中国民政，2011（6）：41-42.

［74］张盈华，杨东方．长期护理保险制度探索的郑州模式［M］．北京：经济管理出版社，2019.

［75］郑文换．构建以基层社区组织为依托的农村养老服务体系——从制度整合和社会整合的角度［J］．人口与发展，2016，22（2）：108-112.

［76］郑州市民政局．郑州市扎实推进"五化"建设着力构筑居家和社区养老服务体系［EB/OL］．［2018-09-26］．http：//mzj.zhengzhou.gov.cn/gzdt/2613597.jhtml.

［77］郑州市人民政府．郑州市人民政府关于印发加快建设郑州健康养老产业实施方案（2018—2020年）的通知［EB/OL］．［2018-07-30］．

http：//public.zhengzhou.gov.cn/17LB/270098.jhtml？a=five&v=1.

［78］郑州市统计局.2016 年郑州市国民经济和社会发展统计公报［EB/OL］.［2017-04-26］.http：//tjj.zhengzhou.gov.cn/tjgb/index.jhtml.

［79］郑州市统计局.2017 年郑州市国民经济和社会发展统计公报［EB/OL］.［2018-03-13］.http：//tjj.zhengzhou.gov.cn/tjgb/index.jhtml.

［80］郑州市统计局.2018 年郑州市国民经济和社会发展统计公报［EB/OL］.［2019-05-16］.http：//tjj.zhengzhou.gov.cn/tjgb/index.jhtml.

［81］郑州市统计局.2019 年郑州市国民经济和社会发展统计公报［EB/OL］.［2020-04-03］.http：//tjj.zhengzhou.gov.cn/tjgb/index.jhtml.

［82］郑州市统计局.郑州统计年鉴［M］.北京：中国统计出版社，2017.

［83］郑州市卫健委.社区卫生服务中心［EB/OL］.［2019-08-20］.http：//wjw.zhengzhou.gov.cn/jgcx/2854280.jhtml.

［84］郑州市卫健委.为老龄事业发展探路 做全省老龄健康先锋—郑州市老龄健康工作在全省会议上介绍经验［EB/OL］.［2020-06-04］.http：//wjw.zhengzhou.gov.cn/zwxx/3393712.jhtml.

［85］郑州市卫健委.郑州市卫健委召开 2020 年社区卫生服务体系建设工作推进会［EB/OL］.［2020-07-01］.http：//wjw.zhengzhou.gov.cn/zwxx/3471475.jhtml.

［86］郑州市政务公开.郑州市人民政府关于全面推进养老服务业发展的实施意见［EB/OL］.http：//public.zhengzhou.gov.cn/17LAC/305868.jhtml.

［87］郑州市政务公开.郑州市民政局 关于做好养老机构备案有关工作的通知［EB/OL］.［2014-08-29］.http：//public.zhengzhou.gov.cn/17LAC/305837.jhtml.

［88］郑州市民政局，郑州市财政局.关于印发《郑州市资助民办养老机构实施办法》的通知［EB/OL］.［2018-08-15］.http：//public.zhengzhou.gov.cn/17LAC/264400.jhtml.

［89］郑州市政协.关于加强我市养老服务人才培养的建议［EB/OL］.［2018-09-28］.http：//www.zzzxy.gov.cn/ar/20180928000024.htm.

［90］中国保险报网.泰康调研报告：超七成养老机构护理人员不足［EB/OL］.［2018-08-29］.https：//baijiahao.baidu.com/s？id=16100955963090

41711&wfr=spider&for=pc.

［91］中国江苏网．引进品牌组织，新北春江镇养老"三社联动"［EB/OL］．［2020-07-21］．https：//baijiahao.baidu.com/s？id=1602394796038994336&wfr=spider&for=pc.

［92］中国日报．养老护理员需求1300万 从业人员却不到30万［EB/OL］．［2018-07-09］．https：//baijiahao.baidu.com/s？id=1605501637761496052&wfr=spider&for=pc.

［93］中国日报网．"生人社会"转为"熟人社区"长山社区"三社联动"闯出养老新路［EB/OL］．［2020-07-21］．http：//cnews.chinadaily.com.cn/baiduMip/2017-02/27/cd_28364393.html.

［94］中国政府网．国务院关于加快发展养老服务业的若干意见［EB/OL］．［2013-09-13］．http：//www.gov.cn/zwgk/2013-09/13/content_2487704.htm.

［95］朱佩娴．新乡市探索新模式：养老小积分盘活大资源［EB/OL］．人民网-人民日报．［2017-08-16］．http：//henan.people.com.cn/n2/2017/0816/c351638-30617492.html.

附 录

各章作者

序号	题目	作者及单位
第一章	郑州市长期护理服务体系的建设背景和模式创新	张盈华，中国社会科学院社会发展战略研究院副研究员
第二章	郑州市长期护理服务模式选择与效应评估	高庆波，中国社会科学院社会发展战略研究院副研究员
第三章	郑州市长期护理服务体系建设的政策支持与落实情况	张勃，河南农业大学文法学院社会学系讲师；冯晓娟，河南农业大学文法学院社会学系讲师
第四章	郑州市长期护理服务人员队伍建设	房连泉，中国社会科学院社会发展战略研究院研究员、研究室主任，中国社会科学院世界社保研究中心秘书长
第五章	郑州市长期护理服务的机构发展现况与未来展望	都闪闪，中国社会科学院研究生院在读博士研究生
第六章	郑州市农村长期护理服务体系建设研究	殷玉如，河南农业大学文法学院社会学系讲师
第七章	郑州市积分养老的构想和借鉴——以新乡模式为例	李伟，河南农业大学文法学院社会学系副教授、系主任，河南农业大学社会治理创新研究中心副主任，红旗渠乡村治理研究院副院长，中原农村社区治理研究所所长
第八章	郑州市长期照护服务管理体系的框架与建设	蔡林海，京大（北京）技术有限公司首席咨询顾问
第九章	郑州市长期护理服务中老年人能力评估与信息化系统建设	黄河，智慧华川养老（北京）有限公司总经理；熊坤，智慧华川养老（北京）有限公司高级副总裁
第十章	郑州市"三社联动"参与长期护理服务的路径	曹钰，中国社会科学院研究生院在读硕士研究生
第十一章	国际经验：日本老龄化应对中的地区综合照护体系	冯文猛，国务院发展研究中心社会发展部研究员

中国社会科学院郑州市人民政府
郑州研究院简介

中国社会科学院郑州市人民政府郑州研究院是中国社会科学院和郑州市人民政府共同建设的研究机构。旨在充分发挥中国社会科学院作为国家级智库和郑州市作为国家内陆地区开放创新前沿阵地优势，建设高水平、国际化的中国特色新型智库。

2017年9月15日，中国社会科学院与郑州市人民政府正式签署战略合作框架协议，成立郑州研究院。揭牌仪式暨第一次工作会议当日举行。郑州研究院院长由中国社会科学院副院长、党组成员蔡昉担任。郑州研究院的建设和发展全面依托中国社科院科研局及相关研究所、郑州市人民政府。本着"优势互补、注重实效、合作共赢"的原则，在合作期内，中国社会科学院在社科研究、人才培养、智库建设等方面与郑州市人民政府开展全面、实质性合作。郑州市人民政府为郑州研究院提供双方约定的办公场所、研究经费等资源。

郑州研究院丛书的出版是在郑州市人民政府提供优质的政务服务，郑州市发展和改革委员会为郑州研究院的发展保驾护航的大背景下产生的。本丛书中各篇文章作者本着文责自负的原则，对各自内容负责，由于经验不足，本丛书存在的缺点和瑕疵，欢迎并感谢各位读者和专家予以指导。